그리스도인의 신앙과 삶은 삼위 하나님을 떠나서는 생각할 수 없다. 따라서 고대 교회는 한결같이 성부와 성자와 성령 하나님을 신앙고백의 중심으로 삼았다. 이 전통을 따라 저자는 우리가 믿고 따라 살아야 할 믿음의 내용을 깊으면서도 간결하게 풀어 설명해 준다. 그리스도인의 믿음의 성숙에 많은 도움을 주리라 믿는다.

강영안 미국 칼빈신학교 철학신학 교수, 서강대학교 철학과 명예교수

이 책은 교회 개혁을 바라는 모든 신자와 목회자가 읽고 자신을 무장해야 할 기독교의 기본 진리를 쉽고 명료하게 제시하는 명저다. "종교가 하나의 사업 수단이 되고, 하나님조차도 세속적 목적에 활용하는 방편으로 변질"되었으며, "부실한 교육을 받고 배출된 목사들"이 넘쳐 나고, "관료주의적 교회 정치", "교권에 지배당하는 신학과 신학교" 등의 문제와 함께 사회적 신뢰도가 땅에 떨어진 오늘의 한국 교회에 꼭 필요한 책이다. 실로 "한국 개신교회의 교리문답서"라 할 만하다.

김균진 연세대학교 신학과 명예교수

그리스도인들은 예배 가운데 찾아오시는 삼위 하나님을 즐기고 누리는 사람들이다. 저자는 삼위 하나님을 함께 즐거워하는 신앙고백의 자리로 우리를 초대한다. 그리고 이 즐김이 있는 성도가 삼위 하나님의 일하심을 따라서 '사람' 개혁으로 인도되기를 열망한다. 그 길을 함께 걷고자 하는 모든 그리스도인에게 이 책은 의미 있는 안내자가 될 것이다.

김재윤 아세아연합신학대학교 조직신학 교수

학교에서 저자의 수업을 들을 때, 우리는 선이 굵은 저자의 강의를 들으며 무언가 다른 세계에 있는 것 같은 느낌을 받았다. 낯선 세계에 들어온 그 느낌을 어떤 이는 단순히 "수업이 어렵다"고 표현했고, 또 어떤 이는 "참으로 놀랍다"고 표현했다. 학생들은 맨 앞자리를 확보하기 위해 다투어야 할 정도였고, 한 글자도 빠짐없이 받아 적으며 그 낯선 세계를 체화하기 위해 온 힘을 기울였다. 저자의 강의 내용은 분명히 우리가 알고 있는 정통 기독교였지만, 그 강의가 보여주는 세계는 우리가 한 번도 경험해 본 적이 없던 것이었기 때문이다.

그것은 무엇이었을까? 저자는 개혁파 신학을 가르쳤고, 따라서 종교개혁자들의 외침이 그 세계 전반에 울려 퍼졌다. 그러나 개혁파 신학은 홀로 떨어져 있지 않았고, 초대 교회로부터 보존된 공교회의 전통 한가운데 당당하게 자리하고 있었다. 이전에 우리는 '오직 개혁파 홀로'로 분리되어 있던 신학의 세계에 있었지만, 그 수업 시간에 로마가톨릭과 동방교회의 전통을 한편으로는 이어받고, 다른 한편으로는 저항하고 개혁한Reformed 신학의 세계로 초대받은 것이다. 거기서 우리는 16세기와 17세기에만 일하신 하나님이 아닌, '거룩한 공회'의 역사 전체 가운데 일하신 삼위 하나님을 만났다.

이 책에서 저자는 우리가 공예배 시에 고백하는 사도신경을 통해 정통적 개혁파 신학을

드러냄과 동시에, 그 개혁과 신학이 공교회의 중심에 자리하고 있는 세계를 그려내어 제시한다. 그래서 저자의 글 안에는 개혁과 신학을 향한 자랑과 더불어 공교회를 향한 사랑이 넘쳐난다. 그 사랑 안에서 우리는 우리 주님의 신부인 교회를 사랑하며 개혁하고, 질타하며 껴안는 법을 배웠다. 나를 비롯한 젊은 세대들은 이렇듯 주님의 교회를 섬겨야 하며, 따라서 저자가 그려내는 이 새로운 세계, 정통적이고 오래되었지만 편협한 우리의 마음에는 낯설게 느껴지는 세계를 만나야 한다. 당신이 잡은 바로 이 책으로부터. **이정규** 시광교회 담임목사

우리는
무엇을
믿는가

우리는 무엇을 믿는가

2018년 2월 28일 초판 1쇄 발행
2019년 4월 8일 초판 4쇄 발행

지은이 유해무
펴낸이 박종현

도서출판 복 있는 사람
주소 서울특별시 마포구 연남동 246-21(성미산로23길 26-6)
전화 02-723-7183(편집), 7734(영업·마케팅)
팩스 02-723-7184
이메일 hismessage@naver.com
등록 1998년 1월 19일 제1-2280호

ISBN 978-89-6360-241-7 03230

이 도서의 국립중앙도서관 출판예정도서목록(CIP)은
서지정보유통지원시스템 홈페이지(http://seoji.nl.go.kr)와 국가자료공동목록시스템
(http://www.nl.go.kr/kolisnet)에서 이용하실 수 있습니다. (CIP 제어번호: 2018004426)

우리는
무엇을
믿는가

유해무

복 있는 사람

서문

"우리는 무엇을 믿는가?" 이 질문은 한순간도 우리의 머리에서 떠나서는 안 될 질문입니다. 그러나 "무엇을"을 "누구를"로 바꾸면 질문의 의도는 보다 분명해집니다. 가이사랴 빌립보에서 예수님께서 제자들에게 질문하셨습니다. "너희는 나를 누구라 하느냐"(마 16:15). 빌립보의 통치자는 살아 있는 신이라는 로마의 황제(가이사)에게 도시를 헌정하면서 도시의 이름까지 바꾸었습니다. 그리고 살짝 자기 이름 빌립도 붙였습니다. 그곳에는 예전부터 바알 신당과 판Pan(목초의 신) 신당 등이 즐비하였습니다. 이렇게 정치와 종교가 뒤섞인 곳, 참배객들이 오가는 번잡한 휴가지에서 예수님은 제자들에게 질문하셨습니다. 예수님은 제자들이 대중의 여론처럼, 세례자 요한, 엘리야, 예레미야나 선지자 중의 한 분이라는 식의 대답을 원치 않으셨습니다. 예수님께서 다시 물으실 때에, 베드로가 "주는 그리스도시요 살아 계신 하나님의 아들"(마 16:16)이시라고 대답합니다. 이때 예수님은 "네

가 복이 있도다! 이를 네게 알게 한 이는 혈육이 아니요 하늘에 계신 내 아버지"(마 16:17)시라고 칭찬하십니다. "복이 있도다"라는 말은 사람들의 눈치를 볼 수밖에 없는 공개된 삶의 자리에서 예수님을 이렇게 고백하는 믿음을 칭찬하시는 찬사입니다. 그리고 이런 고백은 성부 하나님께서 주시는 선물입니다.

우리는 '고백자'입니다. 고백자는 '증인'이라는 말로도 번역할 수 있습니다. 고백자는 예수님을 그리스도로, 또 하나님 아버지의 아들이시라고 말과 삶으로 증거하는 증인입니다. 이런 고백으로부터 우리가 매 주일 예배에서 고백하는 사도신경이 생겨났습니다. 이 고백과 더불어 우리는 예배에서 삼위 하나님과 교제하는 가운데 그분으로 채워집니다. 그러면 우리는 참배객들 앞에서 고백한 제자들처럼, 예배당 밖 불신자들 앞에서 사도신경의 고백대로 삼위 하나님을 증거해야 합니다. 그리하여 예배당 안에서 찬송을 받으시는 삼위 하나님께서, 예배당 밖 세상에서도 우리의 삶을 통하여 온 땅이 하나님께 노래하고 만민이 그분의 이름에 송영頌榮, doxology을 돌리도록 해야 합니다. 그러면 우리는 점점 더 삼위 하나님을 닮아갑니다. 그래서 옛 선배들은 이렇게 말했습니다. "우리는 우리가 송영하는 이를 닮아간다."

한국 교회와 모든 교우들이 삼위 하나님의 고백자로서 예배에서 송영을 부르고 세상에서 송영의 삶을 살아 내어 "복이 있도다"라는 예수님의 칭찬을 한량없이 받아 누리시기를 진심으로 원합니다. 이 땅에서 누리는 송영의 삶을 영원토록 즐기게 될 영원한 나라를 사모합시다. 이 일에 이 책이 조금이라도 도움이 되기를 간절하게 소망합니다. 누구도 송영 중에는 범죄하지 않습니다. 이단의 침입도 송영 중에 잘 막고 격퇴할 수 있습니다. 종교개혁 500주년을 맞아 우리 한국 교회와 모든 교우가 고백자로 단단하게 서서 이 땅을 말씀과 성령으로 개혁하는 증인이 되기를 기대합니다.

한국 교회는 성경을 사랑하고 비교적 열심히 공부하지만, 교리를 잘 알지 못하거나 교리에 대해 전반적으로 무관심합니다. 그 이유를 이어지는 머리말에서 살펴보실 수 있습니다. 그런데 이런 두 가지 태도는 서로 충돌합니다. 사실 교리는 성경의 가르침을 말합니다. 성경, 특히 신약에는 교리가 아주 많이 나옵니다. 다만 개역한글이나 개역개정은 "교리"를 "교훈"으로 번역하고 있을 따름입니다. 교리는 성경에 기록된 대로 그리스도 안에서 우리를 위하여 행하신 은혜의 사역을 각각 성부와 성자와 성령 하나님의 관점에서 정리한 것입니다. 단적으로 말하자면 교리의 핵심, 아니 교리란 삼위 하나님입니다. 그래서 본서의 차례는 삼위 하나님의 사역을 따르고 있습니다.

이 책이 나오기까지 많은 분들이 도와주셨습니다. 출판을 가장 먼저 제안하고 아주 정성껏 세심하게 만들어 주신 복 있는 사람 출판사 박종현 대표와 문신준, 문준호 팀장을 비롯한 모든 직원에게 감사를 드립니다. 초고를 수차례 꼼꼼하게 읽고 교정해 주신 성영은 교수님(서울대학교), 박미낭 선생님 내외분의 수고를 잊을 수 없습니다. 일곱 번이나 원고를 읽고 젊은이의 취향에 맞게 문장을 다듬어 준 하늘샘(고려신학대학원 3학년) 군, 초고와 성경 본문을 살펴 준 조교 심성현 군과 유승혁 군의 수고에도 고마움을 표합니다. 그리고 추천사를 쾌히 써 주신 강영안, 김균진, 김재윤 교수님, 이정규 목사님에게 심심한 감사를 드립니다.

울진북면교회와 교우들께서 한국 신학의 발전과 진보를 위해 기도하며 필자에게 연구비를 지원해 주셨습니다. 모든 교우와 조경수 목사님과 당회에 깊은 감사를 드립니다. 한 교회의 기도와 정성의 열매인 이 책이 잘 쓰임받아 이 땅의 모든 성도와 함께 삼위 하나님께 송영을 돌려드릴 것을 기대하며 기뻐합니다.

성부와 성자와 성령께 영광이 지금부터 영원토록!

2018년 2월
유해무

차례

머리말: 왜 교리인가?

지난 2017년은 종교개혁 500주년이 되는 해였다. 루터[1483-1546]가 1517년 10월 31일 이른바 95개 조항으로 당시 교황과 교회의 잘못된 신학과 신앙생활을 비판하면서부터 복음의 문이 새롭게 열렸다. 이것은 하나님의 섭리요 감사할 일이다. 한국 개신교회는 유럽 대륙의 교회나 잉글랜드 교회가 아니라 미국, 캐나다, 오스트레일리아 교회의 선교로 세워진 교회다. 종교개혁 100년 후부터 잉글랜드에서 신천지the New World로 떠난 영어권 교회들이 19세기부터 선교에 힘을 쏟기 시작했고, 그 결과 우리나라에까지 복음이 전파되었다. 이 또한 하나님의 섭리요 감사할 일이다.

그러나 루터 등 개혁자들이 새로이 문을 연 종교개혁의 전통은 유럽을 떠나 370여년 후에야 한국에 전파되기 시작했다. 그렇다 보니 한국 교회는 태생적으로 공교회적 전통을 잘 전수받지 못한 채 종교개혁 전의 교회사와의 단절을 안고 출발했다. 그 단절이 의미하는 바는 다음과 같다.

첫째, 한국 교회는 중세 중반에 이미 분열된[1054년] 동방정교회뿐 아니라 종교개혁을 촉발시켰으나 내부 개혁을 시도한 로마가톨릭교회에 대해 잘 알지 못한다. 간접적이기는 하지만 헬라어와 러시아어를 사용하는 동방정교회는 말할 필요도 없고, 중세 로마교회는 종교개혁 교회에 삼위일체론과 기독론을 전수했던 교회다. 따라서 이 교회들을 잘 아는 것은 여러 면에서 유익이 될 수 있었다. 이들 교회가 적어도 삼위일체론과 기독론이라는 좋은 유산을 물려준 것만은 부인할 수 없는 사실이다. 그 외 분야에서는 온갖 오류와 부패로 타락했지만, 타락한 부분도 잘 배운다면 반성하고 고쳐 나갈 수 있는 반면교사로 삼을 여지가 있었다.

둘째, 신천지로 떠날 당시 잉글랜드 교회를 모교회로 삼았던 청교도들은 모교회의 교리와 신앙생활을 그대로 이어받은 것이 아니었다. 신천지로 떠난 이들은 대개 신앙생활을 억압했다는 이유로 유럽 문명과 기독교에 대해 반감을 가지고 있었다. 한국에 복음을 전한 영어권 교회들은 가톨릭교회에 대해서는 모든 면에서, 잉글랜드의 성공회에 대해서는 교리와 예전과 정치 면에서, 장로교회에 대해서는 교회 정치에서 비판적이었다. 이 교회들은 이후 유럽 개신교회의 쇠퇴나 성경 비평 등의 영향을 덜 받으면서도 유럽 교회보다는 훨씬 더 자발적인 활동으로 부흥했고 선교에 힘을 쏟았다. 결과적으로 이 신천지의 영어권 교회들은 종교개혁 전후의 로마가톨릭교회나 유럽 교회와는 상당히 구별되는 독특성을 지니면서 20세기 이후 세계 기독교회사에서 주도적 역할을 감당해 왔다.

교회사에는 부패로 인한 단절도 있고, 이 때문에 새로운 교회를 건설할 필요성도 생긴다. 그러나 타락한 교회 안에서도 성령님께서 역사하셨기 때문에 루터나 칼빈1509-1564과 같은 개혁자가 나왔다는 사실을 생각해 볼 필요가 있다. 타락한 교회와 신학의 횡포에도 불구하고 하나님께서 피로 사신 교회를 성령님께서 보호하셔서, 인간이 도모한 단절을 친히 이어 영생을 주시기로 작정된 자는 다 믿게 하실 것도 확실하다. 따라서 한국 교회는 종교개혁 이후의 교회뿐 아니라 그 이전의 교회, 심지어는 로마가톨릭교회나 동방정교회까지도 포함한 교회 역사와 전통 그리고 교리와 예배에 대해 이해할 필요가 있으며, 그것은 한국 교회의 건강한 개혁과 사람 개혁을 위하여 반드시 필요한 일이다.

한국 교회 형성 초기부터 절대적인 영향을 미친 미국 교회의 역사를 아는 것은 한국 교회를 이해하는 데 아주 중요하다. 미국 교회 역사 초기에 잉글랜드와 스코틀랜드에서 건너온 청교도들은 칼빈의 개혁신학을 따르는 이들이었고, 신대륙에서 하나님께서 통치하시는 나라와 교회를 건설하려고 했다. 이들 대부분은 하나님의 주권과 예정을 신봉하고 하나님의 영광을 갈망했으며, 교회론에서는 장로교회가 아니라 회중교회론자들이었다. 나아가 18세기 초엽의 1차 부흥운동1730-1740년대과 19세기 초엽의 2차 부흥 운동1800-1840년대을 주도한 것도 이들이었다. 그런데 두 차례 부흥 운동을 거치면서 개혁신앙은 점점 밀려나고 감리교회와 침례교회가 성장한다. 신대륙의 개척 정신

우리는 무엇을 믿는가

에는 하나님의 전적인 주도보다는 이들 교회가 수용한 인간의 주도와 의지적 회심이 더 잘 맞았다. 유럽에서 가져온 기존의 지식을 거부한 건 아니었지만, 그들에게는 현장에서 얻는 즉흥적인 지혜가 더 필요했다. 대범하게 생각하는 습관, 신속한 결정, 즉각적인 기회 포착이 중요했고, 법률, 의료, 교육 등 각종 전문직 종사자뿐 아니라 심지어 목회자까지도 사업가로 처신할 정도로 실용적인 면을 추구했다. 이처럼 미국 교회가 실용적인 면을 추구하며 지적인 것보다는 감정에 호소하는 면이 강했기 때문에 상대적으로 신학이나 교리에는 방관적인 태도를 취한다. 유럽에서는 익숙하지 않은 대중 전도 집회가 미국에서는 인간의 결단을 강조함으로써 성황을 이루었다. 유럽 교회가 성경에 기초한 교회 제도와 신조(신앙고백서와 요리문답서)에 권위를 두고 있었다면, 부흥 운동 이후의 미국 교회들은 카리스마를 발휘하는 부흥사의 주관적 성경 해석을 역사적 성경 해석과 신학의 자리에 둔다. 특히 미국 남북 전쟁[1861-1865]의 여파로 전천년 재림 대망 사상이 주도하면서 상당히 현실도피적인 기독교가 형성된다.[1] 이런 집회 인도자들이 미국 교회사를 쓰고 새로운 교회를 만들기 시작하면서, 전통적인 주류 교회들 중에는 이런 운동을 도입하여 존속한 교회가 있는가 하면, 그런 흐름을 거부하여 점점 쇠퇴하거나 소멸한 교회들도 있었다. 결과적으로 교리 면에서 유럽 전통을 따르려는 주류 교회를 대신하는 새로운 기독교가 득세한다.

이들의 구호는 "신조가 아니라 성경"No creed but the Bible이었다. 하나

---

[1]   전천년설에 대해서는 이 책의 341쪽을 참조하라.

님의 말씀인 성경만을 중시하면서 신앙고백이나 요리문답, 그리고 이것들이 담고 있는 교리를 기피했다. 중세 가톨릭교회를 거부함과 동시에 성경에 기초하여 이런 신조를 만든 유럽의 종교개혁 교회와 그 역사로부터도 거리를 두면서 사도행전적 초대 교회를 추구하는 경향을 보였다. 20세기 들어 미국 교회는 시장경제적 대중 집회와 목회 방식으로 교회 성장학을 발전시켰다. 원래는 내세지향적인 전천년설이, 미국이 세계를 주도하는 상황에서는 쉽사리 현세지향적인 모습으로 변하기도 한다. 결국 중세 교회뿐만 아니라 유럽의 종교개혁의 전통과도 구별되는 새로운 형태의 기독교가 미국에서 등장했다.

이런 식으로 이원론이 득세하니, 초기 칼빈주의적 개혁신학은 점점 쇠퇴할 수밖에 없었다. 물론 이 개혁신학으로 교육받은 목사들이 미국에 정착한 이민자들의 형편과 마음을 이해하지 못하고 낡은 교의 논쟁에 매달리거나 난해한 설교만을 고집한 책임도 크다. 신대륙에 온 교육받은 목사와 그 후예들은 부흥 운동의 지도자들이 자신들의 경쟁자요 대륙의 기독교를 대체할 새로운 형태의 기독교를 형성하고 있다는 것을 서서히 알아차렸고, 그제야 자신들에게는 경쟁력이 없다는 것도 알게 되었다. 조용하고 격식을 차린 공예배보다는 박수를 치면서 찬송을 부르고 방언과 신유가 일어나는 생기발랄한 집회가 점점 득세하면서 격식은 파괴되고, 설교문을 읽는 전통적인 설교나 공기도는 즉흥 설교와 즉흥 기도로 바뀐다. 학식을 갖춘 목사는 파송받아 기존 교회에 봉사하지만, 부흥사들은 전도 설교로 새로운 교회를 개척하고 그들만의 방식으로 목회하기 시작한다. 신학 교육 자

우리는 무엇을 믿는가

체도 성경 원어와 성경 주해, 조직신학 같은 이론 과목보다는 실천 과목 위주로 바뀐다. 기성 교회가 이런 부흥사들을 경계하거나 제명하지만, 결국 세력을 얻은 쪽은 부흥사들이었다. 이제 종교와 목회가 하나님을 섬기는 방편이었던 이전과는 달리 사업이 되면서, 종교는 사업 수단이 되고 하나님조차도 세속적인 목적에 활용하는 방편으로 변질되어 버린다. 이를 위하여 정규 신학 교육이 굳이 필수적이지 않다는 분위기가 조성된다. 잉글랜드의 청교도들은 교리와 예전을 축소하는 경향을 가졌는데, 미국의 청교도들도 부흥 운동을 거치면서 이 경향을 더 심화시키면서 개인의 주관적 감정과 경험을 중시하는 데로 나아갔다. 점점 실용성과 대중성이 주도하는 미국의 기독교는 유럽의 종교개혁 신학과 전통과 예전은 말할 필요도 없고 "이해를 추구하는 믿음"캔터베리의 안셈, 1033-1109조차도 의심하는 반지성주의를 강화한다.

　이런 과정을 거치면서 미국식 교파주의가 등장한다. 주거지 위주의 교구 제도를 따랐던 유럽과는 달리, 미국에서는 목사가 교인들을 모집하고 교인들은 자발적으로 교회와 목사를 선택할 수 있었다. 웨슬리John Wesley, 1703-1791가 "온 세계가 내 교구"라고 선언하면서 부흥 집회를 인도했는데, 그의 선한 의도와는 달리 온 세계는 교인 모집 쟁탈전의 현장이 되어 갔다. 이 경우 목사와 교인들을 묶는 고리는 신조나 교리가 아니라 서로 공유하는 목표와 동기였다. 즉 새로운 신자를 만드는 일이다. 목사에 대한 평가는 깊이 있는 설교가 아니라 영혼 구원이며, 목회의 동기나 자세보다는 전도의 결과로 이루어진다. 교회 안팎에서 전도를 위한 자발적인 단체들이 수없이 많이 결성되면서 기존 교회의 정체성을 밝히는 신조와 교회 제도 등은 점차 뒤로 밀려나고, 개혁교회와 비개혁교회의 경계도 점점 무너진다. 교리와 공예배, 그리고 이것들의 순수성을 지키려는 교회 정치와 권징도 이전과는 달리 실용성에 무게를 두는 방식으로 바뀐다. 그나마 이런 경향을 제재하려고 안간힘을 쓴 미국 장로교회는 성장이 더딘 반면, 신학 교육을 강조하지 않고 현장 위주로 목회하던 감리교회와 침례교회는 가파르게 성장했다.

그래서 장로교회 안에는, 피니^{Charles Finney, 1792-1875}의 주장처럼, 교육받은 목사가 교회를 망친다고 보는 주장이 득세했던 반면, 감리교회와 침례교회 안에서는 오히려 교육받은 목사에 대한 기대가 높아진다. 남북전쟁 이후 무디^{D. L. Moody, 1837 - 1899}는 비교파적이고 광범위한 메시지, 단단한 조직력과 대중 매체를 이용하는 대규모 전도 집회를 인도한다. 이전에 있었던 두 차례 부흥 운동과 그 이후의 집회에서 거칠고 위협적이며 죄의 심판에 대한 강하게 경고하는 설교 투가 사용되었다면, 무디가 주도한 집회에서는 오락적인 요소가 가미되어 설교에 앞서 반주자와 여성 독창자가 분위기를 고조시키는 등 감정을 자극하는 요소가 강화되었다. 이런 집회가 공예배의 자리를 대신하면서 교파는 필요악처럼 존재할 뿐 실제적으로는 교파 간의 차이가 의미를 잃게 되었다. 현재 미국 교회 안에는 탈교파주의가 유행처럼 번지고 있다. 로마 가톨릭교회는 종교개혁 교회에게 늘 교회 분열의 책임을 묻고 있다. 교파로 분열한 종교개혁 교회는 이 질문에 답하지 않다가 스스로 교파의 벽을 무너뜨리면서 교회의 일체성과 공교회성을 위협하고 있다.

우리는 무엇을 믿는가

이에 따르는 부작용도 적지 않았다. 무엇보다도 세례와 성찬, 곧 성례를 무시하거나 등한시함으로써 예전禮典이 빈약해졌다. 많은 개종자를 얻기 위한 주요 방법은 여전히 구도자 중심적인 설교였는데, 이들이 정상적인 신자로서 교회와 세상에서 살아갈 수 있게 하는 은혜의 방편인 설교는 점점 피상적이고 천박해졌다. 이로 인해 성례를 우선시하는 로마가톨릭교회에서는 경시되었던 은혜의 방편, 그중에서도 특히 종교개혁자들이 강조했던 설교가 빈곤해졌다.

설교의 빈곤화와 더불어 교리와 공교회적 전통을 무시하는 무역사적이고 반反지성주의적인 기독교가 등장한다. 한편으로는 교파의 벽을 한없이 낮추고 연합 운동에 적극적이면서도, 다른 편에서는 진영의 유익을 위해서는 다른 교파나 교회 밖의 정부나 학계 등을 향해서 지나치게 공세하는 기독교가 등장한 것이다. 이런 교회에서 나온 선교사들 역시 이런 영향에서 벗어날 수 없었다. 그들은 열정은 있었지만 목회에는 그다지 경험이 없는 상태에서 한국으로 파송을 받았다. 이들의 수고로 인해 절대적인 미국 교회의 영향 아래 놓이게 된 한국 교회는 20세기 중후반부터 세계 교회사에서 전무한 교회 성장을 이루었다.

서구 사회가 오랜 시간 동안 겪었던 발전과 그 발전에 따르는 충돌과 해결책을 한국 사회가 단기간에 다 겪고 있는 것과 마찬가지로, 한국 교회 역시 미국 교회가 400년간 경험한 장단점을 단기간에 동시다발적으로 경험하고 있다. 같은 아시아 지역이면서 역사가 긴 일본 교회보다 한국 교회는 급격한 성장과 동시에 급격한 감소와 쇠락을 겪고 있다. 한국 교회 초기에 교회가 교회를 개척하는 전통이 자리

잡았지만, 1960년대 교회 성장론이 도입되면서 개인이 교회를 개척하는 방식이 정착한다. 한동안 대규모 전도 집회가 유행하고 부흥사들이 여러 교회에 다니면서 전도와 예배당 건축을 독려했는데, 지금은 카리스마를 가진 목사들이 개척하여 대형 교회를 이루면서 교파간의 차이를 찾아보기 어렵게 되었다. 이들은 신학을 드러내 놓고 무시하진 않지만 그렇다고 크게 중시하지도 않으며, 자기 정체성을 전통적 교리나 예배나 교회 정치에 두지 않는다. 오히려 자기만의 설교나 목회 방법을 개발하여 이른바 성공한 목회자로서 다른 목회자의 추앙을 받고 모방의 대상이 된다. 말하자면 무디 식의 교회 성장 방식을 좇고 있다고 볼 수 있다. 간혹 엄청나게 큰 교회를 이룬 성공한 목회자를 향한 교리 논쟁이 불거지기도 하지만, 대체로 유야무야되면서 끝나고 만다. 결과적으로 한국 교회 안에는 신학이나 교리, 예전에서 교파의 특징은 다 사라지고 로마가톨릭교회나 몇몇 이단과는 구별되는 범凡한국 교회만이 존재한다고 볼 수 있다. 교회 정치를 보더라도 장로교는 감리교식 감독 정치를 지역 교회나 치리회인 노회와 총회에 도입하고, 감리교 등 비장로교회는 장로직을 도입하고 있기에, 한국 교회는 교파 간에 별 차이가 없이 평준화되고 있다.

한국 교회는 21세기 들어 급격한 쇠퇴 현상을 겪고 있다. 한국 교회의 성장에 따르는 명암이 한국 교회 자체와 한국 교회의 피被선교교회뿐만 아니라 세계 기독교 역사에 지니는 의미는 지대하다. 가령, 성경과 전통을 따르는 로마가톨릭교회는 여전히 자기들 방식으로 일체성을 유지하고 있는 반면에, 성경만을 따르는 개신교회, 특히 미국 교회와 그 영향 아래 있는 한국 교회는 온갖 교파로 분열되어 있다. 무엇보다도 한국 교회는 예수님께서 말씀하셨고(요 17:21) 성경이 말하는 일체성(엡 4:3-6)을 깨뜨린 원인을 근본적으로 반성하지 않은 채 방치하고 있다. 여기에는 많은 원인이 있지만, 그중에서도 미국 교회가 주도한 새로운 기독교가 근원적으로 표방하는 교리에 대한 무관심을 가장 중요한 요인으로 꼽을 수 있다.

그러나 교리는 성경과 충돌하는 인간의 창작물이 아니다. 교리는 성경에서 나온다. 성경이 담고 있는 교리를 무시하면, 교회가 제아무리 "오직 성경"만을 주장한다 하여도 성경이 아닌 다른 곳에서 교리에 버금가는 교시敎示와 원리를 따올 수밖에 없다. 이 때문에 미국 교회 안에는 성경과는 무관한 사회학과 경영학이나 심리학 또는 대중을 선동하는 광고 등의 영향이 넘쳐난다. 그렇다면 개신교회라 할지라도 연옥이나 고해성사 등 온갖 어용 신학과 어용적 목회 실천을 고안한 중세 교회와 현대 가톨릭교회의 근원적 오류로부터 벗어났는지 돌아보지 않을 수 없다.

한국 교회는 이런 미국 교회의 영향을 많이 받은 데다 한국 문화의 영향도 제대로 극복하지 못하고 있는 형편이다. 한국 교회 안에는 한국의 전통 사상이나 한국인의 심성에 영향을 받아 성경적 근거를 찾기 어려운 여러 관례가 전통으로 자리 잡고 있다. 특히 한국 전통 종교의 특징인 복을 기원하고 재앙은 쫓아내는 기복 사상은 불교나 유교 그리고 가톨릭교회에도 깊이 침투했고, 개신교회도 예외가 아니다. 기복 사상은 현세중심적이어서 장래에 대한 사상이 없거나 약하며, 이기적이거나 혈연과 지연 중심적이어서 공개념이 거의 없다. 중세 가톨릭교회는 장래에 대한 공포를 조성하면서 연옥이라는 어용 신학을 만들고 면벌부를 발행하는 만행을 저질렀지만, 무엇보다도 인간이 현재의 노력이나 돈으로 장래를 살 수 있다는 맹신은 현세 우호적인 사고에서만 가능했다. 미국 교회에서 크게 인기를 누리는 신앙과 현세적 형통 사상의 결합("예수 믿으면 복 받는다")은 한국인의 기복 사상과 절묘하게 아우러지면서 한국 교회는 독특한 형태의 기독교로 발전했다.

기독교 전파 이후 한국 교회는 한국의 시대적 상황에 따라 부침浮沈을 거듭했다. 즉 개신교가 전파된 조선 말기부터 일제 강점기와 한국전쟁을 겪으면서 한국 교회는 내세지향적인 전천년설의 영향을 강하게 받았지만, 1960년대의 한국 경제의 부흥과 함께 성장하면서 현세중심적인 기독교로 변했다. "이는 세상에 있는 모든 것이 육신의 정욕과 안목의 정욕과 이생의 자랑이니 다 아버지께로부터 온 것이 아니요 세상으로부터 온 것이라"(요일 2:16). 성경이 가르치는 신자의 삶은 기복 사상이 아니라 부활 신앙에서 오는, 고난을 마다하지 않고 견디고 승리하는 적극적인 현세 긍정의 태도에서 찾을 수 있다. 따라서 현세중심적인 한국 교회의 현재 모습이 참 교회라 할 수 있을지 의문이다.

여기서 한국 교회와 신학의 관계를 살펴볼 필요가 있다. 아래에서 보겠지만, 신학 교육은 공교회 교리와 전통을 전수하는 데 있다. 건강한 교리와 교회론에 대한 사명을 도외시한 채 한동안 한국 교계는 신학교의 난립으로 몸살을 앓았다. 부실한 교육을 받고 쉽게 배출된 목사들의 과잉은 이제 한국 교회가 해결해야 할 큰 현안으로 대두

우리는 무엇을 믿는가

되었다. 사설 신학교나 군소 교단 신학교에서 이런 현상이 두드러지지만, 교육부의 인가를 받은 신학교도 그 책임에서 자유롭다고 보기는 어렵다. 신학 교육의 가장 큰 문제는, 목회자를 인문교육이나 성경 해석 그리고 목자 양성을 위한 인격 도야 등의 훈련을 통해 차근차근 기르려 하기보다는 목사 자격증을 주는 데 급급했던 점에 있다. 신학 교육에서 핵심인 성경 해석 훈련, 교회사 공부를 통한 교회의 공교회적 전통 연구와 전수, 목회 현장인 교인과 한국인 그리고 한국 사회와 문화 전반에 대한 비판적 성찰이 빠져 있었다. 지금까지 한국 신학은 번역 위주의 수입 신학에 의존해 왔다. 게다가 신학 교수들은 학문성을 요구하는 교육부의 지침대로 일반 과학의 연구 기준을 따라 논문이나 책 저술에 주력하면서 신학의 현장인 교회와 목회에 대한 관심은 늘 부차적으로 밀려날 수밖에 없었다. 결과적으로 교회가 신학을 존경하기보다는 경시하게 되면서 목회와 신학의 괴리는 피할 수 없게 되었다. 게다가 한국 교회가 종교개혁의 정신과는 달리 치리회인 노회와 총회를 중심으로 교권을 형성하고, 관료주의적 교회 정치에 빠지는 반면, 신학과 신학교는 교권에 지배당하면서 교권의 폐단이나 목회에 나타나는 병폐, 목회자들이나 교인들의 탈선 등을 지적해야 할 비판적인 기능을 상실하고 말았다.

종교개혁자들은 신학자이면서 당시의 인문교육을 충실하게 받은 학자로서 하나님의 말씀인 성경을 깊이 깨달았고, 대중의 언어로 죄인인 인간을 용서하신 의로우신 하나님을 신학의 주제로 삼아 중세 가톨릭교회의 타락과 성직자들의 교권과 사치를 적나라하게 비판했다. 개혁자들은 중세 때는 성직자나 수도사와 같은 특정 계층의 전유물이었던 신학을 모든 교인에게 돌려주었다. 이들은 성경을 번역하고 시장의 언어로 회중에게 설교했으며, 라틴어로 사제들만 찬양하던 관례를 무너뜨리고 회중 찬송을 회복했다. 만인제사장직의 의미를 발견하고, 회중 가운데서 장로와 집사를 뽑아 함께 목회하는 전통을 복구했다. 그런데 미국 교회 안에는 대중성을 추구하는 경향이 대세를 이루면서 신학이 굳이 필요하지 않다는 분위기가 형성되었다. 반대로 이런 분위기를 경계하던 미국 장로교회의 신학은 고고한 자태를 유지하면서 대중에게 가까이 가지 못했다. 이런 상호 관계에서 대중적인 기독교는 반지성주의의 형태를 취하면서 신학을 경원한다. 종교개혁 500주년에 신학은 종교개혁자들의 학문성과 대중 친화성을 귀감으로 삼아 교회를 개혁하고 교리를 바로 세우고 사람을 개혁하는 본래의 역할을 회복해야 한다.

우리가 은혜를 받은 것은 그리스도를 믿을 뿐 아니라 그분을 위하여 고난도 받기 위한 것이다(빌 1:29). 그러므로 신자라면 마땅히 그리스도의 고난에 참여하는 것을 기뻐해야 한다(벧전 4:13). 그분의 영광의 영, 곧 부활의 영을 받은 자만이 그분의 이름으로 치욕을 당하며 하나님께 영광을 돌릴 수 있기 때문이다. 성경이 말하는 "복"이 바로 이것이다(벧전 4:13-16). 예수님께서 팔복에서 말씀하신 복도 바로 이것이다. 우리는 이미 부활로 다시 사신 예수님께서 베푸시는 영생을 받았기 때문에, 이 땅에서 온갖 박해와 욕을 당하여도 기뻐하고 즐거워하면서 이 고난을 거뜬히 이기고 나갈 수 있다(마 5:11-12). 그러면

우리는 무엇을 믿는가

하나님께는 기뻐하심을, 사람에게는 칭찬을 받을 것이다(롬 14:18). 우리의 신앙은 현세적인 것만도 또 내세적인 것만도 아니고, 부활의 생명으로 이 세상에서는 고난을 받지만 장차 올 영광을 위하여 고난을 이기고 앞으로 나아가는 것이다. "사방으로 우겨쌈을 당하여도 싸이지 아니하며 답답한 일을 당하여도 낙심하지 아니하는"(고후 4:8) 신앙이다. 우리에게는 장차 올 영광을 소망하면서 현재의 고난을 이기고 나가는 이런 종말론적인 신앙이 있어야 한다.

한국 교회의 현재와 장래 역시 이런 믿음 위에 서야 한다. 가파르던 성장세가 둔화하고 있지만 결코 낙망할 필요는 없다. 지금 한국 교회에 절실히 필요한 것은 복음의 능력이다. 313년 기독교가 로마제국에서 공인받기 이전이나 이후에도 교회 역사에서 기독 신자가 다수인 때가 많지는 않았다. 그리고 교회는 처음부터 자체의 존립을 최우선적인 목표로 두지 않았다. 교회는 하나님 나라를 선포하고 하나님 나라의 모습을 보여주는 전형의 역할을 해야 하는데, 이 목표를 망각하거나 포기하고 교회 자체가 목표가 되면 교회의 존재 의의는 없어진다. 이 점에서 한국 교회의 성장이 한국 사회를 변화시켰는지 돌아보고, 그렇지 못했다면 심각하게 반성해야 할 때가 되었다. 이를 위하여 성경과 성경에 있는 교리를 잘 아는 일이 절실히 요청되는 시점이다. 성경과 교리를 대치시키는 그릇된 이원론은 옳지 않다. 이 책은 이런 그릇된 이원론을 바로잡고 믿음과 삶의 일체성을 확립하여 이 땅을 변화시키는 교회와 교인을 훈련하려는 데 목적을 두고 썼다.

앞에서도 언급했지만 미국 교회의 영향을 많이 받은 한국 교회 역시 교리에 대한 관심이 거의 없다. 몇 차례 부흥 운동의 결과로 미국에서 처음 등장한 그리스도의 교회The churches of Christ는 교파의 원인인 모든 제도와 교리를 거부하고 오직 사도행전에 나오는 초대 교회의 모습으로 돌아가려는 시도에서 비롯되었다. 그렇지만 그 안에서도 결국은 분열이 일어나고 말았다. 교회와 교인이 교리를 무시하면 믿음과 삶에서 세상과 구별되기 어렵게 된다. 교회사 초기에는 새 신자가 오면 3년간 교리를 학습하게 한 뒤 삶의 증거를 보이는지 살피고 나서 부활절 전날 저녁에야 비로소 세례를 받게 했다. 그리고 자정이 넘어 부활절 성찬에 바로 참여하게 했다. 그런데 313년 기독교 공인과 381년 기독교 국교화 이후, 게르만계 여러 족속들에게 집단 개종을 강요하면서 겉으로만 기독교화되고 속으로는 변화받지 않은 명목상의 신자들이 양산되었다. 이 민족들의 이전 종교 관습이 교회 안으로 들어와서 교리의 내용을 변질시키기도 했다. 교인들 대부분이 문맹이었고 성경도 거의 보급되지 않은 데다 예배는 라틴어로 진행되어 회중이 듣고 믿음을 강화할 수 있는 설교가 없었고, 회중은 복잡하게 집례되는 성찬에 거의 참여하지 않았다. 샤를마뉴 대제762~814년 통치는 서유럽에서 모든 사제들이 십계명과 사도신경과 주기도문을 가르치도록 명했다. 그러나 종교개혁 직전까지 중세 때는 그런 변화를 보이지 않았고, 교인들은 교리와 믿음의 내용들에 대해 점점 더 무지해졌다.

종교개혁의 중요한 기여 중 하나는 루터와 칼빈 등 개혁자들이 요리문답을 만든 일이다. 개혁자들은 성경을 번역하거나 성찬 위주의 예배를 설교 위주로 바꾸어 교인들이 성경의 가르침(교리!)을 듣

우리는 무엇을 믿는가

고 배우게 하여 그들을 성도답게 만들었고, 일상에서 그들이 그 가르침을 따라 살도록 인도하고 권징을 통하여 성찬의 순결성을 지켜 나갔다. 이를 위하여 목사들은 금요일마다 아침 7시에 모여 함께 성경을 공부하면서 설교단의 설교를 일치시키고, 장로들을 세워 성도들의 교회 안팎의 삶이 순결하도록 돕고, 재정이나 건강의 문제로 어려움을 겪는 신자들을 돕도록 집사를 세웠다. 칼빈의 경우 첫 사역[1536-1538]의 실패를 교훈으로 삼아 1541년에 시작한 제2기 제네바 사역에서는 1554년까지 수많은 저항과 비난을 감수하면서 사역했고, 그 결과 1555년 초부터 시의회의 전적인 동의와 지원으로 제네바를 하나님의 말씀이 다스리는 도시로 변화시킬 수 있었다. 그의 사역 초기에 제네바 인구는 1만 명을 조금 넘었는데, 사역 말기에는 1만 명 이상이 더 늘었고, 그 외 유학생이나 신앙의 자유를 찾아 온 난민들도 많이 있었다. 1559년에 세운 제네바 아카데미는 개혁신학의 요람이었다.

그런데 칼빈의 제네바 교회도 그리 오래 지속되지는 못했다. 17세기 말부터 제네바 아카데미는 칼빈의 가르침, 특히 예정론을 공식적으로 거부한다. 당시 불기 시작한 합리주의와 성경 비평의 영향 때문이었다. 계몽 사조를 따르는 자들이 교회와 아카데미와 시의회를 장악하면서 소수로 전락한 칼빈주의자들을 탄압했고 이런 분위기에서 가톨릭교회로 개종한 루소[1712-1778]가 나왔다. 칼빈의 제네바는 이렇게 사라지고 말았다.

오늘날 종교개혁 500주년을 기념하지만, 루터의 비텐베르크나 칼빈의 제네바는 더 이상 존재하지 않는다. 가난과 일본 제국주의와 한국 전쟁의 박해 속에서도 믿음을 지키고 나아오면서 세계 교회사에서 전무후무한 성장을 이룩한 한국 교회도 한국 사회를 제대로 변화시키기도 전에 그 힘을 잃어가고 있다. 세계에서 가장 심각한 저출산 국가인 한국에서 교회가 외형뿐 아니라 내실에서까지 이전의 활력을 다시 회복하려면, 주일 예배에서 은혜 받고 교리로 무장한 교인들이 세상으로 나가야 한다. 그래서 교리의 주인이신 삼위 하나님의 형상으로 세상에서 하나님의 공의를 이룸으로써 세상을 하나님 나라로 만드는 사명을 바르게 수행해야 한다. 그럴 때에야 비로소 한국 교회는 받던 교회에서 진정으로 주는 교회, 신생 교회에서 세계 교회사의 주류 교회로 설 수 있을 것이다.

교리

루터는 의로운 하나님 앞에 서기를 두려워했다. 의로운 하나님은 죄인을 의롭게 징벌만 하시고 의인으로 만들지는 않으신다고 배웠기 때문이다. 인간의 공로와 면벌 행위를 요구한다는 의로운 하나님이라는 이름을 미워하기까지 했다. 그런 마음을 품고 있었으니 교인들의 고해성사를 듣고 시벌施罰한 다음에 사죄를 선언하여 그들에게 평안을 베풀었어도, 정작 고해 신부인 자신에게는 평안이 없었다. 사실 완전 면벌 행위는 11세기 말 십자군에게 처음으로 시행되었다. 면벌 전통은 중세 교회 초기에 아일랜드 선교사들이 파급한 공적 회개 제도에서 왔다. 회개하는 교인이 마음으로 죄를 애통하고 죄를 자백하여

우리는 무엇을 믿는가

회개에 따르는 벌충을 하면 회중이 해벌(용서)했다. 이것이 변질되어 교인이 신부에게 개인적으로 죄를 고백하는 사적 회개인 고해성사라는 인간적인 성례가 생겨난다. 충분히 벌충하지 않은 영혼은 연옥에서 고통을 당한다는 공포를 조성한 뒤 벌충 방법으로 로마 순례와 성지순례, 성인 숭배와 유물 관람 등을 더한다. 거기에다 그리스도와 성인들은 이미 천국에서 영원한 복락을 누리는데, 교황은 천국의 창고에 쌓인 이들의 공로를 땅에서 관장할 권한을 가지며 죽은 자의 영혼도 연옥에서 구출할 수 있다는 어용 신학이 등장한다. 교황은 연옥의 공포를 조성하여 죄를 억지로라도 애통하도록 강요한다. 나아가 후손들이 돈으로 면벌부를 구입하면 죽은 조상의 영혼이 연옥으로부터 면벌 받을 수 있다는 데까지 나아간다. 루터는 교황의 엉터리 주장과 어용 신학에 의심을 품었다. 이런 방식으로 얻는 인간의 자기 칭의는 하나님을 모독하는 가장 거짓된 행동이라고 보았다.

결국 루터는 성경의 가르침을 따라 인간은 스스로 의로울 수 없음을 깨닫고 하나님께서 보내신 예수 그리스도를 만난다. 예수님 안에서 하나님은 징벌의 하나님이 아니라 용서와 자비의 하나님이시다. 예수 그리스도가 곧 죄인을 의롭게 만드는 하나님의 의다. 진노하면서 죄를 징벌하기만 하고 용서하지 않는 신을 말하는 (중세) 신학은 철학이요 이성의 신학이고 거짓 신학이며, 그런 신은 사실상 우상이다. 죄를 징벌하시지만 그리스도로 대신 징벌받게 하시고 그의 십자가와 부활의 은혜로 죄를 용서하시고 죄인을 의롭다 하시는 하나님을 아는 것이 참 신학이다. 그리고 죄를 고백하고 회개하여 용서받은 자는 두려움 없이 자신을 의롭다 하신 하나님을 찬송한다. 하나님 앞Coram Deo에 그리스도 없이 서면 죄인이요 그리스도를 입고 서면 의인이다. 이것이 성령님께서 주시는 참 지식이요 참 신학이다. 루터는 중세 교회가 가르치는 인간의 면벌 행위나 공로가 아니라 예수 그리스도의 대속 사역과 공로를 성령님께서 믿게 해주심으로써만 우리가 의롭게 된다는 사실을 깨달았다. 이를 "이신칭의"라 부른다.

　루터는 고해성사가 말하는 사죄 선언의 의미를 완전히 뒤집었다. 면벌 행위로 획득한 의에 대한 선언이 아니라, 죄인에게 없는 의를 베푸시겠다는 약속으로 이해했다. 그러면 이 사죄 약속을 하시는 분과 그 약속을 받은 사람 사이에 관계가 창조된다. 루터가 "효과적 말씀"이라 부르는 약속은 설교나 세례와 성찬에서 들을 수 있다. 이 말씀과 함께 그리스도가 임재하신다. 고해성사는 인간이 자기에게 약속하는 차기기만이다. 인간의 능력이나 양심, 행위가 아니라 결코 우리를 속이지 않으시는 하나님의 진리, 우리 바깥에 계시는 약속이신 그리스도를 의뢰하는 것이 믿음이다. 그리고 이 믿음이 우리를 의롭게 한다. 그리고 이 약속이 이신칭의의 전부다.

　역사적 종교개혁은 사람이 만든 고해성사라는 엉터리 성례를 비판한 예배 개혁에 있었다. 루터는 그 누구도 미사를 하나님이나 사람에게 베풀 수 없다고 비판한다. 오직 하나님만이 예배에서 약속을 베푸시며, 예배자들은 어떤 행위나 공로에 의해서가 아닌 오직 믿음으로 하나님의 약속을 받는다. 고해성사라는 인간적 제도가 들어올 수 있었던 배경에는 세례에 대한 그릇된 이해가 깔려 있었다. 고대 교회 때부터 세례가 원죄와 세례 이전의 죄만을 사한다고 잘못 이해했으며, 따라서 교인들 가운데 가능하면 세례를 늦추는 풍습이 생겼다. 기독교를 공인한 콘스탄티누스 황제도 임종 자리에 가서야 세례를 받았다. 세례 이후에 범한 중죄나 여러 가지 죄를 단번에 청산하려는 기대도 이런 엉터리 성례를 발생시키는 데 한몫했다. 그래서 루터는 95개 조항을 고해성사가 아니라 매일의 회개에서 시작한다. "예수님은 '회개하라'고 명하실 때에 우리의 전全 생애가 회개의 삶이 되어야 한다고 하신 것이다"(1조항). 죄인이 죄를 알거나 스스로 고백하는 일이 없기 때문에 회개에 앞서 죄는 계시되어야 한다. 그럴 때 죄를 통회하는 죄인을 의로우신 하나님은 그리스도 안에서 사죄하고 그를 의롭다 할 것이다. 이렇게 죄를 깨닫게 하는 말씀과 성령님의 역사가 있는 예배는 중요하다. 그리고 이런 예배 개혁을 가능하게 한 것이 성경의 교리인 이신칭의와 언약의 약속을 바로 발견하고 고백한 교리 개혁이다. 죄인을 의인으로 만드는 의로운 하나님을 앎(신神지식)이 참 신학이며, 참 신학이 사람 개혁을 이끌어 낸다.

죄인이 복음을 듣고 믿어 의롭게 되는 "믿음"은 그 자신의 믿음이지만, 성경이 말하는 믿음에는 또 다른 측면이 있다. 죄인을 의롭게 하는 믿음은 항상 죄인 바깥에 있는 믿음을 지향해야 한다. 즉 믿음의 내용을 지향해야 하는데, 의롭게 하는 믿음의 내용은 우리 스스로 만들 수 없기 때문이다. 믿음의 내용을 스스로 만든 것이 중세 교회의 큰 잘못이었다. 믿음의 내용은 우리 안에 있는 게 아니라 우리가 받아서 소유한 것이다. 바울은 처음에는 자신이 핍박해서 멸해 버리려 했던 바로 그 믿음을 전했다(갈 1:23). 갈라디아 교인들은 그 믿음에 관해 듣고 성령님을 받았다(갈 3:2, 5). 바울은 그 믿음을 사람에게 받거나 배우지 않고 오직 예수 그리스도께서 직접 하신 계시를 통해 받았다(갈 1:12, 16). 따라서 이 믿음이 그들에게 왔다(갈 3:23, 25). 이들이 듣고 믿었던 믿음의 내용은 다름 아닌 예수 그리스도다. 이처럼 갈라디아 교인들은 그들 바깥에 계신 믿음의 내용인 예수 그리스도를 믿음으로 의롭다 함을 받았다(갈 2:16). 유다서에 "성도에게 단번에 주신 믿음의 도"(유 1:3)라는 말씀이 나온다. "도"라는 표현은 번역할 때 추가되었다. "단번에 주신 믿음"은 "전수한 믿음"을 뜻한다. 이 믿음은 내면의 믿음이 아니라 믿음이 지향하도록 성도들에게 단번에 전수한 믿음의 내용을 말한다(참조. 유 1:20). 단번에 전해진 믿음, 곧 복음은 변하지 않는다. 복음은 예수 그리스도의 십자가와 부활에 기초하고 있기 때문이다. 믿음(갈 1:23), 말씀(행 15:35), 복음(행 10:36)을 전할 때 사도들은 예수님이 그리스도(행 5:42)요 주님(행 11:20)이라고 전파했다.

믿음과 말씀과 복음의 내용이신 예수님이 또한 교리의 내용이시기도 하다. 사도들이 주님의 말씀을 가르칠 때(행 15:35) 그들이 가르친 내용인 말씀이 가르침, 곧 교리였다. 우리말 번역에는 "이 가르침"이라는 원어 표현을 예외 없이 "교리"가 아니라 "교훈"으로 번역하고 있다. 디모데가 목회하던 에베소에는 다른 교리를 가르치는 자들이 있었다(딤전 1:3). 이들은 바른 말씀, 곧 주 예수 그리스도의 말씀과 경건에 관한 교리를 따르지 않은 자들이었다(딤전 6:3). 여기서 말하는 경

우리는 무엇을 믿는가

건의 비밀이 바로 예수님과 그분의 역사적 구원 사역이다(딤전 3:16). 개역개정 난외주에 나오듯 "바르다"의 원래 뜻은 "건전하다"인데, 더 정확하게는 병들지 않고 "건강하다"(눅 5:32)는 뜻이다. 그렇다면 바른 교훈은 건강한 교리를 말한다. 다른 교리는 역사적인 예수님 교리가 아니라 밑도 끝도 없는 족보와 신화 이야기다. 즉 역사적인 사실이 아니라, 온갖 상상으로 신들과 영계靈界의 계보를 만들어 가면서 허황된 이야기에 집착하는 무익한 짓이다. 이들은 건강한 교리에서 어긋난 윤리적 범죄도 자행한다(딤전 1:10). 사람들은 건강한 교리를 받지 않고 이런 이상한 교리를 가르치는 자를 스승으로 삼아 귀를 즐겁게 하는 데 마음을 쓴다(딤후 4:3). 따라서 감독은 교리를 따라 신실한 말씀을 지키며 건강한 교리로 권면하고, 거슬러 말하는 자들을 책망해야 한다(딛 1:9; 2:1). 목사는 믿음의 말씀과 건강한 교리로 계속 양육받으며(딤전 4:6), 건강한 교리를 본받아 지켜야 하는 사명을 받았다(딤후 1:13).

가르침과 교리는 사도들이 말과 편지로 가르친 전통(살후 2:15)이기도 하다. 골로새 교인들은 그리스도 예수님을 주님으로 전수받았으니 교훈을 받은 대로 믿음에 굳게 서야 한다(골 2:6-7). 이 전통은 바울이 디모데에게 전한 것인데, 이것을 예수님께서 지키시며(딤후 1:12; 의탁한 것), 성령님께서 지켜 주실 것이다(딤후 1:14; 부탁한 아름다운 것). 그러므로 디모데는 이 전통을 충성된 사람들에게 부탁해야 한다(딤후 2:2).[2] 이렇게 부탁하고 전수하는 전통의 내용이 바로 예

---

2 전통의 전수를 명령하는 이 본문은 신학 교육이 필요하다는 주장에 대한 중요한 근거를 제시한다.

수님의 십자가와 부활이다(고전 11:23 이하; 15:1-4).

전통과 부탁의 내용이 예수 그리스도시라면, 그분은 동시에 우리 고백의 내용이시기도 하다. 베드로는 예수님께 "주는 그리스도요 하나님의 아들입니다"라 고백했다. 여기에 고백의 내용은 분명하지만 고백이라는 말이 나오지는 않는다. 유대인들은 예수님을 그리스도로 시인하는 자를 출교하기로 결의했다(요 9:22; 12:42). 놀랍게도 우리말 번역에는 "고백"이라는 말이 나오지 않고 "시인"이라는 표현이 나오는데, 이 말이 곧 "고백"을 뜻한다. 바울 사도가 전한 믿음의 말씀, 즉 "하나님께서 예수님을 살리심"을 마음으로 믿고 입으로 그분을 주님으로 고백하면 구원을 얻는다(롬 10:8-10; 9절과 10절에 단어 "시인"이 나온다). 그러므로 고백의 내용은 하나님과 예수님과 그분의 역사적 사역, 특히 부활이다.

예수님이 주님이요 그리스도요 하나님의 아들이심을 고백하는 것이 이후 사도신경의 기초가 되었다. 그분을 죽은 자 가운데서 다시 살게 하신 하나님 아버지와 교회를 통하여 그분의 사역을 계속하시는 성령 하나님에 대한 고백이 모여 현재의 사도신경이 되었다. 지금까지 살펴본 대로 믿음, 말씀, 복음, 교리, 전통과 고백의 내용은 다 예수님이다. 우리를 의롭게 하는 믿음은 그 내용인 부활의 예수님을 지향하며 그분으로부터 양분을 공급하는 탯줄과 같은 역할을 한다. 우리의 믿음은 우리 바깥에 있는 믿음을 떠나서는 존재할 수 없다. 이를 조심스럽게 표현하자면, 우리 안에는 믿음의 내용이 없기 때문에 우리는 바깥에서 주 예수님에게서 공급받아 채우는 내용만을 소유한

　　　　　　　　　　　　　　　　　　우리는 무엇을 믿는가

다. 그렇지 않으면, 예수님과는 무관한 세상의 가치관이나 관습으로부터 공급받거나, 아니면 종교적 심성이 고안한 우상을 만들 수밖에 없다. 이 때문에 믿음의 내용을 공급하는 말씀을 듣는 것이 아주 중요하다(롬 10:17). 그리고 우리의 믿음은 말씀을 들으면서 자란다(고후 10:15, 살후 1:3). 우리는 마땅히 하나님과 예수님을 아는 지식에서 자라 가야 한다(골 1:10, 벧후 3:18). 자라지 않는 믿음은, 온갖 환난 및 박해와 세상의 염려와 재물의 유혹과 욕심의 공격이 말씀을 막을 때 결실하지 못할 것이기 때문이다(막 4:14-20). 지속적으로 말씀을 공급받아 믿음이 자라야 백 배의 결실을 얻을 수 있다. 예수님의 복음과 교리는 예수님의 십자가와 부활의 관점에서만 깨달을 수 있으며, 그분의 길을 따라가는 제자의 길에서만 이것들을 바로 파악하고 살아갈 수 있다. 교리는 삶과 분리될 수 없다. 교리에서 지식을 배제할 수는 없으나 일차적으로 교리는 순종과 삶의 문제다. 예수님의 자기 계시는 은혜이며, 은혜를 받은 자만이 고백하고 순종하는 삶을 살 수 있기 때문이다.

사도신경

성경에 기록되어 있는 믿음, 말씀, 복음, 교리, 전통과 고백의 내용은, 구체적으로는 예수님과 그분의 아버지 하나님, 그리고 그분의 보혜사이신 성령 하나님이시다. 이 삼위 하나님의 사역을 가장 잘 요약한 고백이 사도신경이다. 사도신경은 교회가 자기 믿음을 고백하는, 가장 짧으면서도 가장 잘 정리된 최고最古의 신조다. 그리고 그 교리의 내용은 삼위 하나님이시다. 이렇게 본다면 "신조가 아니라 성경"이라는 구호가 그리 성경적이지 않음을 알 수 있다.

현재의 사도신경은 빨라야 5세기 말 또는 6세기에 완성되었다. 사도신경의 원형은 로마 신경으로서 그 최초의 형태는 150년경에 나타났다. 이 신경이 로마제국 전역으로 퍼졌고, 325년 교회가 고백한 니케아 신경이 잠시 그 자리를 대신했다. 후에 라틴어를 사용하던 서방 교회가 6세기부터 현재의 사도신경을 확고히 사용하기 시작했다. 종교개혁 교회와 그 후예들도 현재 이 고백을 예배에서 사용하고 있다.

위에서 본 대로 사도신경의 뿌리는 삼위 하나님에 대한 고백이며, 그 고백이 구체적으로 실천되었던 현장은 세례식이었다. 세례 명령(마 28:19-20)을 따라 사도들은 삼위 하나님에 관한 복음을 전했고, 삼위 하나님의 이름으로 세례를 받기 위해서는 이 삼위 하나님을 배워 알고 고백하여야 한다고 믿는 자에게 가르쳤다. 이러한 사도들이 전한 복음은 주로 말로 전파되었다. 당시에는 성경이 거의 보급되지 않았기 때문에 사도신경은 성경과 교리의 요약으로서 교인의 표지가 되었다. 실제로 "신경"은 상호 확인할 수 있는 표지를 뜻한다. 사도신경은 세례 교육의 교재였는데, 이는 이 신경에 삼위 하나님의 역사적인 사역이 순서대로 담겨 있고, 구약과 신약을 압축적으로 요약한 내용이 실려 있기 때문이다.

고대 교회에서는 세례 시에 집례자가 수세자受洗者에게서 믿음의 고백을 확인했다. 학습자는 교리 교육을 3년 정도 받는데, 이때 교회는 먼저 학습자의 직업을 살폈다. 창녀를 조종하는 포주, 신상 조각가

우리는 무엇을 믿는가

나 화가, 극장 배우와 연출자, 교사, 검투사나 (맹수) 투사, 우상 제사장과 신전 경비원, 군인과 관리, 창녀와 호색가, 마법사나 점쟁이, 해몽가와 협잡꾼, 화폐 위조범, 부적 제조자 등은 직업을 포기해야 했다. 군인과 관리는 황제를 신으로 숭배하겠다는 서약을 해야 했고, 교사는 신화를 교재로 사용해야 했으며, 배우는 신화나 음란한 이야기를 대본으로 사용했었기 때문이었다. 세례는 교회 곁에 있던 별도의 세례소에서 부활절 전날 저녁에 베풀었다. 수세자는 세례소 서쪽 문으로 들어온 뒤 180도 돌아 지금까지 자기를 지배했던 사단을 저주한다. 그리고 세례 교육을 맡았던 장로에게 가서 간단하게 성부를 믿고, 성자를 믿으며, 또 성령을 믿는다고 진술한다. 세례소에서 행하는 1차 신분 확인인 셈이다.

그 다음에 겉옷과 속옷을 다 벗는다. 이는 옛사람을 벗는다는 표시다. 이때 남자는 남자 집사가, 여자는 여자 집사가 도와서 수치를 감춘다. 그 후 계단을 내려가 세례조로 들어간다. 이때 2차 신분 확인이 이루어진다. 집례자가 "성부 하나님을 믿습니까?"라고 물으면 수세자는 물 속에서 "내가 믿습니다"라고 대답한다. 현재 사도신경에 있는 "나는 믿습니다"라는 고백에는 물 속에서 답하는 "내가 믿습니다"라는 배경이 있다. 같은 방식으로 예수님이 주와 그리스도와 하나님의 아들이심을 믿는지, 그리고 그분이 하신 사역들을 믿는지를 묻는 질문에도 수세자는 "내가 믿습니다"를 고백한다. 성령 하나님께서 교회에서 일하고 계심도 고백한다. 이렇게 "나는 믿습니다"를 고백할 때마다 집례자는 수세자를 세 번 물 속에 넣으면서 예수님과 함께 죽음을, 수세자를 물 속에서 다시 들어내어 나오게 하면서 예수님과 다시 부활함을 상징적으로 보여준다.

이렇게 고대 교회에서는 침례를 통해 예수님과 함께 죽고 다시 사는 것(롬 6:3 이하, 골 2:12)을 가시적으로 보여주고 직접 체험하고 재림을 대망하게 했다. 세례조는 예수님의 무덤을 상징하며, 물은 홍해나 요단강을 상징한다. 수세자가 계단을 걸어 세례조에서 올라오면, 이번에는 집사가 흰 옷을 걸쳐 준다. 이제 수세자는 새사람이요 천국 시민이라는 표다. 옷을 입고 나서 수세자는 소금을 받아 먹는다. 이제부터는 썩지 말고 세상의 소금이 되어 세상을 변화시키라는 사명을 부여받는 예식이다. 따라서 수세자는 이스라엘 백성이 가나안을 정복하듯 세상을 하나님 나라로 변화시키는 삶의 목표를 따라 살아야 한다. 이러한 과정을 거치는 동안 시간은 자정이 되고, 수세자는 비로소 성찬에 참여함으로써 온전한 교인의 신분을 행사한다. 세례를 받아 성찬에 참여해야 신자다. 이처럼 세례의 관문은 높고 힘들며, 성찬의 자리는 세상에서 고난받지 않으면 참여할 수 없는 성도의 특권이다. 이런 예식을 보면 오늘날 한국 교회에서 세례와 성찬이 얼마나 홀대받고 있는가를 알 수 있다.

고대 교회의 신자들은 로마제국의 조직적인 박해 여부와는 무관하게, 때로는 믿지 않았을 때 가졌던 직업을 버려야 하거나 가족과 이웃의 냉대에 직면해야 했지만, 그런 와중에도 교리를 차근차근 잘 배우고 선행을 연습했다. 수세자는 또 학습 기간 동안 고아와 과부를 돌보는 등 선행의 증거를 보여서 추천을 받아야만 했다. 믿음은 반드시

우리는 무엇을 믿는가

고난을 수반한다(빌 1:29). 고난 가운데서 믿음은 연단을 받고 단단해진다. 신자는 항상 믿음 안에 있는지 스스로를 시험하고 자신을 확증해야 한다(고후 13:5). 그러면 이방인들조차도 기독 신자들을 존경하고 두려워할 수밖에 없다(행 2:43, 47). 건강한 교리를 따르는 신자는 경건에 관한 교리를 삶에서 실천한다. 즉 예수님으로부터 공급받아 예수님을 닮은 삶으로 그분의 형상이 되는 것이다(롬 8:29). 하나님의 형상(고후 4:4)이신 그리스도 때문에 이 땅에서 우리도 하나님을 비추이는 하나님의 대사요 하나님의 형상으로서 살 수 있다.

그렇다면 "신조가 아니라 성경"이라고 주장하는 교리 경시의 함정에 빠지지 말고 교리를 잘 듣고 배우고 실천하는 전인적인 삶을 살아야 하는 것은 지극히 당연한 일이다. 교리로 무장하는 일만이 쇠약해지고 있는 한국 교회를 다시 바로 세울 수 있다는 확신 가운데 필자는 이 책에서 삼위 하나님의 사역을 정리하려고 한다. 다시 말하면 이는 곧 사도신경을 해설하는 일이다. 교회 역사 가운데 있었던 좋은 가르침이나 다른 교리 및 이단의 주장에 대한 반박을 다루기도 하지만, 그럼에도 이 책은 기본적으로 사도신경에 요약된 성경 교리 해설에 초점을 맞추고 있다. 사도신경이야말로 삼위 하나님을 바로 믿고 건강하게 대리하는 사람이 제일 앞세워야 할 내용들을 담고 있기 때문이다. 사도신경 말미에 송영을 첨가해도 좋을 법하다.

"하나님의 말씀이 순수하게 전파되고 경청되며, 성례가 그리스도의 제정을 따라 집례되는 곳마다 교회가 있다는 것을 의심할 수 없다"(칼빈, 『기독교 강요』, 4. 1. 9.). 여기에 나오는 "하나님의 말씀"은 민음, 말씀, 복음, 전통과 고백 또는 교리로 바꿀 수 있다. 이것들을 전파할 때 누군가 듣고, 그 안에 믿음이 생기고, 믿음의 주인이신 그리스도와 그분을 통하여 삼위 하나님과의 교제가 시작된다. 세례는 이 믿음의 고백이요 믿음의 교제로서, 수세자는 세례를 통해 그리스도와 연합하며, 삼위 하나님의 소유가 된다. 이 연합과 소유됨을 매 주일 정기적으로 체험하는 것이 성찬이다. 말씀 선포와 세례와 성찬은 주님께서 자기 아버지의 이름으로 육신으로 오시고 십자가와 부활로 완성하신 구원을 우리에게 배포하시는 방편이다. 이 방편들이 교회를 눈에 보이게 만들며, 이 방편들을 통해 하나님은 성도를 언약의 백성으로 부르셔서 구원에 이르게 하신다. 은혜의 방편이 있는 곳에 공예배가 있다. 매 주일 성찬도 시행해야 한다. 매 주일 말씀과 함께 성찬이 집례되는 곳마다 교회가 있다는 것을 의심할 수 없다.

이런 방편을 맡은 이들이 목사다. 그런데 한국 교회 안에 이 막중한 사명을 경솔하게 대하는 목사들이 있다. 이로 인하여 반反성직주의가 발생하고 교회를 떠나는 교인들도 늘고 있는 형편이다. 이 상황은 목사와 교인 둘 다 패자로 만든다. 누구든지 주께서 만드신 목회 사역과 목사직 자체를 부인해서는 안 된다. 목사와 교인은 은혜의 방편인 설교와 성례를 존귀하게 여겨야 한다. 목사는 골방에서 기도로 말씀을 받아야 매 주일 설교단으로 파송받을 수 있다. 설교단에서는 교리의 내용이요 주인이신 삼위 하나님만을 전파해야 한다. 그렇지 않으면 설교단이 목사에게 단두대가 될 수 있다. 표절한 설교를 들고 설교단에 서는 이는 거짓 선지자다. 이런 거짓 선지자와 그를 용인하

우리는 무엇을 믿는가

는 교회를 주께서는 멸망시키신다(렘 27:15). 이처럼 하나님의 이름으로 거짓 예언(렘 14:14)을 하는 자들은 제3계명을 범하는 것이다. 세례를 남발하거나 성찬을 아무에게나 베풀거나 아예 성찬을 시행하지 않는 목사들 역시 제3계명을 어기는 것이다. 세례의 유효성은 집례자나 수세자의 경건이 아니라 삼위 하나님의 이름을 시행함에 있으니 재세례는 피해야 한다.

목사는 모든 일에 신중하여 고난을 받으며 전도자의 일을 하며 맡은 직무를 다하여야 한다(딤후 4:5). 목회 사역의 중대성을 속히 회복하고 존중하는 교회만이 반듯하게 설 수 있다. 나아가 목사는 가장 모범적인 교인이어야 한다. 예수님은 바리새인들이 말하는 바는 행하되 그들의 행위는 본받지 말라 하셨다(마 23:3). 목사는 자신에게 부탁받은 말씀을 전하고 그대로 살면서 교인들을 훈련시키고 인도하며 경고해야 한다. 목회를 밥벌이 수단으로 이용하지 말아야 한다(벧전 5:3). 사실 중세의 타락도 성직자들이 주도하였고, 그 피해는 고스란히 교인들의 몫이 되었다. 교회가 부패하고 쇠퇴할 때마다 예외 없이 성직자들이 선두에 있었다. 종교개혁 500주년을 기념한 한국 교회 목사들은 크게 반성하여 말씀대로 살면서 그리스도의 청지기로서 그분의 은혜를 배포하고, 교인들에게 본이 되어야 한다(딛 2:7). 목사의 가르침이 무기력한 교리가 아닌 살아 움직이는 성령님의 검이 되게 하여 사람을 개혁하고 교회를 개혁함으로써, 이제는 거꾸로 교인과 교회가 세상을 개혁하는 송영의 도구가 되도록 해야 할 것이다.

교인들 역시 잘 다스리는 장로들을 두 배나 존경할 자로 알고 또 말씀과 가르침에 수고하는 이들에게는 더욱 그리해야 한다(딤전 5:17). 혹 나태하고 부패한 목사가 있다 할지라도 그 때문에 은혜의 방편을 맡은 목사직 자체가 폐기되는 것은 아니다. 그리고 하나님은 부족한 목사를 통해서도 우리에게 인내하게 하고 기도하게 하는 은혜를 베푸실 수도 있다. 더 좋은 목사 양성을 위하여 신학 교육에 더 관심을 가지게 하시려는 것일 수도 있다. 바르고 건강한 교리를 가르치고 실천하는 좋은 목사가 절실하게 필요한 때다. 신자라면 하나님의 말씀을 듣지 못하는 기근(암 8:11)이 이 땅에 임하지 않도록 하나님께 간구해야 마땅하다. 건강한 교리를 사모하고 그런 교리가 한국 교회에 뿌리내릴 수 있도록 기도하며, 건강한 교리를 말씀으로 가르치고 성례로 보여주는 건강한 목사와 더불어 건강한 한국 교회를 세워 나가는 일을 해야 한다. 그러면 주께서 우리 후손들에게도 이런 건강한 교회를 유산으로 넘겨주실 것이다.

종교개혁은 일차적으로 제도 개혁이 아니었다. 교리 개혁에 기초한 예배 개혁이었고, 근본적으로는 사람 개혁이었다. 그런 개혁들이 제대로 되었을 때 제도 개혁은 자연스럽게 따라왔다. 교리는 삼위 하나님과 그 사역이며, 예배는 삼위 하나님께서 은혜의 방편인 말씀과 성례를 통하여 자신을 내어 주시는 교리의 현장이다. 성부께서는 성자를 파송하셨고, 성자는 순종하여 십자가를 통과하고 부활하셨고, 성령께서는 예배에서 이 모든 은사를 우리에게 공급하시고 채워 주신다. 예배자는 매 주일 말씀과 성찬을 받아 삼위 하나님으로 충만하여 죄인에서 의인이 되고 하나님의 형상이 되어 세상으로 파송받는

우리는 무엇을 믿는가

다. 결국 세상은 하나님의 형상인 의인이 하나님의 영광을 드러내는 교리 실천의 현장이다. 종교개혁 500주년은 우리로 하여금 교리 개혁, 예배 개혁, 사람 개혁과 세상 개혁이라는 개혁자들의 정신이 오늘날 교회에서 제대로 시행되고 있는지 되돌아보게 한다. 주께서 한국 교회를 강하게 하시고 스스로를 개혁하게 하실 때, 이런 개혁자들의 정신을 이어 항상 개혁하는 교회로 우뚝 서서 세상의 개혁까지도 이룰 수 있게 하시기를 간절히 소망한다.

필자는 교리의 요약인 사도신경의 구조를 따라 본서를 전개한다. 우리의 신앙고백에서 핵심적 위치를 차지하는 사도신경의 구조를 분석해 보면 제1항목은 성부 하나님과 그의 사역에 대해, 제2항목은 성자 하나님과 그의 사역에 대해, 그리고 제3항목은 성령 하나님과 그의 사역—교회(거룩한 교회와 성도의 교제), 구원(사죄), 종말(부활과 영생)—에 대해 고백하고 있다. 이처럼 사도신경의 구조는 '삼위일체론적'이다. 상대적으로는 성자 하나님과 그의 사역을 중심으로 한 부분을 길게 고백하고 있다. 우리는 이 순서를 따라 삼위 하나님의 자기 계시를 성부, 성자와 성령님의 사역에서 살필 것이다. 성부 하나님은 항상 성자, 성령님과 함께 동사同事하시며, 성자께서도 성부의 보냄을 받아 성령님의 능력으로 사역하셨고, 성령님께서도 성부와 성자 하나님의 사역을 교회와 우리에게 적용하심으로 우리를 하나님의 동사자로 만드신다. 그러므로 본서는 어느 곳에서나 항상 삼위 하나님을 증거하며, 삼위 하나님을 증거하는 죄인과 동시에 의인으로서 송영하는 우리의 모습을 지속적으로 보여줄 것이다. 이 책은 하나님의 자기 계시와 그것이 기록된 성경을 살피는 것으로 시작할 것인데, 성경이 곧 삼위 하나님의 자기 계시이기 때문에 이 서론 역시 삼위 하나님과 분리된 서론이 아님을 미리 밝혀 둔다.

1

삼위 하나님의
자기 계시와 성경

성경은 하나님이 자신을 우리에게 계시하셨다고 말한다. 자기 자신을 우리에게 알려 주신 것이다. 계시의 방법으로 간혹 직접 나타나기도 하셨다. 이처럼 하나님이 자신을 보여주시고 계시하신 것을 일컬어 하나님의 자기 계시라 한다. 하나님은 자연, 역사, 구약의 언약 백성인 이스라엘을 통해서 자신을 계시하셨는데, 이 계시는 예수 그리스도 안에서 가장 구체화되었다. 하나님의 이런 자기 계시를 통해 우리는 하나님을 알고 하나님과 인격적인 관계를 맺는다. 더 구체적으로 말하면 계시는 구원 지식과 그 지식을 바탕으로 하나님과 사람 간의 관계를 형성한다. 그리고 이 관계는 죄와 죄로 인한 결과의 영향을 받는다.

하나님은 스스로 자기를 계시하고 자기 뜻의 비밀을 우리에게 알리기로 작정하셨다. 그리하여 성육하신 그리스도를 통하여 성령님 안에서 우리를 자기께로 나아오게 하며 자기의 본성에 참여하기를 원하신 것이다. 하나님은 계시를 주신 분이실 뿐 아니라 계시의 내용이며 목표점이다.

언약 교제의 창설과 유지를 위한 계시

하나님의 자기 계시는 주로 언약으로 나타난다. 하나님은 아브라함과 사라에게 약속하시고, 자기의 이름을 알려 주시고, 출애굽 시키시며, 율법을 주시고, 선지자들을 통하여 은혜와 심판을 선포하셨다.

구약에서 하나님은 사람과 교제 관계를 수립하시고, 자기가 어떤 분이시며 우리에게 무엇을 요구하시는가를 보이신다. 그렇기 때문에 "나는 네 하나님이 되고 너는 내 백성이 되리라"(레 26:9-12, 렘 31:33, 겔 37:27, 호 2:23, 고후 6:16, 히 8:10, 계 21:3 등)는 언약은 모든 계시의 기조基調요 목적이다. 언약에 입각한 교제는 하나님과 아브라함 사이의 관계에서, 하나님과 이스라엘 백성 사이의 관계에서, 그리고 선지자들의 구원 설교에서 잘 나타난다. 시편 기자도 가장 높은 신앙 표현인 하나님과의 교제를 고백했다.

하나님의 자기 계시와 인격적 관계 형성은 예수 그리스도에서 그 절정에 이른다. 예수님은 하나님의 주권적인 마지막 계시다. 예수 그리스도 안에서 하나님은 선지자들이 아니라 아들을 통하여 말씀하셨다(히 1:2). 하나님의 영원한 말씀이 육신이 되셨고 성령의 인치심을 받은 구주가 출현하셨다. 예수님의 사역, 특히 그의 십자가와 부활, 그리고 성령님의 새롭게 하는 사역으로 하나님과 인간 사이에 새로운 관계가 확립되었다. 예수님이 고난받고 십자가에 달리신 겸손한 종의 모습으로 계시하신 그 일이 세상의 지혜에게는 걸림돌이지만 그리스도는 구원을 받는 자들에게는 하나님의 능력이다(고전 1:18, 22-24).

요한복음 17:3과 마찬가지로, 구약에서도 하나님의 계시는 하나님의 말씀, 생명, 교제를 다룬다. 하나님과의 교제를 통하여 우리는 하나님의 거룩하심을 더 잘 알게 된다. 더불어 구원과 사죄가 있는 곳에서 여호와는 더욱 경외함을 받는다(시 130:4). 계시의 목적은 하나님을 아는 지식 즉 "신지식"神知識이다. 이 지식은 언약 안에 있는 인간이 누리는 하나님과의 사귐을 통해 얻을 수 있으며, 이 지식이 곧 여호와를 경외하는 데로 나아가게 한다. 이처럼 여호와의 자기 계시 뒤에는 늘 여호와를 경외함이 따라온다.

계시는 이러한 교제를 위해 찾아오시는 하나님을 뜻하며(출 3:8, 계 22:20), 이렇게 오신 하나님은 말씀하신다(창 3:9). 찾아오신 하나님은 자기가 행하실 일을 말씀하신다(출 3:8). 이것이 구원이다. 예수님도 세상에 오셨고(요 1:11) 성령님도 약속을 따라 오셨다(행 1:8; 2:33). 출애굽기 3:14의 "나는 나로 있다"("나는 스스로 있는 자니라"[개역개정])는 이름은 하나님이 행위하는 존재이심을 보여준다. "여호와"라는 단어는 사실 일인칭("나로 있다")을 삼인칭 형태로 고정시킨 단어로서, 원래 이름이 아니었다. 하나님의 행위와 임재를 표현하는 말일 뿐이었다. 즉 성경은 일차적으로 하나님을 본질이 아닌 행위로 지칭한다. 하나님은 결코 사변적이거나 추상적인 존재가 아니시다. 하나님은 계시 행위에서 스스로 행동하시며 말씀하셨다. 역사와 자연도 하나님의 계시를 나타내는 장이다. 거기서 하나님께서 자신을 주신다(요 3:16). 하나님의 행위와 말씀은 하나님이 임재하신다는 증거요 표다(욥 42:5).

선지자들은 하나님의 자기 계시를 눈으로 직접 보았다고 설명한다(사 6:1). 하나님을 계시하는 일에 여호와의 사자가 언급되는 경우도 있다(삿 6:11). 하나님이 자신을 직접 나타내시는 경우에는 대개 하나님의 말씀이나 언약 체결의 일이 뒤따라온다. 그러나 이처럼 하나님이 다양하게 자신을 계시하셨음에도 불구하고 하나님을 직접 본 자는 없다(출 19:22, 삿 13:22). 여호와는 모세와 대면하여 말하셨으나, 모세가 하나님을 직접 보았다고 볼 수는 없다. 하나님을 보고 알았으나 하나님을 직접 보지는 못했다는 이 양면성을 인간인 우리는 조화시킬 수 없으며 다만 그대로 받아들일 수밖에 없다. 예수 그리스도 안에서야 하나님은 비로소 육신으로 오셨다(요 1:18).

구약에서의 계시

"계시"에 사용된 용어

구약은 하나님의 자기 계시를 표현할 때 "하나님이 자기를 직접 주신다"는 의미의 동사들을 사용한다. 이 동사들은 히브리어에서 "자기를" 보여준다는 의미를 지니는데, 우리말로 번역할 때는 대개 "자기를"이라는 표현을 생략한다.

우리는 무엇을 믿는가

"계시하다"(히. הלג[갈라])라는 동사는 하나님이 과거에 선조들에게 행하셨던 "자기 계시"를 가리킨다(창 35:7). 이 단어는 하나님의 영광이 나타나는 것을 가리키기도 한다(사 40:5). 개역개정은 사무엘상 2:27을 "내가 그들에게 나타나지 아니하였느냐"로 번역하지만, "내가 내 자신을 그들에게 '계시'하지 않았느냐"가 더 적절한 번역이다. 여기서 하나님은 직접 나타나셔서 엘리의 집을 크게 꾸중하신다. 그후 여호와께서는 사무엘에게 대신 나타나셔서 자신의 뜻을 그에게 알리셨다(삼상 3:21).

"계시하다"(히. ראה[라아])는 하나님이나 하나님의 영광이 어떤 거룩한 곳에 나타나는 것을 표현하는 용어다(창 17:1; 18:1; 35:9; 48:3). 하나님이 구름 기둥과 불 기둥 가운데서 나타나신 것(민 14:14)과 불순종하는 백성에게 하나님의 능력을 보여주시기 위해 나타나신 것(민 14:10) 역시 이 말로써 표현되었다.

"내가 아브라함과 이삭과 야곱에게 전능의 하나님으로 나타났으나(라아) 나의 이름을 여호와로는 그들에게 알리지(야다ידע) 아니하였고"(출 6:3)라는 말씀에서는 두 동사들(라아와 야다)이 서로 비교된다. 하나님은 아브라함을 비롯한 열조들에게 나타난 것과는 다른 방식으로 모세에게 자신을 계시하신다. 모세에게는 하나님이 자신을 구원의 하나님이심으로 계시하셨다. "야다"는 손을 통하여 자신을 알리시는 하나님을 가리킨다(렘 16:21). 손이란 하나님의 도움, 곧 구원을 말한다. 하나님은 자신의 강한 손을 알도록 하신다. 하나님은 구원 행위에서 자기를 스스로 계시하는 분이시다. 하나님은 역사적 구원 사역인 출애굽 때뿐 아니라 지금과 장래에도 지켜 주신다(출 14:18). 포로 귀환과 예루살렘의 회복에서도 여호와의 자기 증거가 나타나며, 종말의 때에는 모든 육체가 볼 수 있게 여호와의 영광이 나타날 것이다.

계시의 방편

하나님은 말씀과 행위로 자기를 계시하신다. 말씀과 선지자들을 통한 계시가 구약 계시 방법의 근간이다(암 1:1, 3, 6 등). 이것은 성경의 영감에 대한 증거다. 하나님은 자신의 뜻을 선포할 종들을 계속 보내셨다(렘 25:3). 그들은 여호와의 이름으로 말했고(렘 26:16; 44:16), 하나님의 살아 계심을 가리켜 말했다(왕하 22:14). 선지자들이 외친 말씀은 곧 하나님을 계시하기 위한 하나님의 방법이었다. 심지어 하나님은 선지자들이 외친 심판의 메시지 가운데서도 교제를 계속하셨다(호 6:4-7). 이스라엘이 불순종과 불신앙으로 하나님과의 언약을 어겼을 때 심판을 선포해야 했던 일은 선지자들에게 크나큰 고역이었다(렘 20:7-18). 그럼에도 그들은 하나님이 진노하시는 가운데 자비로우시다는 사실을 외쳤고, 이는 이스라엘 백성을 하나님께로 다시 부르기 위함이었다(사 54:8, 호 11:8-9). 결국 그들이 외친 것은 구원과 용서를 위한 심판이었다(사 51:5).

말씀을 통한 계시가 가장 일반적인 방편이지만, 하나님은 행위를 통해서도 자신을 계시하셨다. 하나님께는 말씀이 곧 행위요 행위가 곧 말씀이다. 말씀으로 주시는 구원 계시와 역사 속에 나타난 하나님의 구속적 행위들은 하나다(출 15장). 이를테면 하나님은 출애굽과 전쟁의 승리를 통해서 구속자이신 자신을 더 강하게 계시하신다(왕상 20:28, 시 24:8). 그리고 역사적 사건들을 통해 알리고자 하시는 하나님의 자기 계시를 선포된 말씀을 통해 언약의 자손들에게 대대로 전파하신다(시 75:1; 78편).

"나는 여호와다"(사 43:11; 45:7)라는 하나님의 선언은 역사적 사건들을 통해 증명된다. 애굽에 재앙을 내리신 사건(출 7:14-12:36)이나 엘리야의 갈멜산 사건(왕상 18:39) 등에서 여호와의 모습이 나타난다. 하나님은 이러한 역사적 행위를 통해 스스로를 증거하신다. 그리고 이러한 여호와의 행위들을 보고 체험함으로써 하나님의 백성들은 하나님을 아는 지식을 형성한다(왕상 17:24, 대하 33:13). 그들은 하나님만이 이런 일들을 할 수 있는 능력을 가지신 분임을 알며, 과거뿐 아니라 미래에도 이와 동일한 능력으로 구원을 이루어 주실 하나님이시라는 확신을 가질 수 있다(시 105:4-5). 이스라엘의 역사는 이런 관점으로 바라보아야 한다(시 111:4-5). 즉 이스라엘의 대적을 이기시는 것이나 이스라엘을 포로로 보내시는 심판 행위, 나아가 그들을 다시 옛 땅으로 귀환시키시는 것을 통해서 하나님의 계시를 볼 수 있어야 한다는 말이다(겔 39:28).

여호와는 인격적 현존과 역사 개입 외 다른 방식으로도 자기를 이스라엘에 계시하셨다. 때로 하나님은 천둥과 번개(출 20:18), 바람과 폭풍(사 29:6), 그리고 하늘에서 내려온 불(신 4:36) 가운데서 자신을 계시하셨다. 이러한 계시의 방편을 통해서 이스라엘은 피조물이 하나님과 밀접한 관계에 있음을 알았고, 하나님이 이것들을 부리면서 등장하신다는 것도 알았다. 모든 피조물은 또한 하나님의 영광과 지혜를(시 19편), 사랑과 능력(시 104편)을 드러낸다.

하나님은 표적으로도 자신을 계시하신다(출 7:3-5; 10:1-2). 이사야의 벗은 몸과 발은 애굽과 구스에 대하여 예표가 된다(사 20:3). 에스겔도 징조가 되었다(겔 12:6 이하). 하나님은 기사와 능력으로 민족들 가운데 알려지시며(신 7:19), 기사를 행하심으로써 역사 속에서 자기를 계시하신다(수 3:5). 그러므로 하늘과 땅에 그분과 같은 하나님이 없다(신 3:24).

하나님의 영광도 계시의 중요한 형태다(출 16:10; 24:16, 겔 8:4; 10:19). 광야 위 회막 속에 충만했던 영광(출 40:34)이 구름 기둥과 불기둥의 모습으로 동행했는데(출 13:21-22), 이 영광은 하나님에게서 나오는 어떤 것이 아니라 하나님의 임재 자체를 뜻한다. 성전에 영광이 가득한 것도 하나님의 계시다. 에스겔은 영광이 성전을 떠나는 것을 환상 중에 보았으며(겔 9:3), 그 영광은 예루살렘과 성전이 회복될 때에야 다시 돌아왔다(겔 43:1 이하). 여호와의 영광은 하나님의 내적 모습임과 동시에 바깥으로 나오실 때의 능력이기도 하다. 이사야 6장에서 여호와를 둘러선 천사들이 그의 영광을 찬양하는데, 그 영광이 하늘과 땅에 다 충만하다. 하늘 역시 하나님의 의를 선포하니 모든 백성이 다 그의 영광을 본다(시 97:6). 이러한 영광은 하나님의 능력과 힘을 펼쳐 보인다. 또한 여호와께서는 자기의 영광을 보이시려고 이스라엘을 지으셨다(사 44:23). 즉 그 백성을 통하여 자신의 영광을 나타내시는데, 이는 이스라엘의 구원을 이루심으로써 성취된다.

더불어 하나님의 이름(사 30:27)과 성전(신 12:5, 11, 시 102:21)도 인간과의 교제를 가능하게 하는 하나님의 자기 계시다. 하나님의 이름은 독자적으로 하나님의 임재를 표현하는 계시의 방편이며, 성전은 하나님이 자기의 이름을 그곳에 둠으로써 임재하시는 곳이다(왕상 8:33-34).

계시를 받는 대상

계시를 받는 대상은 다양하다. 여호와는 모든 민족들에게 자기를 보이셨으므로 여호와를 아는 일은 모든 육체와 모든 민족들에게 해당되는 일이다(수 4:24, 사 40:5, 겔 39:7). 이로써 바로나 애굽 전체(출 14:4) 그리고 바알 숭배자들(왕상 18:36-37)도 여호와를 알게 된다. 여호와는 이처럼 넓게 자기를 계시하신다. 언젠가는 만방이 하나님의 구원 계시에 동참할 것이다(미 4:1-3).

하나님은 고정된 모습으로만 또는 고정된 시간에만 나타나시지 않는다. 하나님은 자신이 원하시는 때에 나타나신다. 그러므로 제사나 기도를 통해 하나님을 만나려는 인간 편에서의 시도는 다 헛되다(삼상 15:22, 느 9:34 이하, 렘 7:22-23). 인간은 계시를 이끌어 내는 주체가 아니라 계시의 수용자일 뿐이다(삼상 3:10). 인간은 오직 하나님이 자신을 계시하실 때 그 계시를 통해 하나님을 만난다. 모든 육체가 여호와의 영광이 나타나는 모습을 보는 것이 계시의 목적이므로, 하나님이 주시는 계시를 통해 인간은 하나님의 영광을 본다(사 35:2).

또한 구약의 여호와는 만방의 헛된 신들과는 달리 살아 계신 하나님이시다(신 5:26, 수 3:10). 여호와는 자기를 역사의 주인이요, 거룩하고 은혜로운 분으로 세상의 창조주요, 보존자로 계시하신다. 여호와는 한편으로는 자기의 언약 백성에게만 은혜를 보이시나, 다른 한편으로는 만방으로 자기를 알게 하실 것이다. 계시는 하나님이 인간과 교제하시기 위하여 자기 자신을 주는 행위다. 그리고 구약의 계시는 신약의 계시, 곧 예수 그리스도 안에서 자기가 마지막으로 나타나실 것을 예비한다. "구약의 성도들도 거울을 보듯 그리스도 안에서 하나님을 봄으로써 그를 알았다"(칼빈, 『기독교강요』, 4-8, 5; 관상contemplatio).

신약에서의 계시

신약은 그리스어로 기록되었다. 그리스어를 사용했던 고대 그리스 철학자들은 관상의 삶을 통해 진리와 궁극적 실재를 파악할 수 있다고 보았으며, 이런 관상의 삶이 인간의 최고선을 이룬다고 여겼다. 그러나 구약은 이론적이거나 신비적 관상을 통해 하나님을 알 수 있다고 가르치지 않는다. 하나님을 아는 일은 그분의 존재와 속성을 관상함으로써가 아니라 하나님의 계시인 계명을 지킴으로써 가능하다. 성경은 관상이 아니라 들음과 순종을 말한다. 우리는 말씀을 듣고 순종함으로써 비로소 하나님을 안다. 하나님의 자기 계시 자체는 예수 그리스도 안에서 완료되었다. 그러나 여전히 현재형으로 나타나는 때가 있는데, 지금도 우리는 말씀을 듣고 순종함으로써 하나님과 교제하기 때문이다.

우리는 무엇을 믿는가

계시의 완성이신 예수님

신약에서 "계시"에 대해 다룰 때는 구약 히브리어 "갈라"의 번역어를 주로 사용했다. 신약에서 계시란 일반적으로 덮은 것을 벗기거나 뭔가를 볼 수 있게 만드는 행위를 의미한다. 하나님은 이제 자기 나라를 나타내시며 약속하신 구원의 때에 임하셨다. 이를 "때가 차다"(막 1:15, 갈 4:4)라는 말로 표현하는데, 이는 예수님 안에서 하나님 나라가 임했다는 뜻이다. 예수님은 하나님 나라를 전하시는 분일 뿐 아니라 스스로 그 나라 자체시다. 그러므로 이 계시는 보고 들을 수 있는 계시다.

예수님께서는 원하시는 대로 아버지를 계시하실 능력을 지니셨으며(마 11:27), 스스로 아버지의 계시로서 육신으로 오셨다(요 14:9). 그러므로 예수님이 육신으로 오신 그 자체가 곧 계시다(딤전 3:16). 그분은 성부에게서 들은 것을 세상에 증거하셨다(요 3:32; 8:26). 그러므로 사도들도 자신들이 보고 들은 것, 나아가 손으로 만진 것을 증거할 수 있었다(행 4:20, 요일 1:1). 예수님은 스스로를 이방을 비추는 빛이며(눅 2:32) 세상의 빛이라(요 8:12) 하셨다. 또한 그분을 보는 것은 독생자의 영광을 보는 것이다(요 1:14). 그러나 예수님이 누구인지는 혈과 육이 아니라 오직 성부의 계시를 받은 자만이 알 수 있고(마 16:17), 그런 자는 성자를 통하여 계시되는 성부의 영광도 볼 수 있다 (요 11:40). 이처럼 신약 속 계시의 내용은 그리스도다. 이전에 선지자들을 통하여 주어진 계시는 그리스도와 그분의 복음을 지시했다(히 1:1 이하, 벧전 1:10 이하). 이를 신약은 "신비"(μυστήριον; "감추어졌던

것"[개역개정])라는 말로 표현하기도 한다(롬 16:25, 고전 2:7). 그리스
도는 아버지를 계시하고(요 17:6), 성령님은 아버지와 아들을 계시하
는 영이시다(고전 2:10, 엡 1:17).

화목제물이신 예수님의 죽음을 통해 율법과 선지자들이 증거한
(눅 24:27, 44, 롬 3:21) 하나님의 의가 나타난다(롬 3:21 이하). 달리 표
현하자면 복음으로 이 의가 나타났으며(롬 1:17), 모든 사람에게 구원
을 주시는 하나님의 은혜가 나타났다(딛 2:11). 하나님은 그리스도를
이 세상에게 주심으로써 자기를 우리에게 주신다(요 3:16). 그러므로
우리는 하나님과 그리스도를 소유하게 되었다(요일 2:23).

신약에서 역시 "하나님이 오시는 것"은 계시와 구원의 사건이다.
계시는 하나님에게서 온다. 이 사실은 베드로가 예수님을 그리스도로
고백한 것은 하나님이 알게 하셔서 가능하게 되었다는 말씀에서 잘
나타난다(마 16:17). 예수님은 자기의 오심과 구속을 직결하셨다(막
10:45). 이러한 점에서 예수 그리스도의 오심은 그 자체로 하나님의
계시요 완전한 구원이다(요 3:17, 요일 5:20).

그리스도 안에서 최종적으로 성취될 것이 아직 남아 있는데, 이
는 곧 그리스도의 재림이다(고전 1:7, 벧전 1:7, 13). 예수님은 구름을
타고 다시 오실 것이고(막 14:62) 그때 우리는 하나님을 보게 될 것이
다(고전 13:12). 그리스도의 초림은 재림 주님의 영광으로 감싸여 있다
(벧전 4:13). 예수님의 종말론적 재림은 그리스도의 영광의 계시로 표
현되기도 한다(롬 8:18). 재림의 날에 성도들도 영광과 구원에 참여한
다(벧전 5:1). 재림이야말로 하나님의 자기 계시가 완성되는 사건이다.

우리는 무엇을 믿는가

계시의 목적과 성령의 사역

계시의 목적은 우리로 하여금 하나님을 알게 하고(요 17:3), 이로써 우리가 구원을 얻게 하려는 데 있다(요 20:31). 우리로 하여금 믿음을 통해 하나님의 영원한 구원 계획과 언약에 근거한 교제에 참여하는 구원에 이르게 하려는 것이다. 믿게 하기 위해서는 이 비밀이 모든 민족에게 전파되어야 한다(막 16:15-16). 예수 그리스도의 복음은 곧 이 비밀에 관한 복음이다(행 10:36-43).

구약과 신약의 역사도 중요하지만 오순절 이후 성령의 사역 또한 중요하다. 특히 영광이라는 측면에서 그러하다. 성령의 사역인 "영광의 계시"는 종종 나타난다(롬 8:16 이하). 복음 전파 자체가 하나님의 영광을 드러낸다(고후 3장). 그리스도와 연합되어서 부활의 소망을 지닌 교회는 이미 "영광의 영"을 가졌다(벧전 4:14). 성령님은 "종말론적 선물"이다. 그리스도에 관한 설교를 통하여 믿음으로 말미암아 전달되는 성령의 소유는 장래에 누리게 될 영광의 보증이다(롬 8:23, 고후 1:22; 5:5).

일반계시

하나님은 언약 백성에게 행위와 말씀으로 자기를 계시하셨다. 그런데 언약 백성과는 달리 이방인에게는 하나님이 행위로만 계시하셨고 지금도 행위로 계시하신다는 사실을 성경은 가르치고 있다. 이를 전통적으로는 "일반계시"라 부르며, 이에 대한 근거는 로마서 1장과 2

장 그리고 사도행전 14:15-17, 17:22-31에서 찾을 수 있다. 바울은 로마서에서 하나님이 특별계시가 없는 자들에게도 "창세로부터"(롬 1:20) 자기를 계시하셨다고 한다. 그러므로 이방인들도 성경 계시 없이 하나님의 뜻을 안다. 그들도 본성상 율법이 요구하는 바를 안다(롬 2:14-15). 바울은 선교적인 상황에서 실제 이방인들에 대해 말하고 있다. 그러나 이와는 정반대로 다른 곳에서는 바울이, 이방인들은 하나님을 알지 못하며(고전 1:21, 갈 4:8, 살전 4:5) 율법을 준수할 수도 없다고 말한다(롬 1:32, 갈 2:15). 바울이 서로 상반되는 말을 하는 것처럼 보일 수 있다. 그러나 바울은 하나님이 인간에게 주신 바와 인간이 그것을 사용하는 바를 구분하고 있을 뿐이다. 그리고 바울의 의도는 이렇게 상반되는 현실을 통하여 이방인들을 꾸중하려는 데 있다.

로마서 1장에서 바울은 하나님이 이방인들에게도 계시를 주셨다고 한다. 나아가 그들이 하나님을 알았으나 하나님을 영화롭게 하지 않는다고 책망한다. 이는 그들에게 참된 신지식이 없다는 말이다. 하나님을 인정하지 않는 신지식은 참된 신지식이 아니다. 그들은 불의로 진리를 억누르면서 거짓말로 바꿔 버린다(롬 1:25). 하나님의 계시가 인간에 의해 억압받은 결과, 창조주 대신 피조물을 신격화하는 현상이 나타난다(롬 1:23). 이렇게 자기를 계시하신 하나님을 떠난 인간에게는 변명의 여지가 없다. 그러므로 하나님의 진노가 그들에게 하늘로부터 나타나는 것이다(롬 1:18).

로마서 2장에서 바울은 이방인이 본성으로 율법의 일을 행한다고 한다(롬 2:14). 율법의 명령을 본성으로 행한다는 것은 율법을 지

우리는 무엇을 믿는가

니지 않았거나 알지 못하는 상태에 있으면서도 율법의 일들을 행한다는 뜻이다. 이는 하나님이 주신 율법의 행위가 인간의 양심 속에 기록되어 있다는 뜻인데, 이를 일반계시라 한다. 그러나 이방 종교는 하나님에 대한 일반계시를 완전히 거부한다.

사도행전 14장에서 바울은 루스드라 사람들에게 하나님은 비와 결실기를 주심으로써 자기를 계속 증거하신다고 가르쳤다(행 14:17). 그러면 그들이 바울의 전도를 듣기 전에도 비와 결실기를 주시는 하나님을 이미 알고 있었을까? 그렇지 않다. 바울이 "살아 계신 창조주 하나님에게로 돌아오라"(행 14:15)고 회개를 촉구한 데서 알 수 있듯이, 그들이 하나님을 알고 있지는 않았다. 다만 바울은 하나님이 일반계시를 통해 그들에게 지속적으로 관여하신다는 점을 선교의 접촉점으로 삼았을 뿐이다.

사도행전 17장의 설교 역시 회개 설교다. 바울은 아테네 사람과의 접촉점을 찾기 위해 그들의 종교성을 인정하고 그들의 시인을 인용했다(행 17:22-23). 즉 바울은 아테네 사람들에게 진리가 있다고 여기지 않았다. 바울은 "너희가 알지 못하고 위하는 그것을 내가 너희에게 알게 하리라"(17:23)고 하면서 24-27절에서는 구약을 인용하여 구약의 하나님을 그들에게 가르치고 그들을 책망한다. 즉 아테네 사람들은 자기들이 신들을 만들어 놓고는(29절), "우리는 그 신의 소생이라"(28절)고 말한다며 그들의 모순을 폭로한다. 바울은 회개를 촉구하고, 정하심을 받은 자 곧 부활하신 예수님을 선포한다(30-31절).

앞서 언급한 네 본문은 일반계시를 가르치고 있다. 그런데 일반계시에는 항시 오해의 소지가 있다. 이방인들이 일반계시를 통하여 신지식에 이른 것으로 오해할 수 있다는 뜻이다. 먼저 주목해야 할 점은 위 본문들의 화자인 바울이 이미 성도라는 점이다. 특별계시를 전하는 바울에게는 일반계시가 분명할 수밖에 없다. 따라서 성도인 그가 이방인을 향한 전도에서 일반계시를 언급할 때, 그의 의도는 성도인 자신에게는 너무나 명백한 일반계시를 하나님이 이방인들에게도 주시지만, 이방인들은 이 일반계시를 억압하거나 알지 못한다는 점을 깨우치려는 데 있다. 이로써 그들을 책망하고 예수 그리스도와 그분의 아버지 하나님께로 돌아오라고 촉구하려는 것이다.

일반계시를 대하는 바울의 태도는 자연 시편들(8, 19, 104, 147, 148편 등)을 부른 시편 기자들에게서도 잘 나타난다. 기자들은 이미 구원 계시로 하나님을 알고 그분의 사역을 어디서나 인정하는 믿음의 이스라엘 사람들이다. 우리는 무엇보다도 먼저 하나님의 말씀을 통해 그분을 안다. 이 토대 위에서 우리는 자연을 통해서도 하나님을 알 수 있다. 일반계시의 효용성이 여기 있다.

그럼에도 불구하고 일반계시로부터 성급하게 일반적 신지식을 이끌어 내는 실수는 피해야 한다. 일반계시를 인정했던 칼빈도 하나님이 여러 방식으로 아버지의 은총을 우리에게 보이시려고 해도, 우주를 관상하는 것으로는 우리가 하나님이 아버지이심을 추론할 수 없다고 했다(칼빈, 2. 6. 1.). 하나님이 우리의 눈을 열어 주셔야 한다. 하나님이 우리를 그리스도 안에서 만나지 않으시면, 우리는 그분이 우리의 구원이라는 사실을 알 수 없다. 중보자 없이는 하나님의 자비

우리는 무엇을 믿는가

를 맛볼 수 없다(칼빈, 2. 6. 4.). 그리스도를 떠나서는 하나님에 관한 구원 지식뿐 아니라 창조에 나타난 하나님의 일반계시도 알 수 없다. 우리는 하나님의 작품인 창조 세계를 통해서도 그분을 알고 영화롭게 하는 것이 마땅하다. 자연과 은혜는 상충되지 않는다. 그러나 일반계시만으로는 결코 하나님을 알 수 없다. 일반계시는 특별계시와 함께 계시의 두 방편 가운데 하나일 뿐, 계시의 원천은 아니기 때문이다.

영감

"모든 성경은 하나님의 감동으로 되었다"(딤후 3:16). 여기에서 "성경"은 구약을 지칭하지만 신약도 여기에 포함된다. 베드로후서 1:21에서도 "예언은…성령의 감동하심을 받은 사람들이 하나님께 받아 말한 것"이라 한다. 성경은 영감된 하나님의 말씀이다. 성령님이 그 안에서 직접 말씀하시기 때문이다.

그리스도의 영은 선지자들 중에 역사하여 그리스도의 고난과 영광을 증거하셨다(벧전 1:11). 예수님은 구약의 예언들이 자기를 증거하고 있다고 직접 말씀하셨으며(요 5:39), 바울도 모세와 선지자들의 말로 예수님의 일을 전했다(행 28:23). 신약 저자가 구약을 인용할 때 구약의 저자를 성령님으로 소개하며(히 3:7), 그리스도 역시 다윗을 인용할 때 성령님이 다윗을 통해 말씀하셨다고 하신다(막 12:36). 그리스도의 복음을 증거하는 이들도 하늘로부터 오신 성령님으로 이 복음을 전한다(벧후 1:21). 이처럼 구약의 예언도 성령님에 의해 주어졌고, 완성된 복음도 성령님에 의해 전파된다. 그러므로 성경은 구원에 이르는 지혜가 있게 한다(딤후 3:15). 왜냐하면 성경의 모든 부분이 성령님에 의해 영감되었기 때문이다.

언약의 말씀을 성경으로 기록하실 때 하나님은 이 작업의 도구인 인간을 존중하셨다. 인간을 하나님이 말씀하신 것을 그대로 받아 적는 막대기가 아니라(이를 흔히 "기계적 영감론"이라 한다), 인격을 가진 자로 이 작업에 임하게 하셨다(이를 흔히 "유기적 영감론"이라 한다). "유기적"이란 말은 생물학 용어로, 카이퍼, 바빙크 등 화란 개혁주의 신학자들이 처음 사용했다. 이 말이 "기계적"이라는 말에 비해 성경의 신적 요인과 인적 요인들을 동일하게 중시하긴 했지만, 이 말조차도 실제로 성경 기록이 영감되었다는 그 온전한 의미를 다 담아내지는 못했다. 유기체론은 유기적 생명력을 성령의 사역과 일치시키는 범신론 또는 진화론적 세계관을 내포하고 있다. 그렇지만 성령님은 성경 기록의 주체이시지 유기체적 원리가 아니시다. 생물학적 범주와 용어로는 하나님과 인간의 언약 관계를 표현할 수 없다.

하나님은 성자 안에서 성령님을 통하여 말씀하신다. 그러므로 성경의 말씀에서 우리는 삼위 하나님과 직접 대면한다. 그분이 우리와 대화하신다. 그분이 직접 우리에게 말씀하신다. 인격과 인격의 대화, 즉 주도권을 가지신 인격(하나님)이 말씀하시면서 상대자인 인격(인간)에게 대답을 요청하시는 이 대화는 결코 생물학적인 범주로 접근할 수 없다. 성령님은 영감으로 인간 저자들의 특성들을 보존하시되 그들이 기록한 것의 궁극적 결과는 하나님의 말씀이 되게 하신다. 성경은 그리스도에 대한 증거이며 하나님의 한 뜻, 곧 그리스도 안에 있는 구원을 알린다(계 1:2, 9).

성경 기자들에게 영감이 주어졌다면, 성경 독자들에게는 성령의 증거가 있어야 성경을 깨달을 수 있다. 성령님이 성도 각자와 교회 가운데 살아 계셔서 성경을 깨닫게 하시는데, 이를 성령의 내적 증거라 한다. 하나님이 성경에서 직접 말씀하신다는 것이 성경에 대한 최고의 증거다. 우리가 하나님의 말씀에 대한 확신을 얻을 수 있는 방법은 인간적 이성, 판단, 추론이 아니라 성령의 내밀한 증거를 통해서다. 모세와 선지자들이 영감을 받아서 신적으로 말했다는 것을 증명하라는 불신자들의 요구에 대해, 칼빈은 성령의 내적 증거가 그 어떤 이론보다 더 탁월한 답이라고 말한다. 하나님만이 말씀으로 스스로를 증거하시듯, 말씀은 성령의 내적 증거가 인쳐질 때 비로소 우리 마음에 받아들여진다. 선지자들의 입을 통하여 말씀하셨던 그 성령님이 우리 마음에 오셔서 그 선지자들이 신적으로 명령받은 바를 신실하게 선포했다는 사실을 설득하신다(칼빈, 1. 7. 2-5., 1. 9. 3.).

교회에 적대적인 세상 속에서 복음 전파와 설교가 승리하도록 인도하시는 이도 성령님이시다(요 14:26-27). 성령님은 일차적으로 증인이시다(행 5:32). 성령의 조명이 있어야 말씀에 계시된 것들을 구원에 이르기까지 깨닫게 된다(웨스트민스터 신앙고백서 1. 6.). 이와 같이 성령님은 성경을 기록하게 하셨을 뿐만 아니라 성경을 깨닫도록 역사하신다(엡 1:13).

성경의 속성

성경의 권위

로마교는 성경의 권위를 말하기는 하지만, 이를 다시 교회의 권위에 의존시킨다. 그러나 성경은 인간이나 교회에 의존하지 않고 스스로 권위를 가진다. 성경은 그 권위를 스스로 증거한다. 나아가 성경의 권위는 인간의 증거가 아니라 저자인 하나님의 증거에 의해 증명된다. 달리 표현하자면, 성경이 권위를 갖는 토대는 영감이다. "오직 성경"은 "성경 전부"를 말한다. 성경은 스스로의 해석자이다. 예수님은 "기록된 바"라는 말로 구약의 권위를 표현하셨다. 사도들도 같은 식으로 권위를 인정받았다. 우리는 예수님과 사도들의 자세를 그대로 따라야 한다. 성경은 믿음과 행위의 유일한 준칙이다. 성경의 신뢰성은 논리적인 일관성이 아니라 신앙적인 신뢰에 토대를 두고 있다.

성경은 계시 역사를 기록하고 있기 때문에 그 시대의 흔적을 지니고 있다. 즉 성경은 본문이 기록된 시대적 상황과 그 본문이 위치하고 있는 문맥을 무시하고서 해석될 수 없고, 항상 전체적인 문맥을 고려하면서 해석되어야 한다. "주여, 말씀하옵소서. 종이 듣겠나이다"(삼상 3:10)의 자세로 들으면 지금도 그때와 동일하신 성령님이 계속 말씀하실 것이다. 성경은 기록된 목적이 있으므로 그 목적을 존중해야 한다. 즉 성경은 예수님을 주와 그리스도로 고백하고 모든 선한 일을 하는 데 이르게 할 목적으로 쓰였다(요 20:31, 딤후 3:17).

필수불가결성

교회 역사를 살펴보면, 교회의 권위뿐 아니라 모든 외적 권위를 거부하면서 성령의 내적 조명만을 강조하고, 성경조차도 외적이므로 필수적이지 않다고 주장했던 일단의 신령주의자들이 있었다. 그들은 성경과 성령을 이원론적으로 대치한다. 또한 성경은 진리의 원천이 아니라 참 지식에 이르는 방편에 불과하기 때문에 성경이 필수적이지 않다고 주장했다. 그러나 실상 그들이 "성령의 교시敎示"라고 부르는 개념은 이성과 양심이라는 인간 본성의 빛을 의미한다. 사실상 이성과 양심을 성경보다 앞세우면서 성경의 가치를 약화시켰다. 신령주의자들은 교회가 있는 한 성경이 없어도 된다는 로마교회의 입장과 정반대를 주장하지만, 성경을 무시한다는 점에서는 로마교회와 보조步調를 같이한다.

그러나 성령님은 우리를 다름 아닌 말씀에 붙잡아 매신다. 말씀과 설교에 자기 능력을 부여하심으로 역사하신다. 그러므로 성경은 필수적이다. 성령의 유익과 열매를 얻으려면 부지런히 성경을 읽고 들어야 한다. 우리는 성경의 필수성을 부인하는 모든 주장을 부인하며 성경의 필수불가결성을 주장한다.

명백성

로마교는 성경에 불분명한 부분이 있으므로 교회가 성경의 해석자라 주장한다. 그러나 성경은 우리에게 분명하고 명백하게 말한다. 하나님의 말씀은 발에 등이요 길에 빛이다(시 119:105). 이 말씀은 우리 입과 마음 가까이 있다(롬 10:8). 말씀은 때와 장소를 막론하고 하나님의 백성을 위하여 주어졌다. 시편 95:7의 "오늘"은 수많은 세월 뒤에도 "오늘"이며, 지금도 우리는 그 말씀을 듣고 있다.

현대 비평학은 성경의 명백성에 근거한 성경의 단일성을 파괴했다. 현대신학은 성경 안에 서로 상이할 뿐 아니라 때로는 상치할 수도 있는 "신학들"을 추적하려고 한다. 구약과 신약에 다양성이 나타나는 것은 사실이다. 그렇지만 이 다양성이 성경의 단일성을 깨뜨리지는 않는다. 성경에는 예수 그리스도의 말씀과 경건에 관한 하나의 교훈이 있다(딤전 6:3). 그러므로 다양성을 가진 성경을 이해하는 데 성령의 조명은 필수적이다. 성령님은 유일한 자기 해석자다. 그러므로 우리는 성경과 성경을 비교하면서 성령의 인도를 받아 성경을 해석한다. 그렇다고 해서 성령님이 백인백색의 무분별한 성경 해석을 조장하지는 않으신다. 성령님은 우리를 "합당하고 필연적인 귀결"로 이끄신다(웨스트민스터 신앙고백서 1.6.).

충분성

하나님 안에 있는 구원의 뜻은 성경에 완전하게 나타나 있다. 그러므로 성경 교리 이외의 다른 교리를 가르쳐서는 안 된다. 로마교는 전통을 앞세워 성경의 충분성을 부인한다. 로마교는 전통과 성경을 믿음의 원천으로 삼는다. 그러나 성경이 정경으로 확정되는 과정 속에서 사도들의 저작이 아닌 다른 전통들은 성경으로 간주될 수 없다는 것이 확인되었다. 성령님의 사역은 계속되고 있지만, 그렇다고 해서 성령님이

"오직 성경"이라는 말에 표현된 성경의 절대적인 권위를 위협하는 것은 아니다. 성령님은 성경과 끊을 수 없는 끈으로 연결되어 있다.

로마교는 "전통"이라는 개념으로 스스로를 그리스도의 대리자 또는 성령님을 소유하고 있는 기관이라고 주장하면서, 교회를 자족적인 기관으로 본다. 이런 전통관 안에서는 성경만으로 충분하지 않다. 로마교는 교황을 정점으로 하는 교회를 신앙과 신학의 일차적 자료로 보고, 결국 가르치는 교회만이 성경을 해석할 수 있고 전통이 무엇인지를 결정할 수 있다고 믿는다. 개혁주의 역시 전통을 말하지만, 그 전통이 성경에 근거해 있고 성경에서 나왔다고 믿는다는 점에서 로마교와는 차이를 보인다. 그러므로 전통은 항상 유일한 규범인 성경을 통해 확인해야 한다. 즉 성경은 구원을 위한 하나님의 선물이며, 이 선물을 통하여 우리는 하나님의 살아 계신 말씀을 듣는다. 그러므로 우리는 하나님 안에 있는 구원의 뜻이 성경에 완전하게 나타나 있다는 뜻에서 성경의 충분성을 믿는다.

성령의 내적 조명

성경의 신뢰성은 하나님이 저자이심이 확실할 때 비로소 확립된다. 성경에 관한 최상의 증거는 그 안에서 직접 말씀하시는 하나님이시다. 이성적 판단이나 논증이 아니라 성령 하나님의 은밀한 증거가 핵심이다. 그러므로 이론적 근거를 통하여 성경에 대한 확고한 신앙을 수립하려는 자들은 필경 넘어지고 말 것이다. 교회의 권위를 앞세우거나 논리적이고 이성적인 논증을 제아무리 잘한다 해도 성령의 내적 사역 없이 성경에 관한 확신과 권위를 세우기는 어렵기 때문이다.

성령의 내적 증거라는 개념은 칼빈이 전수한 좋은 선물이다(칼빈, 1. 7. 4.). 성경은 <u>스스로</u>의 권위를 증거하므로 성경의 권위를 증명이나 논거에서 찾으려 해서는 안 된다. 이것들은 이차적 의미만을 지닐 뿐이다. 성경은 <u>스스로</u>의 권위를 증명하지만 성령님이 우리 마음에 성경의 말씀을 인쳐 주신다. 성령님은 성경의 저자이시기 때문이다. 이와 같이 성경과 성령님은 불가분리의 관계에 있다. 성령님은 성경에 자기를 계시한 그대로 지금도 계시하고 일하신다. 즉 성령님을 통하여 성경이 우리 마음에 인쳐지면, 성경은 우리에게 그리스도를 보여준다(칼빈, 1. 9. 3.). 하나님은, 성령님을 통하여 말씀을 배포하셨듯이, 동일한 성령님을 통하여 그 말씀을 확증하심으로 자기의 일을 완수하신다. 부활하신 주님은 제자들의 마음을 열어서 말씀을 깨닫게 하셨다(눅 24:27, 45). 이처럼 주님이 성령의 조명을 배포하시는 방편은 말씀이다. 이 조명으로 우리의 마음이 밝아져서 말씀을 깨닫기에 이른다. "내적 스승"(칼빈, 3. 2. 4.)이신 성령님이 우리 마음 속에 좌정하시기 전에는 말씀이 침투할 수 없다.

우리는 무엇을 믿는가

2

성부, 성자, 성령 하나님

: 삼위일체론적 신론

삼위 하나님

앞에서 정의한 대로 신학은 신지식神知識이며, 스스로를 계시하신 삼위일체 하나님에 대한 우리의 신앙고백이다. 그리고 그 삼위 하나님을 아는 것이 우리에게는 영생이다(요 17:3). 그런데 이 신지식, 곧 "하나님을 앎"이란 교제 관계 안에서의 앎이다(삼상 3:7, 호 4:6, 암 3:2). 하나님은 인간과 적극적으로 관계하시는 하나님이시며, 우리는 오직 이런 관계 속에서만 하나님에 관하여 말할 수 있다. 이 관계는 하나님이 인간과 맺으신 "나는 너희의 하나님이 되고 너희는 내 백성이 되리라"는 언약 속에서 나타났다. 하나님은 계시를 통하여 스스로 우리의 하나님이 되시기를 원하시며 우리가 자기를 "우리의 하나님"으로 알기를 요구하신다. 하나님은 교제를 통하여 스스로 우리의 지식과 논의의 대상이 되기를 원하신다. 그러나 이러한 신지식은 결코 하나님을 객관적으로 대상화한 지식이 아니라, 언약적 관계 속에서 이루어지는 인격적 지식이다. 따라서 계시는 늘 교제의 주체가 되시기를 원하시는 하나님의 자기 계시다.

그러므로 참된 신지식은 송영으로만 가능하다. 우리가 하나님이라는 이름을 우리 입술에 올릴 때 그분은 일반적인 한울님이나 하느님이 아니라 우리를 그리스도 안에서 구속하신 살아 계신 하나님이시다. 오직 이 삼위 하나님의 구원을 입은 자만이 그분과 더불어 교제를 누릴 수 있다. 따라서 구원의 은혜를 체험하지 못한 채 하나님의 이름을 부르는 것은 "하나님의 이름을 망령되이 일컫는 죄"를 범하는 것이다. 따라서 신학의 중심은 하나님이 우리를 위해서 행하신 일들에 있으며, 신론을 배우는 것은 이러한 일들이 나를 위한 일이었음을 고백하고 기뻐하는 것이다. 그러므로 우리는 하나님의 이름을 객관적으로 부르지 않고 송영의 자세로만 부를 수 있다. 그렇게 할 때 신론은 딱딱한 이론의 나열이 아니라 우리 영혼을 울리는 찬송이 될 것이다.

사도신경의 구조를 볼 때, 우리의 하나님은 성부, 성자, 성령 하나님이시요 우리가 말하려는 신론은 삼위일체론이다. 우리가 삼위 하나님을 고백할 때, 우리는 그분을 이성적으로 접근하는 것이 아니라 그분을 "믿는다"고 고백한다. 우리가 이렇게 고백하는 하나님은 예수 그리스도 안에서 우리를 만나고 우리와 더불어 교제하시는 성부, 성자, 성령 하나님이시다. 그렇기 때문에 우리가 하나님을 알 수 있는 것은 인간의 이성 때문이 아니라 바로 하나님의 계시 때문이며, 사도신경이 이 사실을 잘 보여준다.

그러므로 삼위 하나님을 먼저 말하지 않는 신론은 있을 수 없다.

우리는 무엇을 믿는가

우리의 하나님은 성경과 신앙고백의 하나님이다. 하나님은 단순히 논리적으로 "하나님은 이러하다"라고 객관화할 수 있는 분이 아니시다. 우리에게는 일반적인 신이 아니라 성부 하나님이 계실 뿐이다(고전 8:5-6). 성부에 대한 인식은 오직 예수 그리스도를 통해서만 가능하며(마 11:27, 요 8:19; 14:6-7), 또한 그 예수님은 다만 성령님으로 말미암지 않고는 주ᵗ로 고백할 수 없는 분이시다(고전 12:3).

이로써 우리는 신앙고백을 입문으로 삼아 "신론은 삼위일체론이다"라는 관점에서 하나님의 본질을 삼위 하나님으로 파악한다. 우리는 그 삼위 하나님을 오직 예수 그리스도를 통한 계시로 말미암아 알게 되었고, 그것을 성경에서 확인한다. 즉 아브라함과 이삭과 야곱의 하나님, 이스라엘의 언약의 하나님이 예수 그리스도 안에서 인간의 모습으로 죄를 사하셨으므로, 우리의 하나님은 일반적 하나님이 아니라 계시와 성경의 하나님이시다. 창조와 섭리 역시 일반적 하나님의 사역이 아니라 바로 이 삼위 하나님의 사역이다. 그러므로 하나님의 본질이나 존재나 속성 그리고 그분의 모든 사역들은 오직 그분의 말씀을 통하여 계시하시는 삼위 하나님을 믿는 신앙 내용이다.

삼위일체론의 출발

예수님이 전파하신 내용은 하나님 나라다(막 1:15, 눅 4:43; 8:1). 이 점은 주기도문에 (하나님의) 나라가 임하기를 기도하라고 명하신 데서도 나타난다(마 6:10, 눅 11:2). 예수 그리스도의 "아버지"는 구약의 하나님 곧 아브라함과 이삭과 야곱의 하나님이시며(마 22:32, 막 12:26, 눅 20:37), 이스라엘에게 자신을 계속 계시해 오셨던 그 하나님이시다(신 6:4, 막 12:29). 예수님의 선포에서 특이한 점은 하나님을 아버지, 정확하게 말하여 아이들의 용어인 "아빠"라는 호칭으로 불렀다는 점이다(막 14:36). 그 이전에는 누구도 예수님처럼 그렇게 친근하게 하나님을 아버지라 부르지 않았다. 예수님은 하나님의 영원한 본질이 무엇인가를 정의해 준 분이시다. 성부 하나님과 성자 하나님 간에 이루어졌던 교제야말로 하나님의 영원한 본질이다. 그 본질은 곧 사랑이다(요일 4:8, 16). 아버지께서는 예수님이 세례를 받으실 때 예수님에게, 그가 자기의 사랑하는 아들이라고 선포하셨다(마 3:17, 막 1:11, 눅 3:22). 그리고 변화산 사건에서도 간접적이긴 하지만 같은 음성이 들려왔다(마 17:5, 막 9:7, 참조. 막 12:6, 눅 20:13, 벧후 1:17). "사랑받은 자"란 결국 "독생자"(요 3:16)처럼 유일하다는 의미다. 이 이름은 성부와 성자의 관계를 잘 표현한다.

한편으로, 예수님은 하나님을 아버지라 부름으로써 "나는 아버지의 아들이다"(마 11:27, 눅 10:22, 요 6:40)라고 자신을 그 아버지 하나님과의 관계에서 정의하셨다. 나아가 그분은 "아버지와 나는 하나이다"(요 10:30)라고 하심으로 자신과 하나님을 일치시키셨다. 우리가 "우리 아버지"(주기도문)로 부르는 그 하나님은, 그 하나님을 오직 "나의 아버지"(마 26:39, 42)라고 계시하신 예수 그리스도 안에서만 우리 아버지가 되신다. 우리는 이런 식으로 하나님과 예수님과 우리의 관계를 요약할 수 있다. 하나님의 아들이라는 독특한 신분을 가지신 예수님이 행하신 사역들로 인하여 우리는 하나님의 자녀들이 된다.

다른 한편으로, 예수님은 하나님을 아버지라 하심으로써 자신과 하나님을 구별하셨다. 하나님을 아버지로, 자신을 그 하나님의 아들로 구별한 것이다. 그렇지만 그렇게 구별하면서도 예수님은 자신의 사역을 통하여 자기와 아버지를 가장 밀접하게 연결시키셨다.

예수님이 아버지로 부르신 그 하나님은 이스라엘이 못 박은 그 예수님을 "주"와 "그리스도"가 되게 하셨다(행 2:36; 이는 하나님이 그를 증거하심이다, 행 2:22). 부활하신 예수님을 "주" 곧 "여호와"라 부르는 것은 시편 110편의 성취다. 그리고 이것은 예수님의 신성을 의미하기도 한다. 스데반은 바로 이 이름을 부르면서 기도했다(행 7:59). "마라나타", 곧 "우리 주여, 오소서"(고전 16:22)는 재림에 대한 간구인데, 이것은 곧 예수님을 향한 "기도"다(계 22:20). 이 말은 "하나님을 믿으니 또 나를 믿으라"(요 14:1)는 명령과 위로의 의미이기도 하다. 믿음의 대상은 하나님 외에는 없다. 그러므로 교회는 이제 이 토대 위에서 구약의 하나님과 예수님의 구별성과 동등성을 정돈해야만 했다. 삼위일체론 전개의 출발점이 바로 여기에 있다.

그런데 우리가 하나님의 자녀된 것을 증거하시는 이는 성령님이시다(롬 8:16). 예수님이 구원의 중보자시라면, 성령은 성자와 성부의 교제를 가능하게 하는 매개체요, 우리와 그리스도를 연결하는 사랑의 고리시다(엡 4:3). 그리스도는 성령으로 잉태되었고(마 1:20), 성령으로 충만하여 하나님의 말씀을 전파했고(눅 4:1, 18-19), 성령의 힘으로 죽었고(히 9:14), 성령의 능력으로 부활하셨다(롬 1:4;

8:11). 이 성령님이 우리로 우리가 하나님의 아들들임을 알게 하신다(롬 8:14 이하).

성령님은 하나님이 예수님과 함께하시는 임재의 방식이었고, 이제는 늘 임재하실 종말론적 선물이다(행 2:38, 고전 12:4-6). 성부와 성자의 관계가 삼위일체론 시작의 토대였다면, 그 관계의 고리인 성령이 명시적으로 언급될 때, 삼위일체론 논의는 완전한 모습을 취하면서 출발하게 된다. 성령을 단지 성부의 능력이나 성자의 대리자로만 보는 생각은 아주 위험하다. 성부와 성자의 관계에 있어서 성령이 확고하게 자리 잡지 못하고 성령의 신성이 확보되지 못한다면 삼위일체론도 불가능해질 것이다.

하나님의 계심과 인식 가능성

예수 그리스도 안에서 자기를 계시하셨고 오직 성령님을 통해서만 우리가 알고 만날 수 있는 하나님은, 살아 계시고 행하시는 하나님이시다(마 16:16). 여호수아는 가나안 일곱 족속들을 추방하시는 하나님의 사역을 통해 이스라엘이 하나님의 사심(생명)을 알게 될 것이라고 말했다(수 3:10). 여호와는 살아 계시며(신 5:26, 삼상 17:26, 렘 10:10, 단 6:20), 참되신 하나님이시다(삼하 7:22, 대상 17:20, 살전 1:9). 구약에서 참 선지자들은 하나님의 사심을 두고 맹세했다(왕상 18:10, 렘 16:15 등).

하나님은 "자기 속에" 생명을 가지고 계신다(요 5:26). 하나님은

우리는 무엇을 믿는가

포괄적인 의미에서 모든 행위의 근거를 "자기 안에" 가지고 계신다. 이 점에서 하나님은 자기가 지으신 만물에 의존하지 않으시고 독자적이며 자유로우시다. "마음에는 원이로되 육신이 약하다"(막 14:38)는 표현은 인간인 우리에게만 해당되는 문제이며 하나님과는 무관하다. 하나님은 자기의 생명을 성자 예수님에게도 주셔서 그분으로 생명을 갖게 하셨다(요 5:26 하반절). 그러므로 예수님도 "아버지가 일하시니 나도 일한다"(요 5:17)라고 하셨다. 이러한 이유 때문에 성경은 자기를 계시하시는 모든 사역 속에서 하나님을 그 주체로 본다. 하나님은 약속을 성취시키시는 모든 사역을 통해 살아 계신 자기를 증명하는 분이다. 이러한 이유 때문에 우리는 인간을 향한 하나님의 사역을 통해 하나님을 알 수 있다. 하나님께서는 살아 일하시면서 우리와 교제하시기를 원하신다.

이처럼 하나님이 직접적이건 간접적이건 자기의 사심(생명)을 나타내심으로써 인간들과 관계를 맺는 모든 행위를 "계시"라 한다. 사람을 향하시는 하나님의 계시를 통하여 인간도 하나님과 교제할 수 있는 인격자가 된다. 하나님이 계시를 통하여 인간을 부르심으로써 인간은 하나님의 계심에 참여하게 된다. 계시로 나타나는 것은 신적인 어떤 것이 아니라 하나님 자신이다. 그러므로 하나님의 사역은 곧 하나님의 자기 계시요 하나님 자신이다. 이 점이 구약에서도 나타났지만, 신약에서는 더 분명하게 나타났다. 구약보다 더 명확하게, 신약은 하나님이 육신으로 나타나신 경건의 비밀을 나타낸다(딤전 3:16). 그리스도는 육체로 나타나신 하나님이시다. 계시된 비밀이란, 예수 그리스도의 모습으로 세상에 인격적으로 오신 하나님의 구속 역사적 사건이다. 하나님을 믿는 신앙은 예수 그리스도 안에 나타난 하나님의 사랑과 의의 행위를 믿는 것일 뿐 아니라, 이것을 토대로 "하나님이 영원부터 영원까지 사랑과 자비이시다"(사 63:9, 딛 3:4)라는 확신으로 나아가는 것이다.

예수님 안에서 하나님은 자신을 성부로 계시하셨다. 성령님으로 말미암아 예수님은 성자로 인정(선언)되셨다. 우리는 계시의 하나님이 바로 하나님 자기이심을 고백할 수 있는데, 이것은 오직 삼위일체론을 통해서만 말할 수 있다. 즉 계시는 삼위 하나님을 전제하지 않고는 불가능하며 계시의 하나님은 바로 하나님 자신이다. 이처럼 계시는 삼위일체론의 기초이다. 따라서 우리는 삼위일체론이 아니라 삼위 하나님을 믿는다!

하나님의 가지성可知性과 불가해성

우리는 특별계시로부터만 하나님의 계심과 본질을 알 수 있다. 그러므로 우리는 이 논의를 하나님의 불가해성이 아니라 하나님을 앎, 곧 가지성에서 출발하려고 한다. 가지성이란, 계시에 기초하여 우리에게 자기를 주시려는 하나님을 우리가 알 수 있다는 말이다. 하나님의 불가해성은 우리가 계시를 통해서 하나님을 알 수 있지만, 하나님은 계시보다 크신 분이시기에 우리가 그분에 대해서 모든 것을 다 이해할 수는 없다는 것을 말한다. 따라서 하나님의 불가해성은 하나님의 자유와 지극히 크심에 대한 고백이며, 하나님의 가지성과 불가해성은 둘 다 구원받은 자가 부르는 송영이다(참조. 롬 11:33).

하나님의 가지성과 불가해성에 관해서 교회사 초기에 그릇된 방향으로 발전된 입장이 있었다. 고대 교회 교부들은 불가시적인 신을 출생하지 않고 영원하며 존재와 이름을 알 수 없는 불변의 존재로 보았다(불가해성). 그들은 성경적 관점에서 자연계시를 보지 않았다. 대신 하나님의 자연계시와 불가해성을 전제하고 난 뒤, 특별계시를 통해서만 하나님을 완전히 알 수 있지만 자연을 통해서도 누구나 하나님을 부분적으로는 알 수 있다고 보았다. 즉 하나님의 본질에 대해서는 알 수 없지만 자연을 통하여 하나님의 특정 측면들에는 접근할 수 있다는 것이다. 그들은 자연계시를 특별계시보다 우선시하는 우를 범했다. 이러한 자세가 극단으로 나아가면 자연신학이 된다.

이에 반하여 우리는 자연계시를 통해 하나님의 본질에 접근하는 것은 불가능하며, 오직 성경의 빛 아래서만 하나님에 대한 지식과 그의 불가해성에 관한 이해도 가능하다고 본다. 이 계시를 떠난 신지식은 사변이다. 신앙의 지식은 하나님이 우리에게 어떠한 분이시며, 우리가 그분 앞에서 어떻게 살아야 하는가에 대한 답을 주는 것을 목적으로 하는 실천적 지식이다. 그러므로 "하나님의 계시의 배경에 있는 바는 알 수 없다"는 식으로 성경 계시보다 하나님의 불가해성을 우선시하는 발언은 무의미하다.

우리는 이 논의를 성경에 나타난 계시에서 출발하므로, 하나님의 불가해성은 하나님의 가지성 안에 있는 불가해성이며 하나님의 자유와 거룩(참조. 롬 9:20-23)에 대한 고백의 맥락에서 불가해성을 말한다. 우리는 계시 안에서 계시하시는 하나님의 불가해성을 말한다. 이 것은 계시의 하나님을 향한 송영이다. 계시 안에서 구원의 은혜를 입은 자만이 "나 같은 죄인 살리신" 그 하나님의 뜻과 길을 도무지 이해할 수 없는 비밀로 여기고 하나님의 불가해성을 말할 수 있는 것이다. 그렇기 때문에 구원 밖에서 하나님의 불가해성을 말하는 것은 사변이요 철학이다. "아 하나님의 은혜로 이 쓸데없는 자 왜 구속하여 주는지 난 알 수 없도다"는 찬송에는 "늘 돌보아 주실 것을 나는 확실히 아네"라는 후렴이 있다. 하나님을 확실히 알면 알수록, 하나님의 불가해성을 찬송할 수밖에 없다.

계시의 영역으로서의 역사

동시에 우리는 사변을 거부하기 때문에 계시의 영역으로서의 "역사"를 강조하려고 한다. 역사는 하나님의 일터다. 하나님의 본성과 속성은 하나님의 사역들 안에 나타나 있다. 로마서 1:20의 "그가 만드신 만물에"는 "만들어진 것들을 방편으로 삼아서"로 번역하는 것이 좋은데, 이를 통해서 계시의 주체가 하나님이심을 분명하게 강조할 수 있다. 하나님은 자기 창조의 결과를 계시의 출발이 아니라 계시의 방편으로 삼으셔서 자기 자신을 알리신다. 결국 하나님의 창조 사역이 창조의 실재로서 존재한다.

여기서 하나님을 아는 것은, 어떤 작품으로부터 그 작품의 작가를 추론해서 아는 것이 아니라 하나님이 만드신 작품들 안에서 역사하시는 하나님을 아는 것이다. 즉 하나님이 만드신 피조 세계를 통해

우리는 무엇을 믿는가

하나님이 아직도 우리와 교제하고 있다는 것을 알게 된다. 바울은 피조물로서의 자연보다는 역사 중에 나타나시는 하나님의 행위를 더 강조하는데, 이로써 인간들은 어디서나 항상 하나님과 대면할 수밖에 없다. 그러므로 하나님의 창조에서 가장 중요한 것은 우주가 아니라 여호와가 자기의 사역을 통하여 언약의 하나님 되심을 보여주는 역사 그 자체다. 피조물을 볼 때 우리는, 우주가 아니라 그 속에 임재하시면서 언약을 신실하게 지키시는 창조주 하나님을 뵙는다. 따라서 창조주에 관한 지식은 추론의 결과가 아니라 찬양의 출발이 된다. 피조물인 하늘을 보면서 창조주에 대해서 연구하고 추론하는 것이 아니라, 하늘을 보면서 창조주 여호와에 대한 지식으로 그분의 이름을 찬양하게 된다(참조. 시 19:1-6, 마 6:24, 28). 이런 점에서 우리는 섭리의 하나님을 찬양함으로써 창조주 하나님을 뵙는다.

그렇다면 영원과 역사의 대치는 있을 수 없다. 하나님은 영원하신 분으로서 역사를 만드신다. 모든 것이 하나님의 뜻에 따라 이루어진다. 자기의 작정을 이루시는 것이다. 하나님은 역사 속에서 행동하심으로 자기를 계시하신다. 말씀이 육신을 입고 우리 중에 거하기를 원하는 것도 역사 속의 하나님과 관계되어 있다. "하나님은 날마다 우주 작품에서 자기를 계시하신다"(칼빈, 1. 5. 1.). 이처럼 하나님이 예수 그리스도 안에서 자기를 계시하셨고(요 1:18), 하나님의 이름을 예수님이 계시했으므로(요 17:6), 예수님을 본 자는 곧 하나님을 본 것이다(요 14:9). 이 여호와라는 이름은 어떤 의미에서 "모든 이름 위에 뛰어난 이름(빌 2:9)" 곧 "예수"라는 이름에 집중되어 남아 있다. 그럼에도 불구하고 하나님을 본 자는 아무도 없다(딤전 6:16). 하나님을 뵙는 일은 장차 우리에게 이루어질 일이다(고전 13:12). 이것은 우리가 소망 중에 갖는 확신이며, 이런 의미에서 우리는 또 하나님의 불가해성을 말할 수 있다. 하나님의 임재는 역사적 행위이며 우리는 그것을 위하여 늘 기도한다.

하나님의 계심과 속성의 관계

우리에게 계시와 역사의 하나님 외에 다른 신은 없다. 계시와 역사의 하나님이 아닌 다른 신을 상정하는 것은 허용된 한계와 규범을 범하는 행위요 성경의 가르침을 넘어가는 추상이요 사변이다. 이런 식의 사변을 극복하는 길은 교제가 불가능하며 불가해한 어떤 신적 존재가 아니라 교제를 원하시는 하나님(의 "인격성")을 앎으로써 가능하다. "귀를 지으신 이가 듣지 아니하시랴 눈을 만드신 이가 보지 아니하시랴"(시 94:9). 하나님은 독야청청하시는 분이 아니라 우리와 교제하시는 분이다. 하나님은 우리에게 말을 걸어 오시고 그 얼굴을 우리에게로 향하고 계시면서 우리에게 말씀하신다. 우리는 오직 신앙을 통해서 이러한 하나님을 알 수 있다.

이처럼 하나님은 은둔하지 않으시고 스스로 나서서 우리에게 교제를 제안하신다. 이것은 이미 쌍방의 교제라는 의미에서 위격적(인격적) 관계요, 이것이 하나님의 작정(뜻)이다. 하나님은 우리의 하나님이기를 원하시며, 원하시는 그대로 우리의 하나님이시다. 우리의 하나님

우리는 무엇을 믿는가

은 뜻을 가지시고, 행하시며, 살아 계신 하나님으로서 우리를 만나신다.

이런 만남에서 하나님은 우리 인간을 부르시고, 인간은 우리를 부르시는 하나님에게 응답할 수 있다. 하나님이 먼저 우리의 이름을 부르시니(사 43:1) 우리도 하나님을 이름으로 부를 수 있다(참조. 사 43:22). 신약에서도 삼위 하나님이 성도들을 부르셨으니καλέω, 그들도 주 예수의 이름을 부른다(요 10:3 이하, 고전 1:2). 우리의 하나님은 이름이 없는 분이 아니라 이름을 가지신 분이다. 교리사 가운데 있었던 "무명의 하나님"이라는 개념은 허구다. 하나님의 이름은 여호와(호 12:5)이며 이 이름이 그분이 누구신가를 말해 준다. 따라서 하나님은 무인격적인 신적 능력과 동일시할 수 없는 분이시다.

여호와는 우리 하나님의 진짜 이름이요 그 이름을 불러 교제할 수 있는 위격적 이름이지만, 이 때문에 하나님의 신비(자유)가 줄어들거나 제한을 받는 건 아니다. 우리의 하나님은 신적인 그 무엇이 아니라 출애굽기 3:14에 나타난 대로 우리와 항상 함께하시는 위격적 하나님이므로, 주님으로 계시고 누구에게 조종되거나 장악되기를 거부하신다. 그분은 자유로운 하나님이시기에 자기 주도로 교제를 창설하실 수 있다. 그러므로 여호와라는 이름은, 하나님이 주님으로 계시는 방식으로 늘 우리 곁에 계시겠다는 것을 보여준다. 이처럼 이 이름 안에는 하나님의 본질과 계시가 공존한다.

우리의 하나님은 계시하신 그대로의 하나님이시며, 말씀과 행위로 나타나신 것 외의 정체를 숨기고 계시는 하나님은 아니다. 예수님은 성부의 이름을 계시하셨으며(요 17:6), 성부의 이름을 계시한 성자의 이름 외에는 구원받을 다른 이름이 없다(행 4:12). 이처럼 하나님은 자기 이름을 계시하심으로써 자기 자신을 알게 하신다. 우리는 이 계시로써 삼위 하나님을 고백할 수 있다.

삼위 간에 교제하시는 하나님이 인간과도 교류하시기 때문에 하나님과 인간의 관계 역시 인격적으로 접근해야 한다. 그 관계를 잘 보여주는 예가 부자 관계(삼하 7:14, 대상 17:13, 호 11:1-4)와 부부 관계다(호 2:2). 이는 신인동형적(하나님에 대해서 사람처럼 묘사한) 표현인데 이로 볼 때 하나님을 어떤 추상적 원리나 비인격적인 능력으로 말하는 것은 옳지 않다. 때로는 신중하게 하나님을 인간적으로 묘사하는 것이 정당하며, 사실 하나님에 관한 모든 언급은 신인동형적이다. 그럼에도 우리는 "하나님은 인생(사람)이 아니시다"(민 23:19, 삼상 15:29, 호 11:9)라는 성경의 다른 교훈을 동시에 유념해야 한다. 하나님은 사람보다 크시다(욥 33:12). 그러므로 인간이 하나님의 형상으로 창조되었다는 것을 너무 쉽게 적용하여 우리의 관점에서 하나님을 재단해서는 안 된다.

하나님이 누구신지는 오직 그분이 창설하신 교제와 언약 안에서만 이해할 수 있다. 다른 말로 하면, 오직 계시 안에서만 하나님을 뵈올 뿐이다. 하나님의 본질은 계시에 선행하나 계시를 떠나서는 알 수 없다. 하나님의 본질은 사역에서 나타나는 자기의 속성들과 별개로 알려지는 것이 아니라, 그 속성들 또는 완전성들 안에서 우리에게 알려진다. 하나님은 "이름들"을 가지셨다. 따라서 하나님의 속성들도 이름의 관점에서 접근하는 것이 옳다.

하나님의 이름

계시로써 우리에게 알려지는 하나님의 모든 것들이 성경에서는 하나님의 이름으로 지칭된다. 즉 하나님의 이름에는 고유 명칭들뿐 아니라, 속성들과 하나님 본질 내의 위격들, 곧 삼위일체도 포함된다. 하나님의 이름은 이미 호칭이고, 그 이름은 오직 "믿음 안에서" 불린다. 하나님이 자기 이름을 주셨으니 그 이름은 이미 하나님의 계심을 보여주며, 그 이름은 구원의 이름이다(행 2:21, 롬 10:13). 하나님이 자기 이름을 통해서 자기를 계시하시므로, 하나님은 스스로 우리의 개념에 맞추어 인간의 언어로 자기를 보여주신다. 하나님의 이름은 자기 계시로 우리를 위하여 친히 자신에게 붙이신 것이다. 하나님의 이름이 다양하게 나타나는 것은 하나님이 우리에게 자기의 모습을 다양하게 보여주시기 때문이다.

하나님의 고유 명칭

우리는 먼저 하나님의 고유 명칭들을 살펴보려 한다. 구약에서 하나님은 가장 단순하게 "엘"로 불렸다. 그러나 이보다는 "엘로힘"이 더 보편적으로 사용되었다. 만물 위에 뛰어난 하나님은 "엘룐"으로 나타난다(창 14:18, 민 24:16, 사 14:14 등). 때로는 "아도나이"라는 이름도 쓰였다. 아브라함에게 나타나신 하나님은 "샤다이" 또는 "엘 샤다이"시다(창 17:1, 출 6:3). 그러나 이 이름들은 고대 셈어에서 일반적으로 신성을 표현하는 데 사용된 말들이기 때문에, 성경의 하나님을 가리키는 고유한 이름으로 보기는 어렵다.

하나님의 가장 고유한 이름은 "여호와"이다. 이 이름의 계시는 출애굽기 3:14에 나오며, 출애굽기 6:3에서는 이 이름의 뜻이 나타난다. 출애굽기 3장에서는 어원이 아니라 설명이 있을 뿐이며, 6장에서 이 이름의 의미가 처음으로 직접 모세에게 알려졌다. 여호와는 하나님의 진정한 고유 명칭이다(출 15:3, 시 83:19). 이 이름은 자주 "쳐바오트"(만군)와 짝을 이루어서 나온다(시 69:6, 암 9:5). 이 이름은 천사들 중에 있는 여호와를 묘사한다(삼상 4:4, 삼하 6:2, 사 37:16, 호 12:4, 5). 따라서 여호와 하나님의 영광과 위엄을 보여준다. 신약에서는 이 말이 "판토크라토르"로 번역되었는데(고후 6:18, 계 4:8), 전능하신 하나님이 은혜 사역을 위하여 모든 일들을 주장하고 계신 모습을 보여준다.

구약의 엘이나 엘로힘이 신약에서는 "테오스"(하나님)로 번역되었다. "엘룐"은 주로 "지극히 높으신 하나님"으로 번역되었다(막 5:7, 눅 1:32, 행 7:48, 히 7:1). 그리고 여호와는 "주"(퀴리오스)로 번역되었다. 또 여호와와 엘로힘이 연이어 나오는 하나님의 이름은 "주 하나님"으로 번역되었다. 또한 "주재"(마 11:25)라는 이름도 나타났다. 신약에서 하나님이 예수님을 통하여 새롭게 주신 이름은 "아버지"이다.

삼위일체론

구약에서는 특히 한 하나님이심이 계시되었다(신 6:4). 그런데 이 단일성만을 하나님의 고유한 본질로 볼 경우, 하나님의 삼위 되심은 본질과 무관한 부가적 현상으로 간주될 위험과 직면한다. 그렇지만 성경은 이미 창세기 1:26-27; 3:22에서 하나님의 내적 자기 협의를 보여준다. 이와 같이 구약도 단일성과 동시에 삼위를 암시적으로 가르쳤고, 신약에서는 삼위가 비로소 명시적으로 계시되었다. 삼위일체라는 용어가 성경에 직접 나오지는 않으나 성경은 교리로서 그 내용을 분명히 가르치고 있다(마 28:19, 고후 13:13, 갈 4:4-6, 엡 4:4-6). 성경에 그대로 나오지는 않으나 하나님의 계시를 바르게 해석하는 교리의 전형이 삼위일체론이다.

사도신경은 삼위 하나님의 사역을 중심으로 고백하고 있다. 이 고백이 세례 및 성찬과 연관되었고, 특히 선교와 세례의 명령인 마태복음 28:19이 삼위 하나님의 "한" 이름을 고백하고 있음은 주지周知의 사실이다. 성경과 고백은 삼위 하나님을 잘 가르치고 있으나 하나님을 삼위로 고백하고 이 고백을 고수하는 일은 투쟁을 거치고 나서야 정착되었다.

삼위일체론은 성부, 성자, 성령 하나님의 상호 관계를 계시와 어긋나게 규정하려는 도전을 막아 내려는 싸움을 통해 오랜 시기에 거쳐 확립되었다. 인간의 구속을 위한 사역은 삼위 하나님이신 하나님의 원래의 모습을 잘 계시했다. 하나님 그분이 구속 사역에서도 변함없는 바로 그 하나님이라는 것이 삼위일체론이 확보하려는 기본 내용이다. 우리는 이를 사변이 아닌 계시를 통해 알 수 있다. 계시의 하나님이 원래 삼위시기 때문에, 우리 역시 하나님을 삼위로 인식한다.

계시 인식은 그 자체를 넘어 하나님의 본질을 지시한다. 하나님의 본질은 위격들의 관계에 있다. 칼빈은 성경이 진술하는 바를 한 마디로 요약하려면 하나님의 한 본질에 삼위가 계심을 말하면 된다고 했다. 우리는 이 말로써 삼위일체론을 요약할 수 있다.

하나님의 속성들

비공유적/공유적 속성 구분의 위험성

하나님의 속성들이란, 하나님이 사역 가운데서 보여주시는 자기의 모습들, 가령 사랑, 자비, 의, 거룩함과 같은 특성을 말한다. 일반적으로 하나님의 속성들은 비공유적 속성과 공유적 속성으로 구분된다. 전통적으로 전자는 자존성, 단순성, 무한성 및 불변성을 말한다. 이런 속성들은 피조물에게서는 찾아볼 수 없고, 오직 하나님만 가진 속성들이라 하여 "비공유적"이라 부른다. 이에 비하여 생명, 지식, 의지 등은 하나님의 속성들이면서 동시에 인간에게도 나타나는 속성들이요, 하나님과 인간이 함께 가진다 하여 "공유적" 속성이라 한다. 그러나 실제로는 어떤 비공유적 속성이라도 어떤 식으로든 인간에게서도 그 흔적을 찾을 수 있다는 점에서 "비공유적"이라는 말의 의미가 조정되고, 어떤 공유적 속성이라도 하나님에게서처럼 완전하게 인간에게서는 발견될 수 없다는 점에서 "공유적"이라는 말의 의미도 약화된다. 다시 말하면, 비공유적 속성과 공유적 속성의 구분에 큰 의미가 없다는 말이다. 우리는 전통적인 이 구분 방식에 이의를 제기하며, 비록

우리는 무엇을 믿는가

이 용어를 사용할 때에도 비공유적 속성들과 공유적 속성들은 그저 하나님의 속성이 아니라 모두 삼위 하나님의 속성이라는 입장을 견지하려고 한다.

하나님의 속성을 비공유적 속성과 공유적 속성으로 구분하고자 하는 노력의 배경에는 하나님의 사역보다는 본질을, 가지성보다는 불가해성을 앞세우면서, 하나님을 인간의 관점에서 접근하는 태도가 있다. 즉 하나님은 본성상 우주 밖이나 위에 초월하여 있어서 불가해하지만, 어떤 방식으로든 우주에 임재해 있기 때문에 용의주도하게 살펴보면 이성으로 하나님을 관상할 수 있다고 보는 셈이다. 문제는, 이런 구분을 통해 하나님의 본질을 절대적 존재로서의 하나님과 피조물을 향한 관계를 통한 위격적 존재로서의 하나님으로 양분한다는 데 있다.

이런 태도의 배경에는 피조물은 유한하지만 하나님은 무한하시며, 피조물은 지금 여기에 있어야 하지만 하나님은 무소부재하시며, 하나님은 우주와 인간의 최초와 마지막 원인자라는 식으로 하나님을 관조하려는 전통이 있었다. 그런 전통에서는 초월의 속성들이 내재의 속성들을 주도하면서, 인간은 누구나 이런 방식으로 하나님을 알 수 있다고 보았다. 그러나 이렇게 하나님을 관조하는 태도로는 구원받은 자가 성경에 기초하여 삼위 하나님을 찬송하는 송영으로 나아갈 수 없다. 따라서 우리는 이런 식의 구분 방법을 수용할 수 없다. 이 구분은 하나님이 이스라엘과 그리스도 안에서 주신 계시가 아니다. 이렇게 구분하면 하나님의 단일성 및 초월성이라는 추상적 개념에서 속성들이 규명되고, 내재의 속성들은 무시된다.

"여호와라, 여호와라, 자비롭고 은혜롭고 노하기를 더디 하고 인자와 진실이 많은 하나님이로라"(출 34:6)는 말씀에 나타나는 하나님의 속성들은, 출애굽의 여호와 하나님께서 자신의 사역에 기초하여 자신의 모습, 곧 자신의 속성을 계시하신 것이다. 앞에서 지적한 바와 같이 우리는 철학적이고 사변적인 불가해성이 아니라 구체적인 역사적 계시에서 출발해야 한다. 그러므로 비공유적 속성만을 절대적 존재인 하나님의 속성으로 보면 말씀과 행위의 계시를 무시하고서 신의 속성들을 그릇되게 상정하게 된다.

만약 "비공유적 속성"이라는 표현을 사용하려 한다면, 삼위 중 각 위의 고유성을 나타내는 속성이라는 의미로 사용해야 한다. 이에 대해 웨스트민스터 대요리문답은 제10문답에서 이렇게 가르치고 있다. "하나님의 신격에 있는 삼위의 고유성은 무엇입니까?" "성부의 고유성은 성자를 낳으심이며, 성자의 고유성은 성부로부터 나심이며, 성령의 고유성은 영원토록 성부와 성자에게서 나아오심입니다." 성부 하나님은 "아버지 되심", 성자 예수님은 "성부로부터 나심", 성령 하나님은 "성부와 성자에게서 나아오심"이 각 위격의 비공유적 속성이다. 즉 삼위 하나님은 모두가 성부이시거나 모두가 성자이시거나 모두가 성령이신 것은 아니다. 이러한 비공유적 속성은 "삼위일체"라는 말 중에서 "삼위"에 해당한다고 하겠다.

이와 함께 "삼위일체" 가운데 "일체"에 해당하는 것이 공유적 속성이다. 공유적 속성이란 비공유적 속성들 이외에 "삼위" 하나님이 함께 소유하는 속성들이다. 어거스틴의 말처럼, 삼위는 공유적으로 거룩하고, 선하고, 영원하시다.

그러므로 비공유적 속성은 말할 필요도 없고, 공유적 속성 역시 하나님이 가지신 속성들이다. 공유적 속성들을 단적으로 하나님과 인간이 공유하는 속성으로 말하는 것은 큰 오류다. 하나님의 속성을 말하는 것은 이미 송영이다. 누가 감히 송영을 인간에게 돌릴 수 있단 말인가!

공유적 속성은 오직 그리스도의 사역에 기초하여 성령의 능력으로 구원받은 성도의 속성이 될 수 있다. 즉 이 속성을 하나님 및 창조받은 모든 사람이 동시에 가지는 속성으로 볼 수는 없다는 것이다. 구원받은 성도만이 하나님이 가지신 속성을 공유할 수 있으며, 이 때문에 인간이 하나님의 어떤 속성을 공유하는 근거는 창조에 기초한 자질이 아니라 은혜이다. 성령의 교제로 인하여 하나님의 속성이 우리의 성품이 된다는 의미에서 공유적 속성을 말할 수 있다. 가령 "의"는 신과 인간이 공유하는 속성은 아니다. 우리는 "불의"했으나 우리에게 없었던 하나님의 "의"가 예수님의 십자가로 인하여 성령님 안에서 우리의 "의"가 되었다. 이것은 우리의 자질을 말하는 것이 아니라 은혜를 말한다. 우리는 이것을 구원론을 다루면서 신격화의 관점에서 다시 살필 것이다.

창조와 구속에 나타난 하나님의 속성

우리는 창조와 구속의 사역에서 나타난 하나님의 속성을 말한다. 이 사역들에서 우리는 의롭고 자비로운 하나님을 만난다(출 34:6-7, 시 103:8 이하; 116:5, 스 9:15, 욘 4:2). 하나님이 행하신 사역 중의 사역은 성자 예수 그리스도를 파송하신 것인데, 그리스도의 죽음과 부활이라는 사역을 통하여 하나님은 자신의 어떠하심, 곧 공유적/비공유적 속성들을 구체적으로 드러내셨다. 예수 그리스도 안에서 하나님의 모든 속성의 풍성함과 단일성이 계시되었다. 하나님이 자신을 예수님 안에서 어떻게 계시하셨는가?

성경은 하나님이 천지를 창조하셨으며 여호와는 하늘에 거하시고 땅은 사람에게 주셨다고 한다(시 115:16, 전 5:2). 하늘은 하나님의 보좌요 땅은 하나님의 발판이다(사 66:1). 여기서 천지란 피조물의 총체를 의미한다. 그리고 인생은 자신이 거하는 땅에서 땅이 아닌 곳을 하늘이라고 부르도록 배웠다. 하늘에 거하시는 하나님이 땅으로 오시는 것을 강림이라 한다(참조. 창 11:5). 하나님이 거하시는 곳은 땅과 구별된다. 하나님이 땅이 아닌 하늘에 거하신다는 사실은 하나님이 인간을 떠나 계시다는 것을 말하는 것이 아니요, 다만 거처의 구별이 있음을 의미한다.

성경은 이렇게 하늘에 계시는 하나님을 지극히 존귀한 하나님으로 묘사한다. 그런데 지극히 존귀한 그 하나님은 통회하며 마음이 겸손한 자와 함께 거하신다(사 57:15). 우리는 하나님의 말씀을 들을 때 그리고 그 말씀의 하나님을 뵈올 때 하나님의 초월과 임재를 고려해야 한다. 다르게 표현하자면, 하나님은 "거룩한 사랑"의 하나님이시다. 하나님은 자기 거룩으로 우리를 초월하면서도, 동시에 사랑으로 우리를 찾으신다. 시편 99편은 3부로 구성되어 있는데, "거룩하다"라는 후렴이 세 번 반복된다. 이사야 6장(삼성창*Trishagion*, 三聖唱)도 마찬가지다. 거룩한 하나님은 의로우시므로 자기를 거룩하게 하신다(사 5:16). 에스겔은 하나님이 은혜롭게 자기 백성에게로 향할 때 거룩하시다고 본다(겔 20:41; 28:22, 25; 36:23; 38:16; 39:27, 참조. 레 10:3; 22:32, 민 20:13). 신약에서도 하나님은 세 번 "거룩하다"는 찬양을 받으신다(계 4:8).

이처럼 하나님은 거룩하신 동시에 "사랑"이신데(요일 4:8), 그분이 친히 우리가 아직 죄인 되었을 때에 아들인 그리스도로 우리를 위하여 죽게 하심으로써 자기 사랑을 확증하셨다(롬 5:8). 하나님이 자기 독생자의 죽음으로 우리에게 생명을 주신 것이 바로 하나님의 사랑이다. 그분은 구약에서도 사랑과 은혜의 하나님이셨다. 하나님은 곤경에 처한 자들을 돌아보시며(신 5:10, 시 57:1-2; 86:5), 긍휼을 베푸시고(출 33:19, 신 13:17, 롬 9:15), 죄를 용서하신다(렘 31:34). 그리고 이러한 은혜를 아무런 값없이 우리에게 베푸신다.

사랑과 은혜

하나님은 사랑이시다. 사랑의 개념이 하나님이 누구이신가를 규정하지 않고, 사랑이 무엇인지를 하나님이 규정하신다. 사랑이 무엇인지 알려면 인간이 아니라 하나님에게서 시작해야 한다. 아버지는 창세 전부터 아들을 사랑하셨다(요 17:24, 참조. 막 1:1, 엡 1:6). 삼위는 완전하게 서로를 사랑하심으로 사랑이 무엇인지를 보이시는데, 성부와 성자는 사랑의 띠인 성령(골 3:14)으로 교제하신다. 교제란 자신을 남에게 주는 것이다. 서로서로 교제하시는 삼위 하나님은 다시 사랑으로 우리를 찾아 우리 삶을 풍요롭게 하신다.

우리를 향한 하나님의 사랑은 하나님 자신으로부터 비롯되지, 결코 외적인 강압에 의해서 비롯되지 않는다. 사랑의 이유는 하나님 자신 속에 있다. 즉 우리는 우리에게 청함을 받을 자격이 있어서 사랑받지 않는다. 이것이 바로 일방적 사랑, 곧 선택적 사랑이다(신 7:7 이하). 그러므로 이 사랑에는 한계가 없다. 우리가 하나님을 사랑한 것이 아니라 오직 하나님이 우리를 사랑하사 성자를 화목제물로 주기까지 하셨다(요일 4:9-11). 특히 사랑의 사죄하시는 측면이 은혜다. 이 은혜는 구체적으로 성자의 사역을 총칭한다(참조. 고후 13:13). 이처럼 하나님이 사랑으로 자기를 계시하셨으므로 그 사랑을 받은 자만이 사랑의 하나님과 그분의 사랑받는 자를 안다(요일 3:1).

거룩

하나님의 사랑은 또한 "거룩"이라는 특징을 지닌다. 하나님은 자기를 주시면서도 하나님 자신으로 머물러 계신다. 하나님이 자신을 주시는 사랑은 그 무엇으로도 비유할 수 없다. 우리가 편의상 하나님의 사랑을 부모나 남편(시 103:13, 사 49:15, 호 1-3장)의 사랑과 비교하기도 하지만, 이는 하나님의 사랑이 그 무엇과도 견줄 수 없다는 사실을 드러낼 뿐이다. 하나님은 독생자를 주시고 성령님을 주심으로 자기를 우리에게 주신다(참조. 요일 4:13). 하나님은 자신을 스스로 지키시는 고로 자기를 줄 수 있으시다. 우리도 우리 자신을 지키면서 하나님께 우리 자신을 드려야 한다. 사랑의 하나님은 시기하는 하나님이시

우리는 무엇을 믿는가

다(출 20:5). 그러므로 우리는 하나님의 거룩과 사랑을 닮아야 한다(레 11:44; 19:2; 20:7, 벧전 1:16, 요일 4:19). 그렇지 않고 죄를 고집할 때 하나님은 자기의 사랑을 경시한 것 때문에 진노하신다. 하나님의 진노는 하나님의 사랑에서 나오는 화염이다(신 29:28).

이전에는 거룩이 선 및 의와 더불어 하나님의 도덕적 속성에 포함되었다. 그러나 거룩은 하나님의 도덕적 속성이라기보다는 하나님이 피조물과 다르다는, 소위 초월을 뜻한다. 그 예가 바로 이사야 6:3이다. 그래서 하나님은 이스라엘의 거룩한 자로 불리신다(사 40:25; 49:7). 그분이 바로 "대속자"(욥 19:25)시다. 거룩과 사랑은 하나이며, 거룩과 사랑의 하나님은 한 하나님이시다. 칼빈은 "주여, 주는 거룩하시나이다"(시 22:3)는 말씀의 의미를 다음과 같이 해석한다. "이 표현은 하나님이 택한 백성에게 항상 은혜를 베푸셨음을 명료하고 자연스럽게 나타낸다. 여기에 취급된 주제는 하늘에 좌정한 하나님이 아니라 우리를 향하여 자기를 나타내신 하나님의 모습이다."[3]

신약에서는 예수 그리스도가 하나님의 거룩한 자다(막 1:24, 눅 4:34, 요 6:69, 고전 1:30, 히 2:11, 요일 2:20). 그리고 성부와 성자의 영은 언제나 "거룩한" 영이다. 성자와 성령의 임재하심과 가까이 계심에서 하나님의 거룩이 나타난다. 우리는 믿음으로 의롭게 하시는 성령의 도움으로, 예수 그리스도 안에 있는 하나님의 은사인 성화를 오직 믿음으로 받아 체험하며, 선행으로 나타낸다(엡 2:10, 딛 2:14, 참조.

---

3 John Calvin, *Commentary on the Book of Psalms* (Bellingham, WA: Eerdmans 2010), p. 363.

겔 36:26 이하). 그러므로 그리스도를 따르고 하나님의 이름을 거룩하게 함으로써 하나님의 사랑에 참여한 자들은 "성도"다. 하나님은 독생자를 주시고 성령님을 주심으로 자기를 우리에게 주시기에, 우리는 "거룩한 무리"가 된다.

단일성/단순성

이 거룩한 사랑의 하나님은 한 분이시다(신 6:4, 막 12:29-30). 이는 전체 성경을 관통하는 주제이기도 하다(신 4:39; 32:39, 왕상 18:24, 왕하 19:19, 시 18:31, 슥 14:9, 사 43:10 이하; 44:6). 우리에게는 "유일하신 참 하나님"(요 17:3), "썩지 않고 보이지 아니하고 홀로 하나이신 하나님"(딤전 1:17) 곧 아버지가 계신다(고전 8:6). 이는 일차적으로 수적 단일성을 말하지만, 하나님의 단일성은 하나님의 독특성을 말하기도 한다. 우리 하나님 같은 분은 없다는 뜻이다. 어떤 권세나 존재도 우리 하나님과 비견될 수 없다. "나 외에는 다른 신이 없느니라"(사 44:6)는 말씀은 하나님의 독특성을 말한다. 우리 하나님 여호와는 어느 누구와도 비교할 수 없다(사 46:5, 9). 우리 하나님은 어떤 것과도 비교할 수 없다(시 40:5; 개역개정의 "셀 수 없다"는 덜 정확한 번역이다).

하나님이 한 분이라는 것은 단순성을 의미하기도 한다. 하나님 안에는 구별은 있어도 분열은 없다. 하나님 안에서 한 분이시며, 불순물이 섞여 있지 않다. 그러므로 하나님의 속성들 간에 충돌이란 없다. 하나님이 성령님, 빛, 사랑이라 해도, 하나님이 성령님과 빛과 사랑이라는 세 부분으로 이루어지신 것은 아니다. 하나님은 전체로 성령님이시며, 또한 전체로 빛이시며, 또한 전체로 사랑이시다. 하나님은 한 결같으시다(시 102:28). 그러므로 하나님의 계시는 늘 동일하다. 예수님 안에서 우리에게 오신 여호와는 한결같으시며 그 예수님도 한결같으시다(히 13:8은 시 102:25-28을 인용한다). 이 단일성/단순성의 관점에서 삼위 구별도 가능하다. 이 삼위 하나님이 참되신 한 하나님이라는 사실이 자기의 속성들로 증거된다.

영

거룩하고 사랑이신 하나님은 영이시다(요 4:24). 전통적으로 하나님의 영성은 "비육체성"과 "비가시성"으로 이해되어 왔다. 그러나 이러한 것 대신 성경은 하나님이 영이신 것을 "생명을 줌"으로 설명하고 있다(요 6:63). 영은 힘으로 묘사되어 있다(요 3:8). 인간이 측량할 수 없는 힘인 영은 구약에서도 모든 생명의 원천이시다(시 104:30, 욥 34:14-15). 그 영은 인간이 "생령"이 되게 했다(창 2:7). 여호와의 영은 창조적인 생명의 능력이다. 부활하신 주님도 영이시다(고후 3:17). 이는 주님과 영이 동일하다는 것이 아니라 예수님이 자유를 주시는 능력이심을 말한다. 그러므로 그분은 "살려 주는 영"이시다(고전 15:45). 예수님은 처음부터 생명이시다(요일 1:1 이하). 성령님도 영이시다(롬 8:11). 이와 같이 영이신 하나님은 일차적으로 창조주와 구속주로서 생명을 주시며, 이차적으로 비육체적이다. 그러므로 하나님이 영이시라는 말은 삼위 하나님의 신성을 말하기도 한다.

영원

영이신 하나님은 또한 영원자시다. 영원하신 하나님은 생명이 다하지도 않으시고, 새로이 생성되지도 않으신다. 하나님께는 시작도 끝도 없다(시 90:2; 102:27). 여호와는 처음과 마지막이요 그러므로 한결같으시다(사 41:4; 44:6). 여호와는 "영원한 하나님"(창 21:33), "영원한 왕"(렘 10:10)이시다. 영원한 하나님은 천지의 창조주시다(사 40:28). 세상이 있기 전에 하나님은 계셨다(사 26:4; 44:24). 세상과 시간은 처음부터 완성까지 하나님의 영원성에 의해 유지된다(참조. 사 34:17). 이 세상이 없어도 하나님은 계신다. 창세기 1장은 세상이 있기 전에 계신 하나님, 세상을 초월하여 계신 하나님을 전제한다. 하나님은 시간을 초월하시기 때문에 순간의 연속도, 과거, 현재, 미래도 없다(시 90:4, 벧후 3:8).

영원을 불변성이나 무한성의 관점에서 보는 것은 옳지 않다. 영원을 시간과 반대의 개념인 무시간성으로 이해해서도 안 된다. 시간을 초월하는 것으로 봐야 한다. 영원을 무시간성으로 보면 하나님이 시간이 있는 역사 속으로 오신 것을 설명할 수 없다. 그러나 하나님은 피조물이 있는 곳, 역사 속으로 오셨다. 그러므로 우리는 역사라는 시간 안에서 영원한 하나님을 만난다. 따라서 하나님의 영원성은 시간과 떨어져 있는 것이 아니라 시간계 속으로 오시는 것으로 이해할 수 있다. 하나님이 역사 속에서 자신을 계시하셨으므로, 우리는 하나님을 아브라함의 하나님, 이삭과 야곱의 하나님, 또한 산 자들의 하나님이라고 고백할 수 있다(막 12:26 이하). 예수님이 바로 산 자시다(계

우리는 무엇을 믿는가

1:18). 하나님은 자신을 그리스도 안에서 산 자로 계시하셨다.

그러므로 우리는 영원하고 살아 계신 삼위 하나님 앞에서 책임 있는 삶을 살아야 한다. 그런 하나님을 알고 살아갈 때 우리는 "나의 앞 날이 주의 손에 있나이다"(시 31:15)라고 고백할 수 있다. 그리스도의 해방 사역과 성령의 역사로 죄와 율법과 사망에서 자유와 영생을 얻은 자는 이미 하나님의 영원에 살고 있다(참조. 롬 6:22). 이것이 우리의 시간이 하나님의 영원 속에 편승했다는 고백이다.

불변성

이 영원하신 하나님은 불변한 분이시다(신 32:4, 시 73:26, 사 26:4). 여기서 불변함은 신실함을 의미하는데, 신학 역사에서는 이 개념을 움직이지 않는 분, 즉 부동자로 파악하는 실수가 있었다. 이를 바로잡기 위해 우리는 인간의 관점이 아니라 계시의 빛으로 불변성을 말해야 한다. 하나님의 단순성을 가르치는 시편 102:28은 신실성의 좋은 예시다. 하나님은 한결같으신 고로 이스라엘의 지존자는 거짓이 없으시니, 그분은 사람이 아닌 고로 결코 변개함이 없으시다(민 23:19, 삼상 15:29). 징벌하실 때에도 그러하시지만, 결코 변역하지 않는 하나님이시므로 이스라엘의 소망과 구원이 오직 여호와께만 있다(시 77:11, 말 3:6). 하나님 아버지께는 변함이 없다(약 1:17). 그러므로 하나님의 뜻은 변하지 않는다(히 6:17). 그리고 하나님의 부르심과 은사에는 후회하심이 없다(롬 11:29). 하나님의 뜻대로 하는 근심은 후회할 것이 없다(고후 7:10). 이처럼 하나님의 불변성은 우리에게 기쁨과 위로와 확신을 준다. 하나님의 신실성은 자기 약속에 대한 신실성이요 하나님의 정직이다. 언약의 하나님은 언약의 성취를 통하여 자신을 증거한다. 하나님은 자기의 아들 예수 그리스도 안에서 자기를 "참된 자"(요일 5:20)로 확증하셨고, 예수님은 부활한 자로서 "참되신 자"(요일 5:20, 계 3:7)시다. 또한 성령님은 "진리의 영", 곧 신실하신 영이시다(요 14:17; 15:26; 16:13).

이처럼 하나님의 불변성은 결코 움직이지 않는 "부동성"이 아니다. 가령 하나님은 후회도 하신다(창 6:6, 출 32:1-14, 삼상 15:11). 즉 하나님은 자기 약속을 지키시고 변질된 인간의 행동을 묵과하지 않으신다. 이미 선포한 위협을 하나님이 심판으로 시행할 때 이것을 일컬어 하나님의 후회라 부른다. 이것은 언약 관계 속 후회다. 그러나 하나님의 후회는 인간의 후회와는 다르다(삼상 15:29). 하나님의 불변성은 언약에 입각한 후회 없으심이라 할 수도 있다(렘 18:8-10). 이렇게 하나님은 자신에게는 늘 신실하시다. 하나님의 불변 및 신실과 참되심은 나눌 수 없다. 불변성보다는 하나님의 신실 및 진리가 성경에 더 많이 나오며, 하나님의 신실하심은 궁극적으로는 예수님 안에서 확증되었다.

편재성

하나님의 영원성/불변성은 시간적 의미에서 하나님의 "무한성"이 아니라, 하나님의 하나님이심을 표현한다. 하나님의 "편재성"도 공간에 대한 무한 개념을 말하는 것만은 아니다. 물론 이것도 포함된다. 공

우리는 무엇을 믿는가

간이란 피조계의 구조에 속했으니 창조주 하나님이 피조계의 제한을 받지 않는다(왕상 8:27)는 의미에서 하나님은 공간적으로 무한하시다. 그러나 편재의 더 깊은 의미는 모든 것을 채우고 지배한다는 뜻이다(렘 23:24, 시 139:5-10). 하늘은 하나님의 보좌요 땅은 그분의 발판이다(사 66:1, 마 5:34-35, 행 7:49). 하나님은 피조물 가운데 임재하시고 하늘 영광 중에 좌정하신다. 편재란 만물을 채우시는 충만의 하나님이 자유롭게 피조계의 구조 속에서 자기의 임재를 정하시는 것이다. 하나님의 영광이 나타나는 곳에 하나님은 기꺼이 계신다.

인생이 하나님의 임재를 피하려 도망하는 곳에도 하나님은 계시며(시 139:8-12, 암 9:1-3), 음부도 하나님의 권세를 피할 수 없다(마 16:18). 그러므로 우상숭배는 하나님의 편재에 대항하는 반역이며, 이방 신전도 편재의 하나님을 제한하는 우상숭배가 될 수 있다(행 17:24-25). 하나님은 비록 자기 이름을 두시려고 작정하신 성전에 계시지만, 자기가 정하신 방식대로 예배하지 않을 때는 그곳에 계시지 않는다(렘 7:4, 8). 여호와를 빙자하여 우상을 만들어 섬기려는 거짓 종교는 여호와의 편재를 부인하면서 제2계명을 범하는 것이다(출 32장, 왕상 12:28).

하나님의 임재는 특히 곤경에 빠진 언약 백성에게 구원과 평화를 준다(단 3:25, "신들의 아들"). 이 구원의 하나님은 그리스도 안에서 특별하게 임재해 계신다. 그리스도 안에는 신성의 모든 충만이 육체로 거한다(골 2:9). 예수님은 두세 사람이 자기의 이름으로 모인 곳에 계신다(마 18:20). 이것은 한편으로 임마누엘 약속의 성취며, 다른 한편으로 성령강림과 임재로 연결된다(마 28:20 하반절). 하나님은 그리스도의 몸이요 성령의 전인 우리 중에 계신다. 또 성찬을 통하여 삼위 하나님은 임재하신다. 이와 같이 편재의 하나님은 언약 백성과 함께 하시는 삼위 하나님이시다(출 3:12, 마 1:23, 요 14:16). 이것은 하나님의 거처가 우리 중에 내려올 때 완전해질 것이다(계 21:3).

전능

이처럼 무소부재하신 하나님은 전능하시다. 여호와는 전능한 하나님이시다(창 17:1). 전능은 "만군의 여호와"라는 이름에서 나타난다(시 84:1, 8, 12). 하나님은 원하시는 대로 행하신다(시 115:3). 여호와가 말씀하시매 이루어졌고 명하시매 견고하여졌다(시 33:9). 여호와는 야곱의 전능자요(창 49:24) 이스라엘의 반석(신 32:4)이시다. 하나님의 말씀은 능치 못하심이 없다(눅 1:37). 하나님은 모든 것을 다 하실 수 있다(마 19:26). 전능은 하나님의 아버지 되심에도 포함되어 있다(마 11:25). "전능하신 주" 또는 "전능하신 하나님"이라는 이름에도 전능은 나타난다(고후 6:18, 계 1:8; 4:8; 16:7; 19:6; 21:22). 능하신 하나님은 만왕의 왕이요 만주의 주시다(딤전 6:15).

특히 하나님의 전능은 구원을 이루기 위하여 행하시는 "기적"에서 나타난다. 홍해 사건에서 여호와의 오른손이 권능으로 영광을 나타내었다(출 15:6). 여호와는 자기 백성을 큰 권능과 펴신 팔로 인도하여 내셨다(신 9:29, 왕하 17:36, 시 77:14-15). 그리고 예수님은 "전능하신 하나님"으로 예언되셨고(사 9:6), 이것은 예수님이 행하신 기적

우리는 무엇을 믿는가

을 통하여 실현되었다. 이 기적들은 임박한 하나님 나라의 지배를 가시화한다. 기적들은 예수님의 사명과 전권을 나타내는 징표들이다(마 7:29; 9:6, 8 등).

성령님은 능력 자체시다(눅 24:48 이하). 특히 오순절 성령강림으로 제자들은 성령의 능력을 힘입어 예수님의 가르침과 기적 사역을 계승한다. 구원 역사로부터 성부의 전능은 창조 그리고 성자/성령을 파송하심에서, 성자 안에서 하나님의 전능은 십자가의 순종과 부활의 능력에서, 성령 안에서 하나님의 능력은 구원과 성화, 사죄, 그리고 인간과 세상의 완성에서 나타난다.

하나님의 전능에는 하나님의 본질과 위배되는 일을 하지 않으신다는 사실이 포함되어 있다. 하나님의 전능은 창조와 섭리의 사역을 통하여 잘 나타난다. 특히 사도신경의 첫 부분은 이를 잘 요약하고 있다. 그런데 구원 사역에 입각한 "구원의 전능"도 말해야 한다. 예수님은 십자가에서 철저하게 무능력하게 보였지만 이러한 무능력은 본질상 화해의 능력을 내포한다(고후 13:4). 거룩한 사랑의 능력인 것이다(고전 1:24).

지식과 지혜

하나님의 지식은 경험적 지식만을 가리키지 않는다. 하나님은 예레미야를 짓기 전에 이미 그를 아셨다(렘 1:5). 하나님은 미리 아신 자들을 영광에 이르게 하신다(롬 8:29-30, 벧전 1:2). 이처럼 하나님의 지식은 하나님과 그 백성, 혹은 하나님과 구체적인 개인 사이의 관계를 표현한다. 따라서 지식은 "선택"과 동의어로 쓰이는 경우가 많다. "내가 땅의 모든 족속 중에 너희만 알았나니"(암 3:2)는 하나님의 선택을 의미한다. 특히 "이름으로 알다"는 "은총을 입다"와 같은 의미로 쓰이기도 한다(출 33:12, 17, 삼하 7:20). 이 경우는 여호와가 구체적인 개인과 특별한 관계를 가지고 계심을 표시한다. 예레미야의 경우 하나님이 그를 아신다는 것은 그를 임명하셨다는 뜻이다. 아모스 3:2의 경우, 여호와와 이스라엘의 관계는 제3자의 개입을 허용하지 않는 배타적인 관계다. 그러므로 하나님의 지식은 하나님의 백성과 개인을 괴롭히고 위협하는 원수들을 향한 심판과 징벌의 의미로도 쓰일 수 있다. "여호와여 그들이 나를 죽이려 하는 계략을 주께서 다 아시오니"(렘 18:23, 참조. 시 69:19).

여호와는 자기 백성의 무죄함도, 그들이 죄를 고백함도 아신다(출 32:22, 시 69:5). 또 이들이 자기께 피하는 것도 아신다(시 139:1-2, 23; 142:4). 그렇지만 여호와는 이 백성의 거역과 분노도 아신다(사 37:28; 48:4, 겔 11:5). "아신다"는 말은 때로 백성의 자세가 여호와의 뜻에 합당한지를 시험하신다는 의미에서도 사용되었다(신 8:2; 13:3, 삿 3:4, 대하 32:31). 그 하나님은 마음을 살펴 보응하시기도 하신다(왕상 8:39, 대상 28:9, 렘 17:10, 잠 24:12, 눅 16:15). 즉 자기를 경외하지 않는 자들에게는 이 지식이 공포가 되나(렘 16:17), 성도들에게는 위로가 된다(마 6:32). "주께서 자기 백성을 아신다"(딤후 2:19[민 16:5 인용], 참조. 고전 8:3).

이처럼 하나님의 미리 아시는 지식은 선택과도 직결된다(롬

우리는 무엇을 믿는가

8:29). 이 지식은 예수 그리스도 안에 있는 구원 사역에 관한 하나님의 뜻을 말한다. 하나님은 이 지식의 대상들로 하여금 창세 전에 "미리 알리신 바 된 자"(벧전 1:20)의 형상을 닮도록 미리 정하셨다. 이는 이들을 위하여 그리스도 예수 안에서 예정하신 뜻이다(엡 3:11). 즉 그리스도가 하나님의 뜻이 향하는 대상이요 중심이며, 하나님의 뜻은 그리스도 안에서 그리스도를 통하여 집행된다. 이 모든 것은 창세 전에 이미 이루어졌다.

하나님의 지혜는 목적을 지향하는 행위다. 하나님은 지혜로운 하나님이시다(롬 16:27). 여호와께는 지혜와 권능이 있다(욥 12:13). 여호와는 지혜로 땅을 세우셨다(잠 3:19). 또한 하나님의 지혜는 계속해서 작정을 세우신다. 그분의 지혜는 창조와 섭리, 역사 그리고 그리스도 안에서 가장 잘 나타난다(고전 2:7). 그러므로 그리스도는 한 마디로 하나님의 지혜시다(고전 1:24). 그 안에는 지혜와 지식의 모든 비밀이 감춰져 있다(골 2:3). 또한 하나님의 말씀은 우리를 지혜롭게 만들며(잠 2:6, 약 1:5) 구원에 이르는 지혜가 있게 한다(딤후 3:15). 성령님은 지혜와 계시의 영이시다(엡 1:17). 이 지혜가 교회 안에 선포되어야 한다(엡 3:10).

의

하나님의 속성들은 서로 충돌되지 않는다. 특히 의와 자비는 종종 충돌되는 속성들로 간주되곤 했다. 여호와는 이스라엘 백성들이 자기를 배교했음에도 불구하고 "자비롭고 은혜롭고 노하기를 더디 하신다"(출 34:6, 느 9:17). 그들을 버리지 않으시는 여호와는 자비하신 하나님이시다(신 4:31). 자비로우신 여호와는 자녀들에게서 얼굴을 돌이키지 않으시며(대하 30:9), 회개하는 자에게 자비로우시다(욜 2:13). 하나님은 자비로우신 아버지시다(눅 6:36, 고후 1:3). 하나님의 이 자비와 긍휼은 자기 언약의 신실함에서 나왔다. 유대인과 이방인을 향한 자기의 구원 계획은 긍휼에 기초하고 있다(롬 11:30-32, 엡 2:4). 구원은 인간의 의 때문에 받는 것이 아니라 하나님의 긍휼과 자비와 사랑으로 받는다(딛 3:4-7). 이 자비는 예수님 안에서 완전히 계시되었다(엡 2:7). 하나님이 사용하시는 자비의 도구인 예수 그리스도는 의인이시다(눅 23:47, 행 7:52). 그러므로 예수 그리스도 안에서 의와 자비는 하나가 되었다.

사람들은 하나님의 의를 대개 로마법을 따라 "각자에게 각자의 것을 주는 것"으로 보았다. 그러나 이렇게 보면 의의 개념에 "공로"가 개입될 여지가 있다. 즉 "의"에 대하여, 선을 행하는 자를 보상하고 악을 행하는 죄인을 징벌하는 것으로 여긴 것이다. 그러나 성경에서 의란 언약 안의 관계 개념으로, 하나님이 사람과의 관계에서 언약을 지키시는 것을 말한다. 하나님은 자기 말씀대로 행하시기 때문에 언약을 지키신다. "각자가 행한 대로" 대하지 않으시기 때문에 죄인의 구원이 의로 이루어진다(시 31:2; 71:2, 사 11:4-5). 하나님의 의는 불의한 인간을 의롭다고 인정하시는 하나님의 자비다. 하나님의 자비가 먼저 있고 그 후에 하나님은 사람에게 공의를 행할 것을 요구하신다(미 6:8). 그러므로 원래부터 하나님 앞에 의로운 자는 없다(시 143:2).

우리는 무엇을 믿는가

공의는 오직 주께만 있다(단 9:7).

하나님의 의는 구원을 이룬다(사 46:13). 즉 구원과 의는 병행한다(시 98:2). 성경에서 복수형으로 나타나는 의는 하나님의 구원 행위들을 뜻한다(삼상 12:7). 오실 "의로운 가지"는 "여호와 우리의 의"이다(렘 23:5-6). 그분은 자기 백성에게는 구원과 평안이다. 그분은 공평과 정의로 자기 나라를 다스릴 것이다(사 9:7). 이 예언대로 하나님의 의는 예수 그리스도의 죽음과 부활에서 온전히 나타나 구원을 이루었다. 바로 이 의에 근거하여 하나님은 죄인들을 의롭다고 선언하신다. 공평자의 의는 우리 위에 부어지는 성령의 은사다. 의는 성령의 가장 확실한 열매다. 하나님의 의는 구원을 이루는 의이기도 하고 심판하는 의이기도 하다. 하나님의 의는 하나님의 언약에 토대를 두고 있다.

영광

마지막으로, 하나님의 영광은 하나님의 이름과 거의 동의어로 쓰인다(시 102:15). 영광은 일반적으로 하나님의 주권을 표현한다. 하나님은 자신에게 합당한 영광을 창출하시는데, 특히 이스라엘의 대적들을 소탕하시는 일에서 나타난다(출 14:4, 17-18, 삼상 5:6, 사 26:15; 66:5, 겔 28:22; 39:13). 자기 영광은 성전에 좌정하시고 백성에게 구원을 주시는 자기의 "이름"을 통해 구체화된다(시 29:1-2). 여호와의 인자와 진실하심을 인하여 우리는 그분께 영광을 돌려야 한다(시 115:1). 천사의 노래로 나타난 영광도 땅 위의 평화로 구체화된다(눅 2:14). 하나님의 영광은 사랑과 용서를 자신의 의향대로 베푸시는 그분의 높으신 자유에서 드러난다. 우리는 이 영광을 그리스도의 얼굴로 배우게 되는데(고후 4:6), 요한복음에서는 인자의 영광이 십자가의 죽음과 직결된다(요 12:23-33; 17:1 이하). 하나님은 영광의 아버지시요(엡 1:17), 그분의 인격과 사역은 자기의 영광을 나타낸다(요 1:14). 하나님은 아들로 영광을 받으며, 아버지는 아들을 영화롭게 하고(요 13:31-32), 성령님은 그리스도의 영광을 나타내신다(요 16:4). 삼위의 사역은 삼위의 영광을 얻는 데서 완성된다.

결론

우리는 전통적인 방식을 따라 이성과 계시라는 구조 속에서 신론을 말하는 대신, 성경 계시를 유일한 출발점으로 삼았다. 그러므로 우리는 계시인 성경을 삼위 하나님의 관점에서 읽어야 한다고 주장했다. 이 관점에서 하나님의 계심과 하나님 인식 가능성, 속성과 사역들을 이해해야 한다. 신론은 일반론이 아닌 삼위일체론이다.

하나님의 계심은 신의 본성적인 측면이 아니라 예수 그리스도를 통한 삼위 하나님의 계심이다. 이 삼위 하나님을 인식할 수 있는 길은 계시된 하나님을 예수 그리스도 안에서 만나는 것이다. 비공유적 속성은 삼위 하나님을 내외적으로 구별할 수 있는 각 위격의 특성이라 할 수 있다. 그러므로 성경에 나타난 모든 속성들은 삼위 하나님이 공유하는 공유적 속성들이다. 이 점에서 속성은 바로 삼위 하나님 자기를 지칭한다. 또한 우리는 편의상 창조를 성부 하나님에게, 구속을 성자 하나님에게, 성화를 성령 하나님의 사역으로 돌리지만 어느 하나

결코 한 위격의 배타적인 사역이 아니다. 각각의 사역 모두 삼위 하나님의 사역이지만 특정 위격이 비공유적 속성에 의거하여 주체가 되신다는 사실을 말할 뿐이다. 이스라엘과 교회의 구원을 이루시고 그 은혜를 베푸심에 삼위의 영광이 있다. 이것이 곧 신지식의 목적인 영생이기도 하다.

삼위 하나님을 중심으로 모였던 성도들이 말씀의 권면과 위로를 받고 돌아갈 때, 삼위 하나님의 임재와 동행의 복을 약속받게 된다. "우리 주 예수 그리스도의 은혜와 하나님의 사랑과 성령의 교통하심이 너희 무리와 함께 있을지어다"(고후 13:13, 참조. 민 6:24-26).

하나님의 뜻(작정)

웨스트민스터 소요리문답은 작정을 삼위 하나님(제6문답)과 창조
(제9문답)에 관한 질문 사이에서 다룬다. 여기서 작정이란 하나님의
뜻의 경륜에 따른 영원한 목적인데, 자기의 영광을 위하여 일어날 모
든 것을 미리 정하신 것이라고 한다(제7문답). 작정은 대개 하나님의
지혜에 기초한 것으로, 영원하며, 효과적이며, 불변하고, 절대적이며,
우주적이고, 포괄적이며, 죄에 대해서는 허용적이라고 요약한다. 웨
스트민스터 소요리문답은 작정에 이어서 선택과 유기를 포괄하는 예
정을 다루는데, 선택과 유기는 작정 중에서도 영적 존재의 영원한 운
명에 관한 부분이다. 창조, 섭리, 구속 등 하나님의 주된 사역은 하나
님의 작정의 관점에서 일관성 있게 다루어야 한다. 둘은 작정과 집행
의 관계이기 때문이다.

우리는 무엇을 믿는가

일반적으로 작정이 "기쁘신 뜻"에서 왔다고 말하며, 이사야 46:10, 에베소서 1:11, 사도행전 2:23; 4:28, 예레미야 30:14, 시편 2:7-8을 근거 구절로 언급한다. 그런데 우리는 작정이 협의라는 의미의 모략, 도모에서 왔다고 본다. 사실 이사야 46:10을 제외하고 위에서 언급된 모든 구약과 신약의 본문들에 공통적으로 나오는 말은 모략을 의미하는 "뜻"이다(행 2:23; 4:28, 엡 1:11). 누가복음과 사도행전(눅 7:30, 행 2:23; 4:28; 13:36; 20:27)에 자주 나타나는 이 말은 구약 역사 자체를 말한다. 이를 "작정" 또는 "뜻"으로 번역하면 무난하다. 에베소서 1:11에서는 "계획"이라는 의미의 작정이라는 말이 보충적으로 나오는데, 뜻이 작정(계획)으로 강화되고, 하나님의 경륜이 작정과 직결되어 나타난다. 그러므로 우리는 "기쁘신 뜻"이 아니라 "모략"이 작정에 해당하는 성경 용어라고 이해한다. 이 말은 그냥 "뜻"이 아니라 "협의에 근거한 뜻"이다. 이 용어들이 다 하나님의 뜻을 표현하지만, 모략이라는 말이 삼위 하나님의 협의라는 의미를 잘 드러내고 있다. 협의에 의한 뜻이기에 이는 기쁘신 뜻이기도 하다.

하나님의 모략은 자신의 세상 통치, 특히 구속 사역과 연관되어 나온다. 약속된 메시아는 "기묘한 모사", 곧 모략자이다(사 9:6). 구원 행위들을 찬송하는 기묘한 일(출 15:11, 시 77:14, 78:12)이 늘 메시아를 대망하게 한다. 또 그분께는 "모략"의 영이 약속되었다(사 11:2). 여호와의 모략은 기묘하고 크시다(사 28:29, 렘 32:19). 여호와의 구원 행위는 예수 그리스도 안에서 약속되었고 성취되었다. 신약도 이 의미를 받아 예수님 안에서의 구원을 향한 하나님의 작정을 말한다(눅 7:30, 행 13:36, 20:27, 히 6:17). 나아가 신약에는 이 작정과 그 실현을 표현하는 용어들이 많다. 하나님은 기쁘신 뜻을 가지고 계신다(마 11:26, 눅 2:14; 10:21, 엡 1:5, 9, 빌 2:13, 살후 1:11). 하나님은 구원 행위에 있어서 임의로 행하시는 것이 아니라 확정된 계획을 따라 행하신다(롬 8:28; 9:11, 엡 1:11; 3:11, 딤후 1:9). 그리고 이 구원 계획은 선택적인 작정이다(막 13:20, 행 9:15; 13:17; 15:7). 하나님은 이 선택적인 작정의 대상을 맹목적으로 예지하지 않고, 사랑의 대상이기 때문에 미리 아신다(롬 8:29; 11:2, 벧전 1:2). 또 미리 정하신 자들을 목적하신 구원에 이르도록 방편들을 정하신다(행 13:18, 롬 8:29, 고전 2:7, 엡 1:5, 11).

삼위 하나님의 자기 협의로서의 작정

하나님의 작정은 전통적으로 하나님의 속성과 연관 지어 설명해 왔다. 더불어 인간이 이성적 존재로서 행위 이전에 미리 생각한다는 것을 비유 삼아, 하나님이 먼저 생각하고 작정한 뒤에 집행하신다고 이해해 왔다. 그러나 이렇게 본다면 하나님 안에서는 지성이 의지에 앞선다는 기독교적 주지주의에 빠질 우려가 있다. 대신 우리는 성경 말씀에 기초한 작정에 관한 새로운 이해를 제시하려고 한다.

태초에 하나님은 하늘과 땅을 지으셨다. 땅은 인간의 처소로, 그리고 하늘은 자기 처소로 삼으셨다. 하나님은 바로 자기가 지으신 하늘을 자기 처소로 삼으신 것이다. 하나님은 이렇게 인간과 거리를 두셨다. 이 거리는 타락으로 인하여 인간에게는 하나님과의 단절이라는 징벌이 되었다. 그리스도는 거리와 간격이 징벌이 되어 버린 이 상황에서 두 거처들을 연결시켰다. 그러므로 언젠가는 하나님의 거처가 우리와 함께 있게 될 것이다(계 21:3). 특히 계시록에는 땅의 역사가 하늘의 역사와 잘 엮여 나온다. 하나님의 영원 협의는 거처만의 문제가 아니라 사람에 관한 협의이기도 하다.

삼위 하나님의 협의로서의 평화 언약

영원 협의는 지금도 하늘에서 일어나고 있는 일이다. 하나님은 하나님과 하나님에 대하여 말씀하신다. 성부는 성자에 대하여 성령과 협의하신다. 그리고 하나님은 하나님과 더불어 인간에 관하여 말씀하신다. 성부는 성자와 성령 하나님과 더불어 우리의 범죄와 구원과 성화에 대하여 협의하신다. 이 때문에 신학은 "위격"이라는 말을 도입하여 하나님이 상호 협의하시는 분이심을 표현했다. 하나님은 부단히 일하시며, 움직이시며, 세상과 관계하신다. 삼위 하나님은 이와 같이 역동적이시다. 우리의 하나님이 독야청청하지 않는 하나님이심이 삼위일체론에서 잘 나타나며, 특히 개혁신학의 평화 언약이 이 점을 우리에게 잘 보여준다. 이는 주로 타락한 인간을 살리기 위한 협의로 나타난다.

먼저, 성부 하나님은 땅의 일을 위하여 성자를 보내기로, 성자는 이 제안에 응하기로, 성령은 그분의 오심을 예비하기로 협의하셨다.

창조 자체가 그리스도의 오심을 대비한 것은 아니지만 창조주 성령은 창조를 성자의 오심에 맞도록 잘 사용하셨다. 성자는 성부의 택한 종이요 성부께서 마음에 기뻐하는 사랑받은 자다. 성부는 성자에게 성령을 주셨다(마 12:18). 사랑하는 자와 사랑받는 자는 가장 깊은 교제의 비밀을 즐긴다. 성자는 자기 사랑을 받은 자들을 친구라고 하시면서, 자기를 사랑하는 성부에게서 들은 것들을 그들에게 알게 하겠다고 하셨다(요 15:15). 이와 같이 성자가 성부에게서 들으신 이것이 곧 깊은 지식이며, 이 일을 알려 주시는 일이 곧 깊은 교제다. 신지식은 사랑의 성령님으로 가능해진다(참조. 롬 15:30). 이것은 또한 성부의 명령과 복의 약속이기도 하다. 변화산에서 성부는 성자를 사랑하는 자라 부르면서 함께한 자들에게 사랑하는 자인 성자의 말을 들으라고 명하셨다(마 17:5, 막 9:7). 이 말씀은 동시에 이 사랑하는 아들이 죽을 운명에 처한 자임을 보여준다(막 12:8 이하). 이를 성경은 성자가 하나님의 정하신 뜻과 미리 아신 대로 내어 준 바 되었다고 말한다(행 2:23; 4:28). 삼위 하나님의 이러한 협의를 개혁파는 평화 언약이라 불렀다.

그리고 성자는 성령으로 말미암아 흠 없는 자기를 하나님께 바치셨고(히 9:14), 성령의 능력으로 부활하셨다(롬 1:4). 이와 같이 십자가와 부활도 삼위 하나님의 공동 사역이다. 성자의 파송과 죽음은 세상이 고안한 것이 아니라(고전 2:9) 삼위 하나님의 작품이므로, 성자는 세상이 지음받기 전 곧 창세 전에 미리 알리신 바 된 자시다(벧전 1:20). 이와 같이 성부는 성도들을 창세 전에 그리스도 안에서 택하셨다(엡 1:4). 이 말씀은 우리가 가진 모든 자질과 가치를 다 포기하게 만든다. 하나님은 우리를 그리스도 안에서 선한 일을 위하여 지으셨다(엡 2:10). 성자가 성령을 받아 성부의 일을 완수했듯이 이제는 성자가 성부로부터 동일한 성령을 받아 다시 사랑받는 많은 아들들에게 주신다(요 15:26, 행 2:33). 이는 자기를 사랑하신 사랑이 그들 안에 있고, 자기도 그들 안에 있기 위함이다(요 17:26). 이것이 바로 성령의 사역이 아니고 무엇인가? 이로써 사랑받은 자들은 성부가 성자를 창세 전부터 사랑하심으로 주신 영광도 알게 되는데(요 17:24), 그들 역시 이 영광을 받는다(요 17:22).

이와 같이 하나님은 하나님과 더불어 하나님과 인간에 대하여 협의하신다. 서로 원수였던 자들도 그리스도로 말미암아 성령 안에서 성부에게로 함께 나아가게 하신다(엡 2:18). 그들은 또한 성령님 안에서 하나님의 처소가 되기 위하여 예수님 안에서 함께 지어져 간다(엡 2:22). 삼위 하나님의 협의는 우리와 교회 안에서 구체적으로 실현되어야 하며 종국적으로는 영원한 하나님 나라에서 실현될 것이다.

예정론(구원의 경륜)

구원의 경륜은 바로 하나님의 본질에 속한다. 이것을 평화 언약이 잘 설명한다. 우리가 여기에서 말하려는 바는 전통적으로 예정 또는 선택의 관점에서 논의되어 왔다.

선택과 유기에 관한 전통적 예정론은 인간을 지나치게 피동적이거나 무기력하게 만들었다. 때로는 하나님이 인간 행위의 선악을 미리 내다보셨다는, 즉 예지에 기초한 예지 예정론이 주장되기도 했다. 그러나 이런 주장은 우리에게 조금도 유익이 없을 뿐 아니라 인간 개개인의 구원을 위하여 성령님이 개입할 여지를 주지 않는다. 우리는 오직 그리스도를 바라봄으로써 우리의 선택 여부를 확신할 수 있다. 오직 그리스도를 바라보면서 우리의 구원을 이루어 나가야 하는 것이다(빌 2:12). 이것은 하나님이 자유롭게 작정하신다는 사실을 존중하는 동시에 선택에 관한 인간적 회의를 극복할 수 있는 좋은 해결책이다. 예지의 입장에서 우리가 하나님의 자유를 속박하지 않을 때, 하나님도 우리가 성령님 안에서 행하는 자유를 존중하신다. 이로써 우리는 전통적인 예정론에서 무시된 성령론적 차원을 도입하여, 영원한 하나님의 자기 협의와 우리의 행위는 결코 대치될 수 없음을 확인한다.

삼위 하나님은 역사와 무관하게 예정하지는 않으셨다. 오직 역사 속에서 예정하셨고, 역사 속에서 이루셨다. 에베소서 1장은 예정론에서 중요한 위치를 차지하는데, 이 본문은 "찬송하리로다"라는 탄성의 송영으로 시작한다. 이 찬송은 구원받은 자가 부르는 송영이다. 구원의 경험 없이 하나님의 "미리 아심"에 대해서 말할 수는 없다. 그렇지만 구원의 경험을 가졌다고 해서 하나님의 "미리 아심"을 다 알 수도 없다. 우리는 다만 그것을 찬양할 뿐이다. 이것이 바로 송영이 의도하는 바이다.

우리는 무엇을 믿는가

창조

하나님의 작정의 집행은 창조와 더불어 시작된다. 하나님은 하늘과 땅을 창조하신 분으로 천지의 주인이시다. 창조는 만물의 기원에 관한 답이기도 하지만, 하나님이 자기의 전능, 주권, 선하심, 지혜, 사랑과 같은 속성들을 계시하는 방편이 된다. 그러므로 창조는 우리의 신앙을 강화하며, 창조주 하나님을 신뢰하도록 인도하며, 고난 가운데서 위로를 얻게 한다. 이와 함께 창조는 우리의 찬양과 감사의 대상인 동시에 우리를 창조주 앞에서 경건하며 겸손하도록 만든다.

사도신경은 "나는 전능하신 하나님 아버지, 천지의 창조주를 믿습니다"라고 고백한다. 이 고백은 계시에 근거한다(히 11:3). 특히 창세기 1-2장이 이를 우리에게 잘 계시한다. "창조하다"를 의미하는 히브리어 동사는 "바라"ברא인데, 이 용어는 "만들다"는 일반적인 표현인 "아사"עשה와는 달리 오직 하나님을 주어로 하여 쓰인다(창 1:1 등).

구약은 인생이나 민족이 여호와께 의존하고 있음을 표현할 때 여호와가 창조주시라는 사실을 언급한다(사 40:21-28, 렘 32:17, 느 9:6, 시 8:3; 33:6, 9; 89:11; 136:4-9; 146:6; 148:1-6). 그러므로 하나님은 천지의 주재시며(창 14:19) 우리의 도움은 천지를 지으신 여호와께로 말미암는다(시 121:1-2). 초대 교회 성도들은 천지의 창조주요 주재이신 하나님께 기도했다(행 4:24). 창조주인 하나님은 경배와 찬양을 받으시기에 합당하다(계 4:11; 14:7).

하나님은 창조로 자기의 영광(시 8편)과 권능과 지혜(렘 10:12)를 계시하셨다. 또 욥기 38장과 39장, 이사야 40장에는 창조주의 무한한 능력과 위엄이 묘사되어 나타난다. 이런 식으로 자기를 알게 하시는 하나님 앞에서 인생은 겸손해야 한다. 이 지식을 가진 이스라엘은 그 지으신 바 모든 것을 보존하시는 여호와를 의뢰하며 찬양하고 그 계명을 지켜야 한다(느 9:6).

창조의 특성들

창조는 삼위의 사역이다

만물과 만사는 성부로부터 성자를 통하여 성령님 안에서 이루어진다. 경륜적으로는 창조가 성부의 사역으로 묘사된다. "성부로부터"는 만물의 시작과 근원을 표현한다. 그러나 만물은 성자를 통하여 이루어졌다(요 1:3, 고전 8:6, 골 1:16, 히 1:2). 부활하신 그리스도는 모든 창조물보다 먼저 나신 자로서(골 1:15) 만물이 그분에 의해 창조되었다(골 1:15-17). 즉 성자는 구원론적 사역뿐 아니라 우주론적 사역도 행하셨고, 이 우주론적 의미는 지속된다. 창조는 성령의 사역이기도 하다. 성령님은 창조주의 능력이시다. 성령님의 능력 자체가 곧 창조의 능력이다(시 104:29-30). 또 성령님 안에서 창조주는 창조에 임재하신다.

성자와 성령을 보내시는 이는 창조주 성부이시고, 세상을 해방의 주권으로 통일하고 구속하는 이는 창조의 말씀인 성자이시고, 세상에 생명을 주고 하나님의 영생에 동참시키시는 이는 창조의 능력인 성령이시다.

하나님에게 창조는 우연도 아니요 필연적 강제도 아니다

성경은 창조 후에 하나님이 그 지으신 것을 보시고 심히 좋게 여기셨다고 표현한다. 하나님은 창조를 즐기셨다(창 1:31). 하나님께서 명령에 명령을 거듭하여 만물을 지으셨기 때문이다(창 1:3 등, 고후 4:6). 이와 같이 하나님은 창조를 원하셨다. 그러므로 만물의 존재는 우연의 산물일 수 없다. 반대로 하나님이 자기 사랑의 대상을 반드시 창조하셔야만 했다는 주장 역시 옳지 않다. 전통적으로 신학은 이런 필연성을 배제하기 위해 하나님의 자존성을 말해 왔다. 하나님은 자족하시며, 어느 것에도 의존하지 않으시고, 어떤 도움도 받지 않으신다(행 17:25). 산이 생기기 전, 땅과 세계도 조성하시기 전, 곧 영원부터 영원까지 여호와는 하나님이시다(시 90:2). 만물은 하나님에게서 나오고 하나님으로 말미암고 하나님에게로 돌아간다(롬 11:36).

무에서의 창조

이 "무에서의 창조"는 외경 마카베오후서(7:28, "하나님은 이것들을 무에서 창조하셨음을 인정하라")에 나올 뿐, 문자적으로 성경에 나오는 용어는 아니다. 그러나 무에서의 창조는 성경적이다(롬 4:17, 히 11:3). "태초에 하나님이 천지를 창조하셨다"는 말씀은 만물이 그 존재의 근원을 오직 하나님께만 두고 있다는 뜻이다. 그러므로 창세기 1:1은 사실상 무에서의 창조를 가르치고 있다. 창세기 1:2에 땅의 혼돈과 공허에 대한 묘사가 있다고 해서 무질서가 우주의 원재료라는 말은 아니다. 다만 그때 천지는 지금 우리가 경험하고 있는 질서를 아직 갖추지 않았다는 의미일 뿐이다. 창조에 선행하는 것은 아무것도 없다.

이렇게 하나님은 만물을 지으셨다. 하나님은 엿새 동안 하늘과 땅과 바다와 그 가운데 있는 만물을 만드셨다(출 20:11). 그러므로 하나님은 "조물주"(벧전 4:19, 개역한글)시며 "전능하신" 창조주시다.

선한 창조

이 세상은 악과 죄, 병과 비참 등으로 가득 차 있다. 그러나 하나님이 태초에 창조하신 세상은 하나님이 보시기에 좋았다(창 1:31). 이러한 선한 창조를 파괴한 장본인은 인간이다. 이 점에서 우리는 인간 중심적인 자연관을 버려야 한다.

인간이 가장 나중에 창조되었다는 말은 어떤 점에서는 하나님이 인간을 위하여 5일간 다른 물질계를 창조하셨다는 점을 보여줄 수도 있다. 그러나 만물 창조의 목적은 인간이 아니다. 인간도 하나님을 섬기기 위해 만들어졌으며, 만물과 인간은 하나님에게 영광을 돌리기 위해 존재한다(웨스트민스터 대소요리문답 제1문답). 인간이 아니라 하나님의 영광이 창조의 중심이다(시 8:1, 9). 따라서 하늘은 하나님의 영광을 선포하며(시 19:1) 만물은 하나님의 영원한 능력과 신성을 드러낸다(롬 1:20).

사실 자연의 무궁무진함은 하나님의 무궁무진함을 반영한다. 이처럼 자연 만물은 인생과 무관하게 그 자체만으로도 존재 의미가 있다. 인간의 구원에서도 하나님의 영광을 볼 수 있지만(눅 2:14), 자연에 나타난 하나님의 손길과 영광을 깨닫는 것 또한 인생의 목적이다. 말씀을 통해 나타난 하나님의 모습에 대한 경배는 당연한 것이지만, 자연의 신묘막측한 모습을 통하여 눈으로 여호와를 뵙는 것은 진일보한 신앙이다(욥 42:5).

창조와 섭리

흔히 섭리를 "계속적인 창조"라 부르는데, 여기에 대해서는 신중해야 한다. 창조와 섭리는 동일한 하나님의 사역이긴 하나 구별하는 것이 좋다. 창세기 2:2은 하나님이 안식하셨다고 함으로써 하나님이 창조의 일을 일단 마치셨다는 점을 분명히 말하고 있다. 물론 하나님이 하시는 모든 일은 다 새롭다. 이런 의미에서 하나님의 세계 보존과 통치도 창조라 할 수 있다. 또한 구원의 일도 창조로 설명되어 있다(롬 4:17). 하나님은 "새 일"을 세상에 창조하시는데(렘 31:22, 사 65:17), 이는 새 언약을 의미한다. 그러나 창조 자체는 분명 완성되었다.

창조와 구원

우리가 창조를 하나님의 창조로 아는 것은 구원 지식을 이미 갖고 있기에 가능하다. 만민이 예수님을 주라 시인하여 성부께 영광을 돌리게 함이 창조의 목적이다(빌 2:9-11). 이 점에서 창조 신앙은 구원 신앙과 밀접하게 연관되어 있으며, 우리는 요한복음 3:16의 관점에서 창세기 1장을 읽는다.

그러나 구원을 창조로 이해해서는 안 된다. 요한이 만물이 말씀으로 말미암아 지은 바 되었다고 말하고 있긴 하지만(요 1:3), 그렇다고 해서 이 "말씀"을 곧장 구원의 중보자인 "그리스도"로 부르는 것은 경계해야 한다. 그 말씀이 육신이 되었지만(요 1:14), 태초에 그 말씀이 육신이 된 것은 아니다. 요한은 먼저 태초의 말씀에 관하여, 그러고 나서 세상의 빛으로 오신 말씀에 대해서, 마지막으로 육신으로 오신 말씀의 영광에 관하여 말한다. 육신이 되신 말씀과 그분의 영광을 알지 못하고서는 요한이 이런 말을 하지 않았을 것이다. 이것을 창조주와 협력한 말씀의 사역과 구별하지 않고 동일시하여 사용한다면, 창조와 재창조 또한 동일시하고 말 것이다. 재창조는 창조를 전제한다. 그럼에도 창조와 재창조는 한 하나님의 사역이다.

창조와 과학

인류 역사상 우리의 창조 신앙에 관해 과학은 진화론, 우주의 생성, 고고학적 발견들, 지질학적 현상 등을 통해 많은 질문들을 제기했다. 신학은 창조 신앙에 근거하여 이 문제들에 대해 답하려고 노력해 왔다. 이러한 모든 시도들을 "험증학"驗證, Christian Evidences이라고 하며, 이러한 노력을 존경하지만, 제기된 갖가지 문제에 대해 험증학으로 답할 수 있다고 여기지는 않는다. 창조에 관한 우리의 자세는 오직 신앙에 기초하고 있기 때문이다.

물론 진화론은 창조와 창조의 하나님을 부인하기 때문에 받아들일 수 없다. 우리는 창세기 1장에 기록되어 있는 대로의 창조 기사와 그 결과를 받아들인다. 청소년들이 일반 학교교육을 통하여 이런 진화론의 영향에 쉽게 빠지는 것은 안타까운 일이다. 그럼에도 성경은 과학 문서들이나 실험이 제시하는 것과 똑같은 방식으로 창조를 과학적으로 설명하진 않는다. 다만 우리 주 예수 그리스도의 아버지 하나님이 이 천지를 만드신 것을 곳곳에서 증거하면서, 하나님이 선하게 창조하신 세계가 인간의 타락 때문에 고통 가운데 있다고 말한다. 그러나 창조주께서는 이 더러운 세상을 포기하지 않으셨다. 그리고 재창조에는 사람뿐 아니라 이 만물도 동참하게 된다.

피조물로서의 천사

천사는 사자 또는 심부름꾼으로서, 하나님의 아들들(욥기 1:6) 혹은 하나님의 종들(시 103:21)로도 표현된다. 천사들의 수는 아주 많다(마 26:53, 히 12:22). 그리고 천사들 사이에 구별이 있다. 그룹들(창 3:24)과 스랍들(사 6:2)이 있고 천사장 미가엘(단 10:13, 유 1:9)과 높은 자리에 있는 가브리엘 천사(단 8:16, 눅 1:19)도 있다. 그들은 섬기는 영들이다(히 1:14). 날개를 가진 갓난아기의 형체로 그려지는 경우가 많으나 실제로 천사들은 장엄하다(시 103:20, 눅 2:13).

전능하신 창조주

이런 모든 창조의 측면들을 고려하면서 우리는 사도신경에 나타난 "전능하신 창조주"에 대한 고백을 정리하려고 한다. 하나님의 전능은 논리적-존재론적인 문제로 다루어서는 안 된다. 성경의 교훈과 사도 신경의 고백에는 일반적인 전능이 아니라 하나님의 전능이 주제다. 만상을 창조하고 그 이름을 부르심에서 하나님의 권세와 능력이 나타난다(사 40:26, 참조. 롬 1:20). 역사의 시작과 진전에서 나타나는 모든 것들은 전능하신 하나님의 자유로우신 작정에 그 근거를 두고 있다. 그러므로 하나님의 전능은 굳이 새 것을 불러내는 창조에만 국한되어 있지 않고, 보존과 통치와 같은 섭리에도 미친다. 전능자는 만물을 보존하고 다스리신다. 하나님이 자기 전능을 거두시면 만물은 소멸하고 말 것이다. 하나님의 전능은 창조와 재창조에서 만물의 생성과 보존과 통치의 힘이다.

전능의 하나님은 특히 출애굽을 통하여 이 전능을 발휘하셨다 (렘 32:21). 이것은 신약에서 예수님의 십자가와 부활 사건에서 다시 구체화되었다. 십자가의 그리스도는 하나님의 능력이요 지혜다(고전 1:24). 우리를 향하고 위하시는 선한 하나님의 능력은 창조 때부터 계시되었다. 하나님의 전능은 모든 것을 합하여 선을 이루시는 하나님 (롬 8:28)의 지식, 뜻, 사역, 작정과 집행의 총체다.

우리는 무엇을 믿는가

섭리

우리는 계몽 시대 이후 섭리 신앙의 위기라 할 수 있는 시대를 살아가고 있다. 과학의 발전과 인간의 지적 성장, 그리고 거듭되는 천재天災, 인재人災 속에서 "너의 하나님은 어디에 있는가"(시 14:1)라는 섭리의 문제는 아주 구체적이고 현실적인 문제로 대두되었다. 욥기나 예레미야애가, 시편 44, 73편 등을 보면 성경의 성도들조차도 섭리에 대하여 많은 고민을 했다는 흔적이 나타난다.

용어상 섭리는 "무엇을 예비하다"는 의미인데, 이 말은 아브라함이 이삭에게 "하나님이 자기를 위하여 친히 준비한다"라고 말한 것의 라틴어 표현에서 왔다*Deus providebit*(창 22:8). 하나님은 자기 백성을 권고하시고(신 11:12, 벧전 5:7), 열방을 치리하시고(시 47:8), 만물을 붙드신다(히 1:3). 여호와는 이스라엘을 강한 손과 편 팔로 인도하여 내셨고(신 5:15), 그 심사는 대대에 이르고(시 33:11, 사 55:8), 여호와의 눈은 의인을 향하고, 그 귀는 저희 부르짖음에 기울이신다(시 34:17). 여호와의 섭리는 만물 위에 있다(욥 38-39장, 시 139:13-28, 잠 21:1, 사 14:26-27; 41:2-4, 행 17:24-28). 이스라엘 백성들은 언약 백성인 자기들과 만물을 권고하시는 여호와를 시로 찬양했다(시 33-4, 65, 104, 145-7편).

특히 하나님의 섭리는 고난과 궁핍 가운데서 더욱 잘 나타난다(창 50:20). 여호와는 나라들의 계획을 폐하시며 민족들의 사상을 무효하게 하신다(시 33:10). 섭리의 중심은 무엇보다도 그리스도의 죽음과 부활에서 잘 드러난다. 하나님은 인간들의 도모와 죄악의 극치를 자기의 뜻과 선을 이루는 기회로 삼으셨다(행 2:23-24).

선택의 하나님이 또한 섭리의 하나님이시다. 하나님은 영원 선택하신 자녀들을 보호하고 다스리시며 인도하신다. 선택이 우리의 아버지가 되시려는 하나님의 사랑을 보여준다면 섭리는 우리로 하여금 이것을 구체적으로 체험하게 한다. 선택은 우리 바깥에서 이루어지는 하나님의 주권적인 사역이지만, 섭리는 우리로 하여금 하나님이 성부 되심을 깨닫게 하시는 사역이다. 섭리를 전통적으로 보존, 통치 및 동사同事로 나눈다.

보존

하나님은 창조하신 것을 포기하거나 방치하지 않으신다. 여호와께서

호흡을 취하시면 인생들은 죽어 흙으로 돌아간다(시 104:29). 하나님은 창조 사역뿐 아니라 섭리에도 자기 성령으로 임재하시고 일하신다. 그러므로 세계와 인생은 하나님께 의존해 있다. 우리는 우리 손과 힘으로 재물을 얻었다고 해서는 안 된다(신 8:17). 섭리는 우리를 겸손하게 만든다. 하나님이 우리의 기도에 직접 응답하시기도 하지만 간접적으로 응답하시기도 한다. 그러므로 우리는 방편들을 무시해서는 안 된다(가령 의술이나 약품, 보험 등).

섭리는 우리의 의존성과 더불어 우리의 책임도 말한다. 하나님은 우리에게 복을 약속하셨다(신 7:12-16). 하늘의 하나님은 우리를 형통케 하실 것이요, 우리로서는 우리 일을 하는 것이 맞다(느 2:20). 예를 들어 파종하고 수확하는 농사법도 하나님이 인간에게 적절하게 가르쳐 주셨다(사 28:24-29). 그러므로 땅의 소산과 복을 주신 하나님께 우리는 감사와 찬송을 드린다(시 67:6-7). 감사할 수 있는 자는 자기 책임도 다한 자이다. 우리의 책임은 하나님의 직접적 개입을 요구하는 기도뿐 아니라 일상적인 방편들을 사용하고 개발하며 이 일들로 이웃을 돕는 데서도 나타나야 한다. 그리고 하나님의 피조물인 만물을 보호하는 것도 우리의 책임이다.

통치

여호와의 다스림은 영원무궁하다(출 15:18). 여호와의 나라는 영원하고 그분의 통치는 대대에 이른다(시 145:13). 그러므로 그분은 영원한 왕이시다(시 146:10). 하나님의 통치는 시편의 중요한 주제이기도 하다(시 47, 93, 95-99편). 여호와의 왕권은 구속 사역과 인도하심뿐 아니라 심판과 판단에서도 나타난다. 하나님은 역사를 다스리시며(사 45:1-8) 그 전권으로 만유를 통치하신다(시 95:3-5; 103:19).

물론 우리가 역사를 움직이시는 하나님의 손을 늘 볼 수 있는 건 아니다. 그럼에도 우리는 이 역사 자체가 하나님의 손에 달려 있음을 믿는다. 벨사살을 향한 다니엘의 경고를 기억해야 한다(단 5:23). 많은 이들이 하나님의 손을 보지 못할 뿐 아니라, 신자들조차도 때로는 신앙의 연단을 받을 때 하나님의 손길을 잠시 잊고 의심에 빠진다. 그러나 이 모든 일들이 다 합력하여 하나님 나라가 종국적으로 승리하고 세워지는 것을 볼 때, 우리는 지나간 삶과 역사 가운데 하나님의 손길이 미치지 않는 곳이 없었음을 알게 될 것이다.

부활하신 주님은 천지를 다스릴 권세를 가지셨다(마 28:18). 이는 승리하신 중보자께서 받으신 능력과 권세다. 그분의 능력은 교회에만 국한되지 않고 온 우주에 미친다. 하나님은 만물을 그분의 발 아래 두셨다(엡 1:21-22). 계시록 5장에서는 어린양이 보좌에 앉으신 이에게서 책을 받아서 열자, 장래에 될 일들이 계시된다. 하나님의 심판이 온 세계에 임하나 하나님의 백성은 보호를 받는다. 바로 그 심판의 자리에서 하나님의 작정이 집행되는데, 집행자가 바로 그리스도시다. 하나님은 교회의 머리이신 그리스도를 통하여 다스리신다. 역사의 핵심은 교회사이며, 역사의 궁극적 목표는 하나님 나라의 도래에 있다. 그러므로 세상은 교회의 작업장이어야 한다. 재창조가 중보자로 인하여

우리는 무엇을 믿는가

가능했듯이, 하나님의 보존과 통치 역시 그리스도로 인하여 가능하다.

이처럼 우리는 섭리(통치)와 하나님 나라 간의 밀접한 관계를 보게 된다. 즉 하나님 나라는 하나님이 통치하시는 나라이며, 이는 예수 그리스도를 통해서 이루어진다. 예수님이 가르치신 내용의 핵심이 하나님 나라인 것은 잘 알려져 있다. 우리는 이 부분을 기독론에서 다루려고 한다. 여기에서는 구약에 나타난 하나님 나라를 섭리와 언약의 관점에서 중점적으로 다루면서, 신약과의 관계를 특히 십자가의 의미에서 살펴보려고 한다.

언약과 하나님 나라

일반적으로 하나님 나라는 대개 신약에서만 가르쳐진 것으로 알고 있다. 그러나 하나님 나라는 구약에도 나타난다. 구약에서 하나님 나라는 여호와께서 왕이시라는 사상과 직결된다(시 47:2, 겔 10:10). 왕에게 속한 것은 통치권이요 백성이요 또한 통치 영역인 땅이다. 우리는 하나님의 통치를 창세기 1:1에서부터 읽는다.

하나님의 통치로서의 하나님 나라는 창조와 더불어 시작되었다. 아니, 하나님은 이미 자기 나라를 염두에 두고 창조를 시작하셨다. 특별히 하나님은 엿새 동안 창조하신 뒤에 이레 되는 날에 쉬심으로써, 이 세상 뒤에 영원한 안식이 있을 것임을 나타내 보이셨다(히 4:1-11). 또 요한은 환상 중에서 마지막으로 강과 생명나무, 하나님과 어린양의 보좌와 그 종들을 보았는데, 이는 원래의 에덴을 떠오르게 하며 완성된 하나님 나라를 지시하는 것으로 볼 수 있다(계 22:1-5). 종들은 수고를 그치고 쉴 것이라는 표현 또한 안식의 하나님 나라를 지시한다(계 14:13). 이처럼 창조는 종말론적이다.

그런데 창조 사역의 맨 마지막에 하나님은 인간을 지으셨다. 인간 창조와 더불어 창조 사역은 끝이 나고, 창조를 기초로 한 섭리 사역이 시작된다. 그러므로 우리는 섭리를 언급하기 전에 인간 창조와 연관시켜서 언약을 살펴보고자 한다.

하나님은 인간을 창조하시고 그로 하여금 자기보다 먼저 피조된 만물들을 통치하도록 하셨다. 즉 하나님은 이미 모든 피조물들을 보셨고, 그중에서도 다른 어떤 피조물도 아닌 인간을 '선택'하셨다. 이 점은 아주 중요하다. 하나님은 천사들의 주인이시기도 하지만 천사가 이 일을 위하여 선택된 것은 아니다. 하나님은 인간을 선택하시고, 피조된 다른 만물들을 지배하는 일을 맡기셨다. 또 그렇게 선택된 인간들과 언약을 맺으셨다. 즉 언약 관계를 통해 하나님은 인간에게 피조된 다른 만물들에 대한 통치와 지배의 권리를 위임하셨다.

이처럼 하나님은 하나님 나라라는 여정에 인간을 개입시키시고 자기의 통치권을 위임하셨다. 인간의 창조는 결국 만물에 대한 하나님의 '대리자'로 선택하신 행위이다. 그리고 대리인인 우리 인간에게 하나님께서 전권을 위임하신 것은 사실이나, 대리인은 파송자의 위임을 수행할 때에만 그 자격을 유지할 수 있다. 만약 그렇지 않을 경우 대리인 자격은 상실된다. 바로 이 점을 하나님은 언약 체결 시에 금령을 제시함으로써 분명하게 하셨다. 즉 모든 것을 다스리고 모든 음식

우리는 무엇을 믿는가

을 취하되 선악과만은 금하심으로써 이를 인간의 대리인 자격의 시금석으로 삼으셨다(창 2:16-17). 이 점에서 언약은 인간 존재와 운명을 가름하는 역할을 지닌다. 이 모든 것들을 '하나님의 형상'이라는 측면에서도 살필 수 있다(창 1:26-27). 인간이 하나님의 형상이라는 것은 상관개념이다. 인간은 인간 자체로서는 파악될 수 없는 존재이라는 말이다. 인간은 하나님과 연관되어 정의되며, 특히 이는 하나님의 통치권과 관련되어 있다.

인간은 하나님의 형상으로 창조되고 선택되었으나, 동시에 그는 하나님의 형상으로 존속해야 한다. 창조와 선택으로 언약의 관계에 들어설 수 있었고, 언약 안에 거할 때 그는 계속적으로 하나님의 형상인 것이다.

섭리와 하나님 나라

언약은 섭리에 속하나 편의상 섭리보다 먼저 언급되었다. 하나님의 통치라는 의미가 인간이라는 대리인 선정과 직결된다는 것을 부각하기 위해서였다. 통치란 이미 하나님 나라의 한 요소인 지배와 관련되어 있고, 또한 그 안에는 "어떤 목적을 향한 통치"라는 지향성이 들어 있다. 동시에 어떤 사역 자체보다는 그 사역을 행하시는 주인이신 하나님을 고백하고 믿어야 함을 강조해야 한다.

하나님 나라가 하나님이 다스리시고 하나님의 뜻이 이루어지는 나라가 아니면 무엇이겠는가? 하나님이 다스리신다는 사실은 특히 구약의 여러 구절이 가르친다(출 15:18, 왕하 19:15, 시 45:5-7; 47:8; 99:1). 이로써 오직 이스라엘의 여호와만이 참 하나님이시요 참 통치자라는 고백이 믿음으로 나타난다. 여호와는 한 분뿐이며(신 6:4) 하나님의 통치는 영원하다(시 121:8; 146:10). 이처럼 하나님의 통치는 종말적인 하나님 나라의 도래를 겨냥할 뿐 아니라 이미 하나님 나라 자체이다.

그런데 섭리에 대한 신앙은 피조물의 모든 행위와 죄 가운데서도 창조주로 군림하시면서 언약의 주인으로서 통치하시는 창조주 하나님에 대한 신앙이다. 언약의 설립에는 인간의 대리 통치라는 행위가 허용됨과 동시에, 죄의 가능성에 대한 경고도 포함되어 있다. 이는 인간이 언약을 깨고 범죄했을 때 인간됨을 상실하리라는 뜻이며, 이렇게 상실된 인간됨은 인간이 회복할 수 없다는 뜻이다. 인간됨 회복의 계획과 시도는 오직 하나님 편에서만 가능하다.

동시에 인간의 비인간화는 창조와 함께 설정된 하나님 나라의 좌절을 뜻하기도 한다. 대리인은 반역자가 되었고 하나님의 목표는 위협을 당했다. 그때부터 하나님의 통치는 한편으로는 반역한 대리인의 구원을 겨냥하면서, 다른 한편으로는 위협받는 하나님 나라의 실현을 위한 방향으로 전개되었다. 이는 악의 위협을 정복하고 격퇴시킨 예수 그리스도의 사역을 말한다(191쪽 참조).

"모든 것이 합력하여 선을 이룬다"(롬 8:28)는 사도 바울의 고백은 바로 이 양면성을 담고 있다. 선은 무엇인가? 그것은 바로 하나님의 뜻이요 작정이고 하나님 자신이다. 심지어 하나님은 인간의 죄와 악을

우리는 무엇을 믿는가

통해서도 자기 뜻을 이루신다. 형들을 향한 요셉의 고백이 이를 잘 보여준다. "당신들은 나를 해하려 하였으나 하나님은 그것을 선으로 바꾸셔서 오늘과 같이 많은 백성의 생명을 구원하게 하셨도다"(창 50:20, 참조. 창 45:5). 죄와 악의 세력 가운데서도 하나님은 승리하신다.

이러한 하나님의 승리의 전형이 예수님의 십자가다. 악을 정복하고 죄인을 의롭다 하심에서 하나님의 섭리는 절정에 이른다. 이와 같이 십자가와 부활의 주님은 죄인의 칭의와 갱신의 근거일 뿐 아니라, 하나님이 죄인을 보존하고 통치하는 인내의 근거이기도 하다. 하나님은 성자를 통하여 만물을 지으시고 그 성자를 통하여 세상을 보존하고 다스리신다. 반역한 대리인인 우리를 하나님은 그리스도 안에서 용서하시고 우리의 하나님이 되어 주신다. 여기에서 우리는 하나님의 통치와 우리의 구속을 보게 된다. 이를 바울은 "복음은 모든 믿는 자에게 구원을 주시는 하나님의 능력"이라고 했다(롬 1:16).

이처럼 하나님의 능력은 전제 군주의 독재가 아니라 사죄하는 의로 나타난다. 이것이 곧 하나님의 자비다. 이것이 바로 섭리의 신앙이며 하나님 나라의 도래에 대한 고백이다. 그렇지만 우리의 죄악으로 말미암아 하나님의 뜻이 우리에게 늘 이루어지지 못하는 것을 고려하면, 섭리에 대한 것은 오직 "하나님의 뜻이 이루어지이다"는 기원으로만 가능해진다.

예수님이 기독론적으로 가르치신 하나님 나라의 가르침은 그의 승천 이후 성령론적이며 구속론적으로 지속된다. 즉 마태복음 28:18-20에서 예수님은 승천 직전에 "내가 세상 끝날까지 너희와 항상 함께 있으리라"고 약속하셨다(사 7:14, 마 1:23). 예수님 안에서 하나님은 우리와 함께하시며, 예수님은 성령님 안에서 우리와 항상 함께 계신다. 또 예수님의 인격과 하나님의 지배와 통치는 하나가 되어 전파되었다. 빌립과 바울은 하나님 나라와 예수 그리스도의 이름을 함께 전했다(행 8:12; 19:8; 28:31). 이는 그리스도의 지배가 결국에는 하나님의 지배로 통합될 것을 보여준다(고전 15:25-28, 계 5:10; 20:4, 6; 22:5).

그러므로 하나님 나라로 들어가는 것에는 권면과 경고가 따른다. 바울은 안디옥 교인들에게 하나님 나라에 들어가려면 많은 고난을 받아야 할 것이라 했다(행 14:22). 범죄한 자는 하나님 나라를 유업으로 받지 못하며(고전 6:9 이하, 갈 5:21 이하, 엡 5:5), 혈과 육도 마찬가지다(고전 15:50). 반면 하나님 나라는 이미 성령님 안에서 의와 평강과 희락이다(롬 14:17, 참조. 고전 4:20). 예수님을 넘겨준 자들에게는 사죄의 기회가 있었다(행 2:36-38). 그러나 성령님을 훼방한 죄는 이 생과 내생에서 사함이 없다(마 12:31-32). 즉 하나님의 통치권과 자비의 완성이신 예수님을 거절하는 것은 곧 성령님을 훼방하는 것이요, 그 죄에 관하여는 사함의 기회가 없다. 하나님 나라는 이처럼 다시 현재적이면서도 미래적이며, 이는 선물이면서 동시에 사명이다.

3

예수 그리스도

: 참 하나님과 참 인간

죄인인 인간

하나님의 형상과 죄인

하나님은 창조와 더불어 역사를 시작하시고 자기의 형상으로 창조하신 인간을 역사에 투입하셨다. 하나님의 형상으로 창조받은 인간은 세상의 중심이 되었고, 인간 안에서 온 세상은 하나님을 지향한다. 하나님은 인간이 하나님의 뜻에서 "해방"되려는 것을 역사의 시작부터 경고하셨다. 하나님은 금단의 열매로 인간의 자율적인 행위를 금하셨다.

그러나 인간은 하나님이 금했던 과실을 먹음으로써 명령을 어겼고 범죄했다. 하나님의 형상을 따라 창조된 인간이 하나님과 같아지려고 했다. 계명에 대한 불순종이 타락의 시작이다(롬 5:19). 그때 인간은 인간이로되 죄인이요 반역자가 되었다. 또 아들은 아들이로되 "잃어버린 탕자"가 되었다. 그는 하나님 나라를 떠났다. 그 후로부터 인간의 본성은 타락했다. 즉 비인간화됐다. 나아가 인간 타락의 결과는 온 세계에 미쳤고, 땅이 가시와 엉겅퀴를 내기 시작했다(창 3:18, 롬

8:19-22). 하나님은 인간을 그 나라에서 쫓아내셨고 그때부터 인간은 방황하게 되었다. 하나님의 영광을 비추는 거울이 산산조각이 났다.

성경은 반역자 인간, 죄인 인간도 하나님의 형상이라 부르고 있는가? 물론 타락 후에도 인간이 하나님 형상이라 불리는 본문들이 있다고 주장할 수 있다(예: 창 5:1; 9:6, 약 3:9). 그렇지만 이런 본문들을 바르게 이해해야 한다. 정확하게 말하자면 이 본문들은 "타락 후의 인간도 하나님의 형상이다"라고는 말하지 않는다. 이 본문들은 예외 없이 하나님이 인간을 창조하셨다는 역사적 사실을 지시하고 있을 뿐이다. 또한 이 본문들은 창세기 1:26과 마찬가지로 "형상으로" 또는 "모양으로" 창조되었다고 진술하고 있을 뿐이지, "타락한 인간도 하나님의 형상이다"라고 말하지는 않는다. 인간은 창조 이후 지금까지 하나님과 맺는 관계성 속에서 형상을 "부여된 신분"으로서 얻어 누릴 뿐, 그 신분을 결코 본성적으로 가지고 있지는 않다.

성경은 오히려 타락으로 말미암아 하나님의 형상이 상실되었다고 가르친다. 즉 죄인인 인간은 하나님의 형상이 아니다. 우리는 타락 후 죄인과 하나님의 형상을 언급하는 성경 본문들을 "(인간 창조의) 과거와 (미래의) 회복 가능성"의 관점에서 이해해야 한다. 그러니 하나님의 형상이 회복되리란 소망은 남아 있다. 인간은 그가 언약 안에서 받은 사명과 직무로부터 면제된 적이 없기 때문에, 언약의 규율인 계명은 창조주의 신실하심에 기초하여 지금도 유효하다. 즉 지금도 인간을 향하고 있는 하나님의 뜻은 인간을 하나님의 형상대로 보존시키는 근거가 된다. 무엇보다도 언약을 파기하지 않은 창조주의 구속 약속

우리는 무엇을 믿는가

은 상실된 하나님의 형상이 회복될 것에 대한 기대와 소망을 준다.

인간은 하나님과의 구체적 관계와 그분으로부터 받은 사명을 위하여 창조되었으나, 죄로 말미암아 그 사명을 수행할 수 없게 되었다. 죄인이 된 인간은 불신앙과 불순종으로 하나님과의 관계를 파괴했다. 그러나 하나님을 대리하라는 인간이 받은 소명은, 죄로 인하여 이를 수행할 수 없음에도 불구하고 여전히 유효하다. 수행해야 할 이 소명 때문에 우리는 형상의 잔재를 제한적인 의미에서 말할 수 있다. 그러므로 형상의 잔재 여부를 어떤 자질들이 남아 있느냐 없느냐를 놓고 얘기할 문제가 아니다. 형상의 잔재는 원래 소명을 위해 부름받은 바로 인간 자체를 놓고 보아야 한다. 그렇게 본다면 위에서 고려한 대로 과거를 상기시키고 미래를 지향한다는 당위적 의미, 즉 원래대로 회복되어야 한다는 제한적 의미에서 현재의 죄인도 "하나님의 형상"이라 부를 수 있다.

성경에서 "죄인이 하나님의 형상이다, 아니다"라고 대놓고 말하는 곳은 없다. 그렇지만 죄인은 "죽었다"고 성경은 확실하게 말한다(마 8:22, 눅 9:60, 엡 2:1 이하; 5:14, 골 2:13, 계 3:1). 또 아버지의 집을 떠난 탕자도 "죽었다"(눅 15:24). 우리는 언약 파기의 징벌인 죽음을 형상의 상실로 이해할 수 있다. 재창조는 이 죽음의 어떤 잔재를 회복하는 것이 아니라 완전하게 새로이 얻는 선물인 생명, 곧 부활을 일컫는다. 부활하신 그리스도가 하나님의 형상이기에, 재창조된 사람도 하나님의 형상이다. 이러한 점에서 하나님이 인간을 자기의 형상으로 인정하는 것은 그 자체의 중요성보다는 재창조의 관점에서 보아야 한다.

우리는 하나님 앞에 서 있는 인간에서 출발해야 한다. 성경이 가르치는 의義는 언약 당사자들 사이에 있는 관계 개념이다. 즉 자질의 문제가 아니라, 일차적으로 언약 당사자들 간 관계의 신실성 문제다. 그러므로 원래 의는 "하나님 앞에 선 인간"의 관점에서만 해명할 수 있다. 인간의 의란 인간을 향하신 하나님의 얼굴에 대한 응답이다. 그러므로 죄란 이 관계를 거부함이요 언약의 파기이며, 원래 의를 상실한 상태, 곧 불의다. 죄는 하나님의 사랑을 거부함이며 하나님을 신뢰하지 않는 것이고 욕망에 속박되는 것이다. 언약의 당사자로 처신해야 할 인간이 하나님께 응답하지 않는다면, 그는 원래 의를 잃고 하나님의 형상을 상실한 것이다.

우리가 형상의 "잔재"를 언급하는 이유는 하나님 앞에 있는 죄인은 여전히 전인全人이라는 것을 확신했기 때문이다. 죄인은 인간이로되 전적 죄인이다. 이것이 그분의 인간됨이다. 그러나 하나님은 소망이 없으며 구원을 위하여서는 아무 기여도 할 수 없는 죄인을 버리지 않으셨다. 언약의 하나님은 의로우시다. 언약 당사자인 인간이 파기자가 되었어도 하나님은 그를 버리지 않고 자기의 약속에 신실하셨다. 인간의 신실치 않음이 하나님의 신실하심을 폐하지 않았다 (롬 3:3).

하나님의 신실하심은 계명의 선포에서 나타난다. 죄인은 형상으로서 선포되는 계명을 듣는다. 창세기 9:6, 야고보서 3:9에서는 신실하신 하나님이 주목하고 계시는 "죄인"인 인간을 존중하라는 계명이 나타난다. 이처럼 형상은 자신 속이 아니라 타인을 존중하는 데서도

우리는 무엇을 믿는가

찾아야 한다. 계명은 인간으로 형상이 되게 한다. 하나님의 부름에 응답해야 하는 사람이 곧 하나님의 형상이다. 이는 오직 창조주 하나님의 신실하심에 근거한다.

죄

죄의 기원

일반적으로 타락 기사에서부터 죄를 추적한다. 그러나 죄를 아는 것은 율법으로 말미암는다(롬 7:7). 율법은 은혜 언약의 법이니 은혜로 말미암아 죄를 죄로 알 수 있다는 말씀이다.

요한은 "죄를 용서하는 회개의 세례"를 전파했다. 그때 사람들은 죄를 고백했고 세례를 받았다(막 1:4). 이처럼 우리는 용서와 연관하여 죄를 말할 수 있다. 즉 복음의 빛 아래서 죄를 알 수 있다. 죄를 사죄의 관점에서 보지 않으면 죄가 홀로 선다고 생각하는 위험에 빠질 수 있다. 반대로 죄를 은혜의 관점에서만 보는 것도 문제다. 믿음의 결단만을 강조할 경우 죄가 약화되고, 이와 더불어 인간의 책임도 완화될 위험이 있다. 그러므로 우리는 구속과 구원에 앞서 죄를 다루고, 사죄의 관점에서 죄를 다룰 것이다.

인간은 낙원에서 뱀의 유혹을 받아 범죄했다(창 3:1-7). 여기서 낙원이 실제로 존재했다는 것이 중요하다. 아담은 역사적 인물이며 타락 역시 역사적 사실이다. 예수님은 이혼 문제를 다루면서 아담의 역사성을 말씀하셨다(막 10:6-8). 바울도 죄를 다루면서 아담과 예수님을 비교하여 다루었다(롬 5:12-21, 고전 15:20-22). 인간은 뱀의 유혹을 받았다. 이는 범죄가 오기 전에 악이 있었다는 뜻이다. 즉 마귀에게 최초의 범죄가 전가된다. 예수님은 뱀과 마귀를 동일시하셨다(요 8:44). 사단은 옛 뱀이라 일컬어진다(왕상 22:22, 대상 21:1, 욥 1장, 슥 3:1, 계 12:9; 20:2). 교만이 사단을 하나님에 대한 불순종으로 이끌었다. 사단은 뱀을 통하여 금단의 열매가 지닌 매력을 부각하여 인간을 유혹했고, 하나님의 절대적인 명령을 약화했다. 이로 이해 결국 하나님과 인간의 관계는 왜곡되었으며 범죄를 낳았다(롬 3:23, 약 1:15).

그러나 유혹 당했다는 사실이 인간의 죄과罪科와 책임을 완화하지는 않는다. 사단은 예수님을 유혹하고 시험했지만 예수님은 그 시험을 이기셨다(마 4:1-11; 27:40-44). 믿는 사람에게 시험이 없을 수는 없으나 이기는 자에게는 복이 있다(약 1:12). 우리는 기도로 시험을 이길 수 있다(참조. 마 6:13). 아담의 죄는 금령을 어긴 것이다. 아담의 죄는 인간이 스스로 선악을 선정할 수 없고, 다만 하나님이 직접 구별하는 것에 대해 순종해야 했음에도 불구하고, 하나님께 있는 것을 탈취하여 하나님과 같아지려 했다는 것을 보여준다. 아담은 하나님의 권위와 법을 벗어나서 독립하여 스스로 행복을 추구하려 했다. 다시 말하자면 하나님이 죄라고 하신 것을 인간은 선이라 했다(참조. 사 5:20).

죄에는 교만과 불신앙과 불순종이 있다. 죄는 곧 언약 파기요 그 결과는 죽음이다. 생명나무는 하나님과의 교제 속에 나타나는 참된 영적 생명을 표한다. 그러나 타락 후에 하나님이 생명나무를 차단시키심으로써 생명나무에 표시된 내용인 생명은 획득될 수 없게 되었다. 그 생명은 하나님을 경외함에 있다. 이것은 지혜요 악을 떠남이다 (욥 28:28). 그렇게 할 때 생명이 있다(잠 4:22; 9:11; 10:11; 14:27). 그러나 불순종은 죽음이다(잠 8:36).

죄에 대한 성경 표현들

성경은 죄를 대개 동사형으로 다양하게 표현하는데, 이는 죄가 인간의 삶 속에서 다양하게 나타난다는 점을 보여준다. 또한 성경은 죄의 법적인 측면을 크게 부각시키는데, 이는 언약이 이스라엘의 종교적 삶의 중심이기 때문이다. 즉 언약에서 이탈함이 죄로 나타난다.

히브리어 "하타"חטא나 헬라어 "하마르티아"ἁμαρτία는 "표적에서 빗나가다"를 의미한다(삿 20:16, 잠 8:36, 19:2). 이는 언약 관계 안에서 상대를 대항하는 것으로서, 대개 하나님에 대한 범죄를 말한다(왕상 8:31, 33, 35, 46). 이 죄의 결과는 엄청나서 하나님의 심판을 통한 멸절로 이어진다(왕상 8:34, 36; 13:34, 시 51:4). 특히 선지서에서는 언약의 파기에서 오는 죄를 강조한다(사 30:1, 렘 16:18).

"아온"עון은 굽고 잘못되며, 선에서 떠난다는 뜻을 가진 불법이다(렘 3:21). 이는 의도적인 이탈이다. 성경에 나타나는 이 표현의 2/3는 시가서에 나오는데, 이 말로 악한 생각, 비겁함, 사악함 등을 표현한다(욥 15:5; 31:11, 28; 33:9, 시 32:5; 36:3; 90:8; 106:6; 130:3, 잠 16:6). 이 죄의 결과는 죽음이다(시 56:7, 사 59:2, 요 5:25, 엡 2:1, 5, 골 2:13).

"파샤"פשע는 강한 표현으로서, 합법적인 권위에 의도적으로 대항하는 것이다. 이는 언약 백성이 범한 타락과 하나님을 향한 반항이다 (사 1:2, 렘 2:29, 호 8:1, 암 4:4, 막 7:9, 눅 7:30; 10:16, 요 12:48).

이러한 표현들 이외에도 부지중의 범죄("쉐가가"שגגה, 민 15:28, 삼상 26:21["쉐가하"שגה]), 폭력("하마스"חמס, 창 6:11, 13, 습 3:4) 등에 대한 표현도 있다. 요약하자면 죄는 불순종, 언약의 파기, 하나님을 저항함, 부패이다. 죄는 악과 재난을 초래하며, 자유를 상실하게 만들고, 하나님과 적대 관계에 놓이게 한다. 예수님은 자신의 사역을 이 죄를 사하는 것과 동일시하셨다. 그분은 땅에서 죄를 사할 권세를 가지고 계신다(막 2:10). 이처럼 예수님은 죄인들의 친구셨다(눅 15:2).

죄의 결과

위에서 본 바와 같이 죄는 언약 관계 개념이다. 죄는 하나님과의 언약 관계가 비틀어진 상태다. 그러므로 죄는 크게 불신앙, 불순종, 교만, 미움 등 네 가지 모습으로 나타난다. 칼빈은 불신앙을 타락의 뿌리로 본다(칼빈, 2. 1. 4.). 계명을 어기는 불순종은 죄의 본질로 나타난다(창 3:6, 롬 5:12-21, 고후 10:6, 히 2:2). 죄는 참되고 신실하신 하나님과 그분의 말씀을 믿지 않는 불순종이다(마 13:58; 17:17, 요 20:27, 롬 5:19, 고후 4:4; 10:6, 히 3:19). 또 교만이요(잠 8:13; 14:3; 15:25) 하나님이 계명에서 명하신 사랑(신 6:5, 수 22:5)의 반대인 미움(창 4:5-9, 레 19:17, 롬 3:11-16)이다. 이 외에도 성경은 그리스도를 믿기 전 인간의 모습이 하나님의 생명에서 떠난 무지(벧 1:14), 불의(롬 1:18), 범과(롬 5:14), 하나님과 원수 됨(롬 5:10), 죄의 종노릇 함(롬 6:6), 육신에 있음

우리는 무엇을 믿는가

(롬 7:5)이라고 말한다. 그뿐만 아니라 그리스도 밖에서는 약속의 언약도 없고, 세상에서 소망도 없고 하나님도 없다고 표현한다(엡 2:12). 죄는 언약의 파기이므로, 죄의 네 가지 요소들이 마음에서 솟아나서 하나님과 이웃에게로 표출된다. 죄의 성격은 동일하나 다양하게 표출되며 계속 강화된다. 왜냐하면 죄인은 원래 하나님으로부터 나오는 은총과 선하심뿐 아니라 계속 주어지는 은혜를 거절하기 때문이다.

만물보다 거짓되고 심히 부패한 것이 마음이다(렘 17:9). 따라서 모든 더러운 것이 사람의 마음에서 나온다(막 7:21-23). 그러므로 다윗은 정결한 마음을 위해 기도했다(시 51:10). 이처럼 구약 성도들은 죄악의 행위(자범죄)만을 회개하지 않고, 행위의 뿌리를 청산하는 기도 역시 드렸다. 죄는 하나님의 계명들과 그리고 그 계명의 하나님을 대항하려는 탐심과 행위로 나타난다(롬 7:8). 특히 교부들과 어거스틴은 탐심을 아담 타락의 결과 또는 징벌로 보았다. 이 탐심이 물론 죄의 본질을 완전하게 설명하지는 못하지만, 여기에 원죄의 의미가 있다.

전통적으로 원죄는 아담의 역사적 범죄를 지칭한다. 이 죄는 역사적인 첫 범죄요 동시에 자범죄의 뿌리가 된다는 의미에서 원죄다. 원죄는 언약의 법을 어겨 형벌을 받아야 하는 신분에 처하게 되었다는 죄책과 그 결과로 죄를 짓게 되었다는 우리 본성의 타락을 의미하는 오염으로 이루어진다. 그 결과 인간의 마음이 철저하게 부패했다. 부패한 사람에게는 모든 행위의 동기인 하나님을 향한 사랑이 없으므로, 그의 본성은 하나님 앞에서 아무런 선도 행할 수 없는 영적 무능력이다. 그래서 다윗은 "내가 죄악 중에서 출생하였음이여 어머니가 죄 중에서 나를 잉태하였나이다"(시 51:5)고 자범죄의 뿌리를 고백한다.

죄는 또한 전가된다. 죄의 전가는 전통적으로 아담과 그리스도를 비교하는 로마서 5:12의 가르침에 근거하고 있다. 그리스도가 교회의 머리이듯이 아담은 인류의 대표자로서 죄를 범했다(롬 5:15, 17). 그리하여 우리 모두가 아담이 지은 죄의 죄책에 연루되었고, 죄의 저주를 받았다. 아담은 한 언약의 머리로서 공인公人이었다. 인간은 머리된 아담에게서 물려받은 부패한 본성 때문에 죄책에서 벗어날 수 없다. 인간의 범죄들은 아담에게서 물려받은 죄성에서 유래한다. 물론 인간은 아담의 죄성 자체에 대해서는 책임이 없다. 누구라도 남의 죄가 아니라 자신의 죄 때문에 죽는다(렘 31:29-30, 겔 18:2-5). 그렇지만 인간은 아담의 후손으로서 아담 안에서 그와 더불어 죄인이며 죄과를 지고 있다. 그러므로 모든 인류는 죄인이며, 이것은 벗어날 수 없는 인간의 "본성"이 되었다.

우리는 인간에게 소망이 없음을 알았다. 그러므로 우리의 소망은 오직 예수 그리스도께 있다. 그러나 이 지식은 예수 그리스도를 알기 전에 얻은 지식이 아니다. 우리는 이미 예수님 안에서, 그리고 예수님의 구속이라는 관점에서 역사적 인간 창조, 하나님의 형상의 상실과 죄 등을 살펴보았다. 그러므로 창조와 타락에 관한 지식은 구원 지식의 일면으로서 성령님이 주시는 지식이다. 이제 우리는 우리 주 예수 그리스도를 더 깊이 아는 데로 나아갈 것이다.

우리는 무엇을 믿는가

하나님의 형상이신 그리스도

하나님의 형상과 영광

인간론에서는 하나님의 형상대로 창조되었으나 타락으로 형상을 상실한 인간을 다룬다면, 기독론에서는 이 형상을 회복하신 이, 곧 하나님의 참 형상이신 예수 그리스도를 다룬다. 예수님은 하나님의 참 형상으로서 하나님이 누구신가를 계시하셨다. 이는 삼위일체론의 문제이다. 또한 예수님은 인간이 누구인가도 동시에 계시하셨다. 그러므로 우리는 그분의 형상을 닮아 하나님의 영광에 이르게 된다.

성경은 모든 사람이 범죄함으로 하나님의 영광에 이르지 못했다고 가르친다(롬 3:23). 그런데 여기서 말하는 하나님의 영광이란 형상의 상실로 인해 상실된 영광보다는 아직도 획득하지 못한 영광을 뜻하며, 또 하나님의 영광은 피조 때의 과거보다는 종말론적 미래를 지시한다. 그러므로 로마서 3:23의 "하나님의 영광"은 메시아와 연관된 영광이다. 바울이 그리스도로 인하여 의인들이 받을 영광스러운 장래를 말할 때 언급한 그 영광인 것이다(롬 8:18). 하나님은 자기 지혜인 예수 그리스도를 우리의 영광을 위하여 만세 전에 미리 정하셨으므로, 그리스도는 우리 영광의 소망이다(고전 3:7 이하). 우리는 예수님 안에 있는 구원을 영원한 영광과 함께 얻는다(딤후 2:10). 그분은 고난을 통하여 하나님의 아들들인 우리를 영광에 들어가게 하셨다(히 2:10). 그리스도의 사역은 우리를 단지 아담의 원상태로 복귀시키는 데서 끝나지 않고 더 나은 영광을 얻게 한다.

우리는 로마서 3:23이 하나님의 영광을 말할 뿐 하나님의 형상에 대해서는 직접적으로 말하지 않는다고 했다. 그렇지만 이 본문이 하나님의 형상과 무관하지는 않다. 도리어 이를 적극적으로 지지한다. 하나님의 형상과 하나님의 영광은 밀접한 관계 속에 있다. 창조된 형상은 하나님의 영광을 소유하지는 않았지만 하나님의 영광을 비추어야만 했다. 그러나 상실된 형상인 인간은 영광을 비추기는커녕 그 영광을 어둡게 했고 흑암의 나라에 빠져 버렸다.

하나님 아버지는 이 흑암의 권세에서 우리를 "그의 사랑의 아들의 나라로 옮기셨다"(골 1:13). 그 아들은 보이지 아니하는 하나님의 형상이며(고후 4:4, 골 1:15), 그분의 얼굴에는 하나님의 영광이 빛난다(고후 4:6). 그리스도의 영광과 하나님의 영광은 지극히 밀접하다. 예수 그리스도는 하나님이 하라고 주신 일을 달성하여 아버지를 이 세상에서 영화롭게 하셨다(요 17:4). 그러므로 우리는 바울이 영광을 말하면서 바로 형상을 논의하는 것을 주목해야 한다. 형상으로서의 그리스도는 하나님을 순수하게 반영하고 가시화하고 계시한다. 그리스

우리는 무엇을 믿는가

도의 말씀과 행위와 태도에서 하나님의 영광이 나타난다. 그리스도는 우리를 받음으로써 하나님께 영광을 돌리셨고(롬 15:7) 죽음의 고난을 통하여 영광과 존귀로 관을 쓰셨다(히 2:9, 벧전 1:11). 즉 예수님은 자기 일에 충실하여 하나님의 영광을 계시하셨는데(요 17:1), 이것이 곧 형상의 참된 모습이다.

아담의 타락으로 획득하지 못한 영광이 그리스도 안에서 계시되었고, 이제는 그 영광이 우리에게 주어질 것이다. 그리스도로 말미암아 우리가 그분의 형상으로 화化하여(롬 8:29) 영광으로 영광에 이른다(고후 3:18). 하나님은 복음으로 우리를 부르사 우리로 주 예수 그리스도의 영광을 얻게 하신다(살후 2:14, 벧전 1:7; 5:1, 4, 10). 예정, 소명, 칭의와 영화는 사실상 "그 아들의 형상을 닮게 함"이다. 하나님의 영광, 그리스도의 영광, 그리고 우리의 영광은 기독론적이며 종말론적이다. 이 영광에서 삼위 하나님의 사역은 완성된다.

예수 그리스도는 하나님이 주신 일(사명)을 완수하여 아버지를 이 세상에서 영화롭게 하셨다(요 17:4). 그러면 그 "일"은 무엇인가? 그것은 아들 안에서 우리가 얻은 구속 곧 죄 사함(골 1:14)과 부활의 생명(요 11:25)이다. 이는 곧 중보자의 사역이다. 우리는 바로 이 사역의 관점에서 예수 그리스도의 자질들을 다루려고 한다. 예수 그리스도가 참 사람인 것도 이 사역을 위함이요, 또 그분이 참 하나님이심도 이 일을 위해서다.

형상은 상실되었다가 그리스도 안에서 회복된 것이지 그리스도에게서 완성된 것은 아니다. 형상이 불완전했기에 예수님 안에서 비로소 완성되었다는 사상은 아주 위험하다. 우리는 그리스도의 형상을 닮게 된다(롬 8:29). 이 방식으로 하나님 자기를 닮도록 미리 예정하셨다(엡 5:1). 이는 그리스도의 재림 시에 비로소 완성될 일이지만, 동시에 이미 일어나고 있다. 고린도후서 3:18에서 가르치듯이 형상과 영광은 직결되어 있다. 그리스도의 영광을 비추이는 것이 그리스도의 형상을 따라 화하는 것이다. 이는 성령의 인도하에 계속 이루어지는 과정이며, 재림으로 완성될 일이다. 이 성장과 완성은 오직 성령의 능력으로 가능하다. 에베소서 4:24, 골로새서 3:10에서 말하는 의, 지식, 거룩은 이미 그리스도 안에서 회복된 관계성의 관점에서 설명되고 있다.

예수 그리스도의 인격과 사역

"하나님의 사람"(딤전 6:11). 이 말에서 우리는 하나님과 인간이라는 두 당사자를 보게 된다. 그러므로 우리는 여기에서 하나님과 인간이라는 두 당사자의 관계를 언약 관점에서 살피려고 한다. 하나님은 그리스도 안에 있는 인간과 관계하시는데, 예를 들자면 우리가 예수님의 이름으로 기도할 때, 우리는 하나님의 사람이다. 그리스도는 더 나은 언약의 중보자(히 8:6)로서 하나님과 인간의 관계를 회복하셨다. 나아가 그리스도는 그 인간을 대신하여 하나님 앞에 가실 뿐 아니라 주님으로서 행하신다. 이런 이유에서 우리는 기독론을 언약의 중보자이신 그리스도의 관점에서 접근하려고 한다.

그리스도의 인격과 사역은 분리되지 않는다. 신약에서 예수님을 가리키는 주, 그리스도 등의 존칭들은 예수님의 사역 자체가 그분의 인격을 의미한다는 점을 보여준다. 우리는 그리스도의 구원 사역을 말함으로써 그리스도를 말해야 한다. 그리스도는 구속을 이루신 분이다. 그러나 "구속"이라는 그리스도의 사역 자체도 중요하지만, 그 구속을 통해 우리가 예수 그리스도와 인격적인 관계를 맺고 있다는 것도 이에 못지않게 중요하다. 이처럼 그리스도의 직분(혹은 사역)과 인격은 밀접하게 연관되어 있다. 성격상 그리스도의 인격과 사역은 어떤 경우에도 분리될 수 없다. 이러한 점에서, 기독론은 일차적으로 그리스도의 행위가 아니라 그리스도 그분이 누구신가를 묻는다.

그러므로 기독론은 예수님 자기, 곧 예수님의 인격에 대한 질문이다. 그분의 인격은 자기 사역의 전제이며, 그분의 사역은 그분의 인격을 나타내고 증명한다. 예수님의 생애에 대한 이해는 그분의 인격과 사역 이해의 전제가 된다. 이제 우리는 언약의 관점에서 출발하여 사도신경의 제2부를 해설한 뒤, 인격과 사역을 세 직분으로 보면서 그분의 구속 사역의 의미를 살피겠다.

우리는 예수님 안에서 인간을 돌아보시면서 종말론적 하나님 나라를 세우신 하나님을 믿는다. 이처럼 신앙의 내용은 그리스도요 하나님이다. 그런데 그 하나님이 누구신가는 오직 믿음으로만 알 수 있다. 믿음은 삼위일체이신 하나님을 신뢰하고 믿는 것이다. 우리는 성령님으로만 예수님을 그리스도와 주로 고백할 수 있으니 이렇게 고백할 때 이미 그리스도 안에서 역사하신 하나님을 믿는 것이다. 이와 같이 삼위일체론은 기독론에 기초하여 성립되었다. 그리스도 안에서 하나님이 직접 우리와 관계하시며 우리를 위하여 계신다. 기독론의 관심사는 그리스도 안에 하나님 그분이 계신다는 데 있다. 우리는 하나님의 모습 자체를 하나님의 행위 곧 그리스도 안에서 하나님이 행하신 행위에서 알게 된다. 이 그리스도 안에 나타난 하나님의 행위 전부를 기독론이 다룬다.

구약에 예언된 그리스도

사도신경의 구조는 교리의 틀이다. 그런데 성자와 관련된 사도신경의 제2부의 고백은 주로 신약에서 발췌되었지 구약의 본문들은 거의 인용되지 않았다. 그러나 우리는 예수 그리스도를 구약의 하나님이 이미 행하신 구원 사역의 관점에서 파악해야 한다. 구약은 그리스도의 전前 역사이다. 그리스도는 또한 전全 계시의 중심이요 목표점이다.

구약은 창세기 3:15부터 오실 메시아를 대망하도록 한다. 이 본문은 전통적으로 "원시 복음" 또는 "어머니 약속"으로 지칭되었다. 여호와께서 아브라함에게 하신 씨에 대한 약속(창 12:3; 13:15-16; 15:5, 18; 17:7-10, 19; 21:12; 22:17-18; 24:7), 다윗에게 주신 왕위에 관한 약속(삼하 7:11-16; 23:1-5), 여러 시편들(2, 16, 110편 등)과 여러 예언서의 약속들(사 7:14; 9:6; 11:1-11; 52:13-53:12 등)은 모두 오실 메시아와 그분의 사역을 예언하고 있다.

약속을 따라 오신 그리스도 예수도 직접 구약 성경이 자기를 증거하고 있다고 가르치셨다(요 5:39). 부활하신 주님은 모세의 율법과

우리는 무엇을 믿는가

모든 선지자와 시편이 자기를 가리켜 기록하신 모든 말씀이 이루어졌음을 성령으로 가르치셨다(눅 24:27, 44). 이런 가르침에 근거하여 오순절을 경험한 사도들은 성령으로 구약을 기독론적으로 해석했다. 우리는 사도행전에 나타난 여러 설교들을 통해 이 점을 알 수 있는데, 사도행전 2장과 3장에 기록된 베드로의 설교가 대표적이다. 히브리서 기자도 구약의 제사법 등에 근거하여 예수님의 사역이 구약의 성취였음을 잘 설명하고 있다. 이처럼 신약이 구약의 성취인 이유는 그리스도가 성경의 중심이기 때문이다.

우리는 동시에 배타적인 "기독론 중심주의"를 피해야 한다. 가령 아브라함이 이삭을 바치는 창세기 22장을 기독론적으로 해석할 수 있지만, 아브라함과 이삭의 역사성과 그들이 주체적으로 가지고 있었던 하나님과의 관계를 결코 무시해서는 안 된다. 즉 그들의 행위가 오직 그리스도를 예표하는 것만은 아니다. 도리어 그들의 신앙적 행보가 일차적이며, 그리스도의 예표는 그 다음의 문제이다. 구약 성도들은 자신이 그리스도를 예표하는지 거의 몰랐기 때문이다. 그리스도 안에서 구약이 성취되었기 때문에 우리는 구약을 구약 그대로 읽을 수 있어야 한다.

성경에 계시된 예수 증거

"나사렛 예수가 누구냐"는 질문은 우리에게 늘 제기되는 질문이며 우리는 이에 신앙으로 답해야 한다. 예수님은 바리새인에게 "너희는 그리스도에 대하여 어떻게 생각하느냐 누구의 자손이냐"(마 22:42) 고 물으셨고, 제자들에게도 "너희는 나를 누구라 하느냐"(마 16:15) 라고 물으셨다. 예수님은 이 질문에 대해서 막연한 객관적 대답이 아니라 그야말로 실존적이고 인격적인 대답을 원하신다. 기독론은 "예수가 누구냐"라는 질문에 대한 "신앙"의 답변이며, 예수님의 고유성을 이야기하려는 시도다. 이러한 시도에 대해서 성경에는 두 종류의 답변이 있다.

첫째, 예수님은 인간 중의 한 분이셨다. 하나님은 자기 아들을 죄 있는 육신의 모양으로 보내어 육신에 죄를 정하셨다(롬 8:3, 고후 5:21). 죄를 정하셨으니 세례에서 죄와의 연관성을 선포하고 하나님

우리는 무엇을 믿는가

의 의를 이루셨다(마 3:15). 또 그분은 율법 아래에서 또 여자에게서 태어나셨다(갈 4:4). 그분은 배고팠고(마 4:2), 목말랐으며(요 19:28), 때로는 우셨다(요 11:35). 그분은 또한 죽고 장사 지낸 바 되었다. 복음의 위로를 맛보려면 예수님을 가능한 깊게 육체로 몰아넣어야 한다.

둘째, 그런데 이런 모습 가운데 신적 영광이 비치기도 한다. 성난 동네 사람들이 그분을 산 낭떠러지까지 끌고 가서 밀쳐 버리려 할 때 예수님은 저희 가운데로 지나서 가셨다(눅 4:30). 겟세마네 동산에서 예수님을 잡으러 온 무리들이 땅에 엎드러졌다(요 18:6). 시몬 베드로는 "주여, 나를 떠나소서. 나는 죄인이로소이다"(눅 5:8)라 고백했다. 변화산에서 영광스럽게 변화되셨으며(마 17:2), 도마는 예수님을 "나의 주시며 나의 하나님"(요 20:28)이라고 고백했다. 우리는 예수님에게서 나타나는 이 양면을 그분의 생애와 연관해서 살펴보려고 한다.

"성령으로 잉태되사 동정녀 마리아에게서 나셨다"

성경은 예수 그리스도가 "성령으로 잉태되었다"(마 1:18)고 가르친다. 성령님이 마리아에게 임했고(눅 1:35), 천사는 마리아에게 잉태된 자는 성령으로 된 자임을 요셉에게 전해 주었다(마 1:20). 사도신경은 이를 조심스럽게 옮겨 고백하고 있다. 즉 예수 그리스도는 인성을 따라서는 아버지가 없을 뿐 아니라, 성령님과 마리아의 결혼을 통하여 출생된 분도 아니다. 성경과 신앙고백은 이를 생물학적으로 규명할 수 없다고 암시한다.

동정녀 탄생과 성령님에 의한 잉태는 상호 연관되어, 예수 그리스도 탄생의 이적을 표현한다. 성령으로 잉태되셨다는 것은 행위 언약의 결과인 죄 속에 그리스도가 포함되지 않았다는 것을 가르친다. 그분은 인간이 생각하여 만든 존재가 아니라 인간에게 오신 분이다(사 64:4, 사 65:17을 인용한 고전 2:9). 즉 말씀이 육신이 되어 우리 중에 거하신다(요 1:14). 하나님과 함께 계셨던, 하나님이신 바로 그분이 육신이 되어 인간으로 오신 것이다.

하나님은 자기 아들을 육신의 모양으로 보내 육신에 죄를 정罪하셨다(롬 8:3). 하나님이 그리스도 안에 계셔 자기를 계시하셨는데, 이것이 바로 육신으로 나타난 계시다(고후 5:19). 큰 경건의 비밀의 처음은 하나님이 육신으로 나타나신 데 있다(딤전 3:16). 성령에 의한 잉태는 성부가 성자와 성령 없이, 성자도 성부와 성령 없이, 성령 역시 성부와 성자 없이는 아무것도 하지 않는다는 명제의 좋은 본보기다. 성자가 바로 하나님이시기 때문에 성령은 이처럼 성육신의 길을 여셨다. 이 신비를 인간인 우리로서는 더 풀 수 없다.

"동정녀 마리아에게서 나셨다"

성령에 의한 잉태와 동정녀 탄생은 무엇보다도 하나님이 영원 전부터 작정하셨던 일이 "정한 때에 성취되었다"(막 1:15, 갈 4:4, 참조. 엡 1:10)는 뜻이다. 성자는 자신의 본래 모습을 상실하지 않으시고도 이전에는 갖지 않았던 새 모습을 취하게 되셨다. 이것을 요한복음 1:14

우리는 무엇을 믿는가

은 "육신"이라 부른다. 이처럼 하나님의 구원의 비밀은 역사적으로 계시되었고, 이 사건을 통해 하나님의 사랑과 구원에 대한 주도권이 확정되었다. 성령에 의한 잉태는 성부의 사랑을 받은 성자가 이 일을 자발적으로 감당하셨음을 보여준다.

성경은 "그리스도라 칭하는 예수"가 마리아에게서 나셨다고 말한다(마 1:16). 그럼에도 불구하고 마태복음의 족보는 마리아가 아닌 요셉 계열이다. 예수는 입양의 형식으로 요셉의 족보에 등재된다. 즉 예수는 요셉의 아들로서 다윗의 자손이다.

동정녀 탄생 고백은 예수님의 탄생이 역사적 사실이며 참된 출생이라는 고백이다. 예수님은 아이로서 여자에게서 나셨다. 한편으로, 이것은 예수님이 창세기 3:15에 예언된 "여자의 후손"이심을 말한다. 다른 한편으로 예수님의 출생과 어머니의 이름이 신앙고백에 구체적으로 나타나는 것은 하나님의 아들의 참 인성을 부인하는 자들의 주장(영지주의, 가현설)을 배격하기 위해서이다. 특히 요한 서신의 경고는 이와 맥을 같이하고 있다. 예수님이 육체로 오신 것을 시인하는 영마다 하나님께 속한다(요일 4:2-3). 인간으로서는 구세주를 출생시킬 수 없기 때문에 하나님이 직접 그분을 주셨다(참조. 고전 2:9). 마리아가 이 일을 감당할 수 있었던 것은 그녀 자신이 무흠했기 때문이 아니라 그녀가 받은 은혜 때문이었다. 동정녀 탄생은 하나님의 창조적 능력을 보여 줌으로써, 하나님이 잃어버린 인류를 향하여 완전히 새로운 시작을 하신다는 사실을 나타낸다.

그러나 동정녀 탄생이 로마교회의 마리아론을 정당화하는 것은 결코 아니다. 그들은 마리아가 전 생애를 통하여 계속 동정녀로 남아 있었다거나 무죄했다고 주장한다. 마리아는 "영원한 동정녀"라는 것이 정착되어 마리아는 구주 탄생 전과 그 당시와 그 후에도 계속 동정녀라고 주장해 왔다. 이것이 독신 제도의 배경이 되기도 한다. 그들이 주장하는 무흠 수태설[1854년]은 마리아가 그리스도 구원 사역의 공로를 미리 맛봄으로 원죄와 무관하다는 주장이다. 더불어 마리아에게는 자범죄도 없었다고 선언했다. 나아가 죽음이 죄의 결과라면 무죄한 마리아가 죽을 리가 만무하다. 그러므로 마리아가 승천했다는 설[1950년]은 당연한 결론이다. 또 마리아를 "여자 구주"로까지 격상시키려는 것이 현 로마가톨릭교회의 입장이다.

우리는 이런 마리아론을 받아들일 수 없다. 마리아는 존경의 대상이지 경배의 대상은 아니다. 마리아 역시 인간이요 피조물이다. 그럼에도 로마교는 마리아가 자연적 생장으로 신성의 경지에까지 이르렀다고 가르친다. 마리아를 인간의 원형이요 귀감이라고도 한다. 다른 이들도 그녀를 따라 각성해야 한다는 것이다. 그러나 이런 주장은 모든 구원 사역이 하나님의 사역임을 부인하며 우리의 위로를 경감시킨다. 그러나, 마리아 숭배 사상을 거부해야 하지만, 은혜를 받은 마리아(눅 1:28)는 좋은 신자로 성육하신 구주를 처음 뵈었고, 예수님의 행적을 기억함으로써 복음서와 사도행전을 위한 중요한 자료를 남겼다. 종교개혁의 전통에서는 마리아보다는 향유를 부은 마리아(막 14:2)가 더 조명을 받는 것은 반성할 필요가 있다.

우리는 무엇을 믿는가

"본디오 빌라도 치하에서 고난받으셨다"

신앙고백은 예수님의 전 생애를 "고난받으사"로 압축하고 있다. 신앙고백에서는 빌라도 치하에서 고난받으셨다고 하여 예수님 생애의 뒷부분을 가리키지만 실제로 고난은 예수님 생애 마지막 며칠에만 해당되는 문제는 아니다. "고난"은 그분이 육신으로 계셨던 삶 전체이다.

복음서에서 예수님의 고난 역사는 아주 많은 양을 차지한다. 모든 것이 고난에 집중되어 기록된 듯하다. 십자가의 그림자는 말구유 강보에 미치고, 시므온은 예수님이 비방받는 표적이 될 것이요 칼이 마리아의 마음을 찌를 것이라 했다(눅 2:34-35). 요한은 예수님을 가리켜 세상 죄를 지고 가는 어린양이라 했다(요 1:29). 어린양으로서 그분은 모든 고난을 당한다(사 53:7). 고난의 정점은 십자가 죽음인데, 그분은 우리를 위하여 저주를 받으사 율법의 저주에서 우리를 속량하셨다(갈 3:13). 산모 마리아가 율법이 정한 결례의 규정을 따라 제물을 드릴 때, 예수님은 율법을 따라서 여호와 앞에 바쳐졌다(눅 2:23). 율법은 모든 초태생이 여호와의 것이기 때문에 여호와를 위하여 구별할 것을 명령하고 있는데(출 13:12), 이때 드려진 짐승은 제물로 죽게 될 것이 전제되어 있었다(출 13:15). 이것은 유월절 어린양을 지시한다. 구원 역사적으로 보자면 "하나님의 어린양"(요 1:29) 때문에 구약의 유월절 양에도 구속적 의미가 있었다. 예언된 어린양이며 초태생인 예수님은 율법의 고난 아래서 이 모든 구약의 율례적 예언을 성취하셨다. 예수님은 유월절 어린양으로서 자신이 아버지 집에 있어야 함을 아셨으나, 육신의 부모도 순종하면서 자기의 때를 기다리셨어야 했으니 이 또한 고난이 아니고 무엇인가(눅 2:51). 애굽으로의 도피도 고난의 연속이었다(마 2:13 이하).

예수님이 요단강에서 받으신 세례는 고난에 대한 자발적 참여이며 생애 초의 광야 시험 또한 고난이다. 광야에서의 시험(눅 4:1-13)은 한편으로는 겟세마네의 고난과, 다른 한편에서는 낙원에서의 시험과 연결된다. 겟세마네의 고난은 증폭된 광야의 시험이다. 그리고 이 시험은 첫째 아담과 마지막 아담을 잘 대비해 준다. 예수님은 자신의 임무를 여호와의 말씀으로부터 바로 파악하고서 시험과 고난 중에서도 중보자의 신분을 잘 보존했다. 시험을 이긴 예수님은 낙원에서 시험을 이기지 못한 아담과는 달리 승리하셨다.

예수님은 애초부터 자기 삶이 고난임을 알고 계셨다. 자기를 신랑에 비유하시면서 신랑을 빼앗길 날이 오는 것을 아셨다(막 2:20). 이미 자기의 몸을 성전에 비유하시면서 부수어졌다가 3일 만에 다시 세워질 것을 예언하셨다(요 2:19). 스스로 자기의 마지막 고난도 선포하셨다(마 16:21, 막 8:31; 9:31). 모세와 엘리야도 변화산상에서 예수님의 고난을 선포했다(눅 9:31). 그것은 곧 자기 목숨을 많은 사람의 대속물로 주신 일(막 10:45)을 말한다. 또한 예수님은 자신을 죽어 가는 한 알의 밀알이라 하셨다(요 12:24). 귀신 추방과 병자 치유에서 그는 "우리의 연약한 것을 친히 담당하시고 병을 짊어지셨다"는 예언을 성취하셨다(사 53:4, 마 8:16-17). 예수님에게 고난은 가난의 형태로도 나타났다(눅 9:58). 믿음이 없고 패역한 세대와 교통하시는 것도 고난이요(눅 9:41) 친족들이 그분을 "미쳤다" 함도 고난이다(막 3:21).

예수님의 삶은 고난으로 점철되어 있다. 그분은 자기 땅에 왔으나 늘 나그네였다(요 1:11). 대제사장들과 서기관들은 그분을 이방인들에게 넘겨주었고, 이방인들은 그분을 능욕하며 침 뱉었고, 채찍질하고 죽였다(막 10:33-34; 14:65, 눅 18:32-33). 베드로는 부인했고, 유다는 배반했다. 겟세마네에서 잠자고 도망치는 제자들도, 친척도, 가야바도, 빌라도도, 헤롯도 모두 그분을 대적했고, 급기야는 하나님마저 그분을 버리셨다(막 15:34).

그럼에도 예수님의 고난은 하나님의 뜻을 따라 이루어졌다. 그분은 하나님의 정하신 뜻과 미리 아신 대로 내어 준 바 되었다(행 2:23). 사실 하나님은 자기 아들을 아끼지 않고 내어 주셨다(롬 8:32). 여호와께서는 그분의 상함을 원하셨다(사 53:10). 예수님은 이것을 알았기 때문에 고난의 잔을 앞에 두고서 아버지의 뜻이 이루어지기를 간구했다(눅 22:42). 예수님은 고난을 "당위"로 받아들이셨다(막 8:31, 눅 9:22, 참조. 마 3:15). 하나님이 많은 아들들을 영광으로 인도하기 위하여 "그들의 구원의 창시자를" 고난받게 하는 것은 합당하다(히 2:10). 예수님은 이 고난이 구원을 이루려는 아버지의 뜻을 이루는 길임을 알고서 이 고난의 길을 자발적이고 능동적으로 걸어가셨다(마 26:45-46, 빌 2:8).

예수님의 전 생애가 고난이었으나 특히 마지막 며칠이 고난의 절정이었고, 절정의 절정은 죽음과 매장이었다. 십자가 직전에 예수님은 아버지께서 하라고 주신 일을 이루어서 아버지를 이 세상에서 영화롭게 했다고 기도하셨다(요 17:4). 이는 예수님의 능동적인 순종을 보여준다. 유대인들은 예수님의 목숨을 요구했으나(마 27:22-23) 예수님은 그들이 아니라 자기의 아버지에게 순종함으로써 이 고난의 길을 당당하게 걸어가셨다.

빌라도라는 역사적 인물의 이름이 언급됨으로써 사도신경의 지평에 정치적인 영역이 들어와 있다. 이는 예수님이 하나님의 질서 안에서 처신하셨다는 것을 보여준다. 정치적 질서가 비록 애매하게 세워지고 형성될지라도 하나님의 뜻이 그 속에 없지는 않다. 우리는 이에 근거하여 로마서 13장을 해석해야 한다. 사도신경은 우리로 하여금 믿음과 현실이 분리되지 않는다는 사실을 파악하도록 도와 준다. 우리는 현실을 떠나서는 살 수 없는데, 이 현실을 통해서 우리에게 주시는 하나님의 뜻에 순종해야 한다.

예수님의 고난에서 그분의 영광과 권세가 나타나지만, 이는 은폐된 영광이다. 그분의 고난에는 "두려움"이 따랐다. 제자들은 예수님이 가시니 놀랐고 좇는 자들도 두려워했다(막 10:32). 빌라도도 예수님을 두려워했다(요 19:8). 이것은 바로 고난의 예수님에게서 나오는 비상한 신적 능력 때문에 겪는 두려움이었다. 이 두려움 없이는 신앙이 불가능하다. 목자들이나 부활 아침의 여인들에게도 동일한 두려움이 엄습했다(마 28:4, 8, 눅 2:9). 이런 두려움은 하나님이 고난당하셨다는 신비로 인해 온다.

성경은 그리스도가 겪으신 고난의 실재성과 진실성을 강조한다. 특히 베드로는 그리스도가 자신의 몸으로 우리 죄를 담당했고(벧전

2:24), 육체로는 죽임을 당했다고 가르친다(벧전 3:18). 이것은 그리스도의 피 흘림을 말한다(행 20:28). 그러나 이것은 영웅의 순교와는 다른 종의 죽음이다. 그리스도는 참 인간으로서 고난받고 죽으셨다. "본디오 빌라도"의 이름이 첨가된 것은 예수님이 육체를 가진 몸으로서 실제적으로 죽으셨다는 사실을 보여준다. 나아가 이 점은 신조에 나타나 있는 구속 역사가 실제 역사에 뿌리를 두고 있다는 사실을 설명하는 동시에, 빌라도의 책임도 내포하고 있다.

"십자가에 달리셨고 죽으셨고 장사되셨고"

예수님의 고난은 십자가의 형벌인 사형 선고로 이어진다. 복음서의 상당 부분은 이 측면을 묘사한다. 예수님은 죽기 위하여 오신 분이 아니라 살기 위하여 오셨으나 고난과 죽음을 강요당하셨고, 그러면서도 자발적으로 자신이 선택한 길을 따라 사셨다. 그것이 바로 죽음이었다. 이 십자가는 부활과 더불어 초대 교회의 선포의 핵심 내용을 이룬다. 바울은 예수님이 십자가에 못 박히신 것 외에는 아무것도 알지 않기로 작정했고, 또 십자가 외에는 자랑할 것이 없다고 단언했다(고전 2:2, 갈 6:14).

예수님은 하나님 나라를 임하게 하고 그 대가를 기꺼이 지불하셨다. 예수님은 "회개하라 천국이 가까이 왔다"(막 1:15)라고 초청했으나, 초청된 자들은 하나님 나라 입성을 거절했고 백성의 대표자들은 이것을 공적으로 경계하면서 급기야는 그분을 죽음으로 몰아넣었다. 예수님은 초기에는 이스라엘 집의 잃어버린 양에 대한 집착을 말씀하셨으나(마 10:5-6), 십자가 직전에는 왕의 아들의 혼인 잔치를 말씀하셨으며(마 22:1-14), 십자가 이후에는 모든 족속(마 28:19)에게로 가라고 하심을 통해서 십자가의 여명이 이전보다 더 널리 비출 것임을 암시하셨다.

예수님은 만인을 하나님 나라로 초청하셨고, 제자들의 사명 또한 하나님 나라의 선포에 있었다(마 10:7). 그러나 이 초청만으로는 충분하지 않았다. 하나님도 예수님의 초청 사역과 동시에 그 이상을 그에게 요구하셨고, 인간도 초청에 응할 만큼 호락호락하지 않았다. 그래서 예수님은 고난의 잔을 마시려 하셨다(막 14:36). 이것은 밀알이 썩는 비유에서도 잘 나타난다(요 12:24). 이 가운데서도 예수님은 그 고난과 죽음을 "영광"으로 보셨다(요 13:31). 아버지의 뜻은 사랑이요(요 3:16), 그 사랑의 극점은 십자가이며, 그 실체는 부활의 영광이다.

예수님은 자기 자신 안에서 도래한 하나님 나라에 관한 가르침과 실현으로 언약을 완성하셨다. 하나님 나라와 관련된 십자가의 죽음은 언약의 폐기가 아니라 확증이다. "성경대로 예수께서 우리를 위하여 죽으셨다"(고전 15:3). 이는 곧 "이는 죄 사함을 얻게 하려고 많은 사람을 위하여 흘리는 바 나의 피 곧 언약의 피니라"(마 26:28)는 예수님의 말씀과 맥을 같이한다(히 9:20, 참조. 출 24:8).

십자가는 하나님의 은혜와 의, 사랑과 거룩, 하나님의 신실성과 진노가 동시에 나타나는 비밀이다. 의인이 불의한 자들을 위하여 죽으신 것이다(롬 5:7-8, 벧전 3:18). 이 점을 동시에 다 이해하는 것이 쉽지는 않지만, 그럼에도 우리가 할 일은 십자가 앞에서 무릎을 꿇고

우리는 무엇을 믿는가

경배 드리는 것밖에 없다. "오직 여호와는 그 성전에 계시니 온 천하는 그 앞에서 잠잠할지니라"(합 2:20). 십자가는 고백과 설교의 대상이다. 인자는 높이 들려졌다. 그분은 우리를 위해 저주를 받아 천하의 버림을 받고 십자가에 달리셨다(신 21:23, 갈 3:13). 그럼에도 불구하고 십자가는 바로 그분의 보좌다. 십자가 보좌에 앉으신 분만이 우리를 속량하실 수 있다. 십자가에서 예수님은 성부와 더불어 사죄를 의논하셨다(눅 23:34). 그분께는 풍성한 속량이 있다(시 130:7). 그분은 십자가로 죄의 삯인 죽음을 이기셨다. 나아가 십자가 주위에서 조롱하는 자들 뒤에서 사망의 권세를 쥐고 있는 마귀를 격파하셨다(히 2:14). 바로 하나님이 십자가로 죄를 용서하시고 마귀를 이기셨다.

예수님이 죽은 다음에 아리마대 요셉은 빌라도에게 청하여 예수님의 시체를 받았고, 니고데모는 예수님의 시체에 몰약과 향품을 넣어 세마포로 쌌다(마 27:58-60, 요 19:38-41). 이것은 나무에 달려 죽은 자는 그 당일에 장사되어야 한다는 율법을 이루는 행위였다(신 21:23, 행 13:29). 또 그날은 유대인들의 예비일이므로 일을 할 수 없었기 때문에 가까이 있던 바위 속에 판 요셉의 무덤이 예수님의 무덤으로 적격이었다(요 19:42). 이 매장도 예수님이 실제로 돌아가셨음을 보여준다.

"음부에 내려가셨다"

흔히들 이에 대한 근거로 베드로전서 3:19; 4:6을 연상하나, 이는 옳지 않다. 베드로전서 3:19은 그리스도가 영으로 살리심을 받고 "영으로"옥에 있는 영들에게 "가서"(개역한글에서는 누락됨) 전파하셨음을 언급하고 있다. 베드로전서 4:6은 죽은 자들에게도 복음이 전파되었다고 한다. 그러나 이 본문들은 예수님의 하강이 아니라 올라가심, 곧 부활과 승천의 승리를 가르친다(벧전 3:22).

사도신경이 이 부분의 고백에서 의도하고 있는 바를 잘 알기는 쉽지 않다. 그렇지만 예수님이 십자가에서 당한 고통을 음부의 고통으로 해석하는 것은 사도신경이 역사적 순서를 따른다는 특성과는 충돌한다. 예수님은 자기가 밤낮 사흘 동안 땅 속에 있을 것을 예언하셨다(마 12:39-40). 이처럼 예수님은 땅 아래로 내려가셨다(롬 10:7, 엡 4:9). 그리스도가 단지 죽었을 뿐 아니라 일정 기간 죽음의 상태에 있었다는 것은 분명한 사실이다. 주님은 여기까지 우리의 구원자가 되사 우리의 모든 환난에 동참하셨다(사 63:8-9). 적어도 신앙고백은 이것을 선언하려는 의도를 가지고 있다고 볼 수 있다.

이처럼 음부로 내려가심은 그리스도 사역의 포괄성과 완전성을 보여준다. "죽은 자들 가운데서" 부활하셨다는 것은 음부로 내려가셨음을 전제하고 있다고 볼 수 있다(엡 1:20-21). 음부로 내려가셨다는 것은 가장 낮아지신 모습이라 할 수 있겠다. 가장 확실한 우주적 승리를 위해 가장 깊은 환난인 음부의 권세와 죽음 자체를 점령하셨다는 말이다(마 16:18, 고전 15:55, 빌 2:10, 엡 4:8). 우리의 중보자인 예수님은 죽어 음부에 내려가시기까지 우리를 대신하여 모든 고통을 짊어지셨다. 예수님을 죽음의 나라가 삼킬 수 없었던 것처럼, 이 고백은 사망이 우리를 결코 장악할 수 없음을 확신시켜 준다.

그리스도의 십자가는 자기 비하의 최고점인 동시에 승리의 과정이었다(눅 24:26, 고전 15:7). 다윗은 그리스도의 육신이 썩지 않고 부활할 것을 미리 예언했다(시 16:10, 행 2:30-31; 13:35-37). 예수님은 십자가와 더불어 사흘 만에(참조. 호 6:2) 부활하실 것을 직접 미리 예고하시면서(마 16:21; 17:9, 23; 20:19, 막 8:31; 9:9, 31; 10:34; 14:28, 눅 9:22) 고난과 동시에 부활도 "당위"로 받아들이셨다(마 16:21, 막 8:31, 눅 9:22). 이 예언은 그대로 이루어져 사흘 되던 날 아침 일찍 예수님은 부활하셨다(막 16:6). 그리스도 안에서 성취된 부활은 사도들의 첫 설교 이래로 교리와 설교, 고백의 기초가 되었다.

하나님이 예수님을 살리셨다(행 2:24, 32; 3:15; 4:10; 5:30; 10:40; 13:30, 37, 롬 4:24; 6:4, 9; 7:4; 8:11, 34; 10:9, 고전 6:14; 15:4, 12, 고후 4:14; 5:15, 갈 1:1, 엡 1:20, 골 2:12, 딤후 2:8, 벧전 1:21 등). 예수님에 관한 모든 예정과 성육신에서와 같이, 부활 역시 우리의 구원을 위한 성부 하나님의 주도적 행위로 이루어진다. 이미 성육신으로 성자를 이 세상에 보내셨듯이, 부활로 성자를 성부의 풍성한 삶으로 옮겨 주신 것이다. 또 성부 하나님은 예수님이 고난받고 죽을 것만 작정하신 것이 아니라(행 2:23; 3:18; 4:28), 부활로 주와 그리스도가 되게 하셨다(행 2:36).

그분은 "죽은 자들 가운데서" 먼저 난 자시고(행 26:23, 고전 15:20, 골 1:18, 계 1:5), 함께 영원히 살아 계신 분이시다(롬 6:10). 바로 그분의 낮아지심에 근거하여 하나님은 그분을 크게 높이셨고, 모든 이름 위에 뛰어난 주±라는 이름을 주셨다(고전 12:3, 빌 2:11). 하나님은 그분을 통하여 회개와 사죄와 성령님과 영생을 주신다(행 2:38; 3:19; 5:31). 그리스도는 산 자와 죽은 자의 주님이시며(롬 14:9) 하나님은 만물을 그분의 발 아래 두셨다(고전 15:25, 27, 빌 2:10). 이처럼 하나님은 그분을 영광으로 높이셨다(행 2:33; 5:31). 그분은 "영광의 주"시며(고전 2:8, 약 2:1), 하나님의 우편에 앉아 계시고(롬 8:34, 벧전 3:22), 그분께는 신성이 은혜로 충만하게 거하고(골 1:19; 2:9), 그분은 교회의 머리시다(엡 2:22). 사망과 음부의 열쇠를 가지셨으며(계 1:18), 만왕의 왕이요 만주의 주시다(계 19:16). 이는 곧 자신의 삶과 죽음을 통해 예수님이 받으신 상급이다. 그리스도의 상급은 특히 그리스도의 왕 되심과 직결된다. 짧게는 "영광"으로도 묘사된다(막 9:2 이하, 눅 24:26, 행 3:13, 롬 6:4, 고후 3:18, 딤전 3:16).

복음의 내용을 간단히 정리하면, 십자가에서 죽으시고 부활하신 예수 그리스도라 할 수 있다(고전 15:3-4). 복음서들은 예수님의 부활로 끝을 맺고 있으나 사실은 이를 출발점이라 해도 과언이 아니다(행 1:1-2). 복음서 기자들은 예수님의 전 생애를 부활의 빛으로 파악한다. 성경 기자들에게는 승리하신 영화로운 그리스도가 유일한 신앙의 대상이었다. 이처럼 부활 신앙은 예수님의 이전 삶과 불가분의 관계에 있다.

부활 후 예수님은 40일 동안 "하나님 나라"를 제자들에게 증거하셨다(행 1:3). 이 40일은 구속사의 진전에서 중요한 전기다. 예수님께

우리는 무엇을 믿는가

는 승천의 전 단계요, 우리에게는 우리의 장래 모습을 볼 수 있는 좋은 계기다. 이때 주님은 고난의 필수 불가결성과 의미(눅 24:26-27), 구약의 예언들을 성취의 관점에서 해명하셨다(눅 24:27, 40-49). 기록이 없으니 그 자세한 내용이 무엇인지는 알 수 없다. 그러나 사도행전과 여러 서신들에 기록되어 있는 그리스도와 하나님에 관한 기록이 다 여기에 근거를 두고 있다고 분명하게 말할 수 있을 것이다.

주님은 자기 부활의 영광과 증인의 사명들과 성령님을 약속하고 삼위 하나님을 증거하심으로써, 재림과 심판을 통한 완성을 가르치셨다(마 28:18-20). 제자들은 이 일에 초기 증인들이었으나(요 19:35) 바로 이 부활로 인하여 제자들의 범위를 떠나서 우주적으로 "하나님이 그리스도 안에 있었다"(고후 5:19)는 진리가 확증되었음을 증거할 수 있었다. 이처럼 특히 부활로 제자들은 증인이 되었다(눅 24:48, 행 1:22; 3:15; 26:16 등). 증인은 예수님의 오심, 십자가와 부활로 일어난 모든 사실들을 증언하면서 그리스도의 편을 택하고 성령의 입이 된 자들을 말한다. 이들은 생명의 말씀을 듣고, 보고, 주목하고 손으로 만진 자들이며, 이들이 바로 증거하는 자들이다(요일 1:1-2; 5:9-10). 우리는 이 증거가 참인 줄 믿는다(요 21:24). 그러므로 우리는 이 증거를 보지 않고 믿는 복된 자들이다(요 20:29, 벧전 1:8).

부활로 인하여 우리는 안식일이 아니라 주의 날을 지킨다(행 20:7, 고전 16:2, 계 1:10). 이제부터는 일하고 난 뒤에 쉬는 것이 아니라 쉬고 나서 일하게 되었고, 이는 다시 예표가 되어 우리는 일이 곧 안식이 될 날, 곧 종말론적인 안식일을 바라고 이날을 지킨다(히 4:1-

11). 그때는 삼위 하나님을 찬양하는 것이 우리의 일일 것이다. 이처럼 예수님의 부활은 다가오는 우리 영광의 근거다(고전 15:49, 요일 3:2). 그분의 현재는 우리의 미래다. 사람과 우주의 미래가 성령님 안에서 부활한 그리스도와의 교제로 결정된다. 부활로 인하여 "새 하늘과 새 땅"이 있게 된다(사 11, 35장, 벧후 3:13, 계 21:1).

"하늘에 오르셨다"

예수님은 하늘에서 오셔서 하늘로 올라가셨다(요 3:13; 6:62). 이는 아버지께로부터 와서 아버지께로 가셨다는 뜻이다(요 16:28; 20:17). 성부가 그를 높여서 하늘, 곧 하나님의 처소에 올리셨다. 예수님은 제자들이 보는 가운데 승천하셨다(눅 24:51, 행 1:9). 승천은 곧 이별이다. 승천 이후에는 누구라도 그분의 육신의 영광을 볼 수 없고(요 1:14) 그분을 육체적으로도 볼 수 없다(요 17:11). 그러나 예수님은 영광 가운데 올라가셨다(엡 4:9-10, 빌 2:9-10). 이것이 우리에게는 큰 기쁨과 찬송의 근거가 된다(눅 24:52-53). 승천은 재림으로 마치게 될 새로운 시대의 시작을 알리는 사건이다(요 20:29, 고후 5:7). 즉 승천은 성령의 오심을 위하여 요청되었다(요 16:7).

예수님은 제자들을 축복하면서 승천하셨다(눅 24:51). 이것은 이때의 이별이 제한적임을 말한다. 승천하시면서 제자들을 데려가지 않으시고 도리어 악에 빠지지 않도록 그들을 위하여 기도하셨듯이(요 17:15), 지금도 우리를 위하여 지속적으로 기도하고 간구하시려고 승

우리는 무엇을 믿는가

천하셨다. 그분이 우리의 연약한 몸을 영광의 몸으로 받으사 그대로 하나님께로 올라가신 것이 중요하다(골 3:1-3). 우리는 그분의 승천과 재림 사이에 산다(딛 2:13). 우리는 이제 그분이 가신 그곳에 우리의 시민권이 있는 줄 확신하면서 살아간다(빌 3:20). 이 중간 시대에 살면서 우리는 선한 일에 열심을 내는 그분의 친 백성이 되어야 한다(딛 2:14).

"전능하신 하나님의 우편에 앉아 계시다"

사도신경은 성자 예수 그리스도에 관한 고백에서 지금까지는 그분의 구속 사역을 "과거형"으로 하다가 이제는 그분의 사역을 "현재형"으로 고백하고 있다.

부활하신 주님이 하나님의 우편에 좌정하셨음을 부활 뒤에 설교를 통해 가르쳤다(행 2:34-35; 7:55-56, 롬 8:34, 엡 1:20, 골 3:1, 히 1:3; 10:12, 벧전 3:22). 부활하신 그리스도가 하나님의 우편에 "서 있다"는 표현도 있다(행 7:56). 이 말씀은 시편 110:1을 예수님이 직접 인용하신 것이다. 이스라엘의 왕좌는 성전 남향에 있어, 문자 그대로 지성소의 오른편에 있다. 물론 시편 110편의 주는 다윗을 지칭한다. 그러나 예수님의 논박처럼 다윗이 그리스도를 주라 칭했으니 어찌 그분의 자손이 되겠는가(마 22:41-45, 막 12:35-37, 눅 20:41-44). 또 우편은 영예의 자리, 정의의 편, 율법의 위치를 뜻하기도 한다(신 33:2, 왕상 2:19, 시 45:10, 전 10:2). 하나님의 우편은 하나님의 권세와 능력

의 표현이다(시 17:7; 20:6; 21:8; 44:3; 63:8; 118:15 이하). 부활한 주님
은 성부로부터 받은 하늘과 땅의 모든 권세를 하나님 우편에서 집행
하고 계시며, 모든 백성과 나라들은 그분을 섬긴다(단 7:14, 마 28:18).
예수님은 영광의 관을 쓰고 있는 영광의 주님이다(히 2:9, 약 2:1, 벧전
1:11). 그리스도가 하나님 우편에 앉으신 사실은 그분이 하나님의 통
치를 수행하는, 즉 하나님 나라를 다스리는 일을 하고 계심을 말해 준
다(행 5:31, 벧전 3:22).

　　이런 고백과 신앙은 예수님이 바로 "주 그리스도"시라는 고백으
로 나타난다. 예수님은 자기 일을 다 이룬 뒤에 이제 영광의 자리에서
자기의 일을 하고 계신다(히 8:1-2). 그분은 중보자 사역을 하늘에서
도 계속하고 계신다. 그리스도는 참 하늘에 들어가서 우리를 위하여
하나님 앞에 나타나시고, 거기서 우리를 위하여 간구하신다. 이처럼
그분의 다스림은 교회에서 이루어진다. 그분은 교회의 머리이고 교회
는 그분의 몸이다(엡 1:22, 골 1:18). 그리스도의 몸인 교회 안에서 하
나님의 다스림은 가시화된다. 승천하시고 좌정하신 그리스도가 가장
먼저 하신 일은 성령님을 보내 주신 일이다. 그분은 오순절에 임한 성
령님을 통하여 교회에 갖가지 은사들을 주신다. 그리스도는 몸의 지
체들인 성도들에게 각각 은사를 주셨을 뿐 아니라(고전 12장), 사도,
선지자, 목사와 교사를 교회에 주셨다(엡 4:10-12). 이처럼 그리스도
는 지금도 성령님을 통하여 자기 교회를 모으시고 보호하시고 다스
리신다(행 2:35, 고전 15:25, 히 10:13). "내가 세상 끝날 까지 너희와 항
상 함께 있으리라"(마 28:20)고 약속하고 승천하신 주님의 좌정은 우

리에게 이처럼 큰 위로가 된다.

그리스도의 다스림을 통해 하나님 나라가 새로운 국면으로 진전된다. 그분은 모든 정사와 권세와 능력과 주관자와 모든 이름을 다스리신다(엡 1:21). 이제부터 하나님 나라는 "그의 사랑의 아들의 나라"(골 1:13)요 "그리스도와 하나님의 나라"(엡 5:5)이다. 이 나라는 무궁하다(눅 1:33). 그런데 그분이 만물을 그 발 아래 복종케 하셨음에도 불구하고 만물이 아직 그분께 복종하지 않고 있다(히 2:8). 다만 그리스도는 아직도 온갖 원수와 맞서 싸우고 있기 때문에 이 일은 마지막 날까지 계속될 것이다. 따라서 그리스도는 정사와 권세와 능력을 멸하고 난 뒤에 나라를 성부께 바칠 것이다(고전 15:24). 그러므로 우리는 매일 "나라가 임하옵시며"라고 기도한다. 이를 위하여 그리스도는 승천 뒤에도 완성을 향하여 중보자직을 계속 수행하신다.

교회와 성도들은 이미 이 세상에서 왕 같은 제사장이다(벧전 2:9). 시편 110편에 예언된 그리스도의 모습이 우리에게 적용되고 있다. 우리가 그리스도가 쟁취한 죽음에 대한 승리를 완전하게 소유할 때, 그리스도의 왕권은 완전하게 이루어지고 그리스도와 우리는 하나님 나라에 완전하게 참여할 것이다. 우리의 생명은 그리스도와 함께 하나님 안에 감추어져 있다(골 3:1-3).

"그리로부터 산 자들과 죽은 자들을 심판하러 오실 것입니다"

사도신경과 더불어 교회는 다시 오실 메시아를 고백한다. 고백에는 그리스도의 과거와 현재의 구원 사역과 동시에 장차 행하실 구원 사역도 들어 있다.

예수님의 재림은 성경이 아주 명백하게 가르치고 있다. 예수님은 직접 인자가 구름을 타고 천사들을 대동하고 큰 권능과 하나님의 영광으로 오실 것을 예언하셨다(마 16:27, 막 13:26). 다니엘서에도 똑같은 사실이 예언되어 있다(단 7:13, 26-27). 승천 시에 흰 옷 입은 두 사람이 예수님이 올라가신 대로 다시 오실 것이라고 제자들을 위로했다(행 1:11). 예수님은 우리를 구원에 이르게 하시려고 죄와 상관없이 두 번째 나타나실 것이다(히 9:28).

부활의 주는 산 자와 죽은 자들을 심판하실 것이다(행 10:42; 17:31, 딤전 4:1). 인자는 영광의 보좌에 앉아서 의인들은 영생을, 저주 받은 자들은 영벌을 받게 하실 것이다(마 25:31-46). 이 심판권은 성부가 그분께 위임하신 것이다(요 5:22). 주님이 하늘로부터 심판주로 오실 것이라는 사실은 신자들에게는 큰 위로가 된다(눅 21:28, 롬 8:23, 빌 3:20, 살전 4:16, 벧전 4:5). 재림의 주님은 성도들을 장래의 노하심에서 건지실 것이다(살전 1:10). 환난을 받는 성도들에게는 안식으로 갚으시고 성도에게 환난을 받게 하는 자들에게는 환난으로 갚으실 것이다(살후 1:6-7).

그러므로 성령님과 신부는 예수님의 재림을 고대한다(계 22:17). 우리의 생명이신 그리스도가 나타나실 때에 우리도 그분과 함께 영광 중에 나타날 것이다(골 3:4, 요일 3:2). 그 주님은 속히 오시겠다고 약속하신다(계 22:20). 재림이 없이는 그리스도의 구원 사역이 완성될 수 없다. 주님의 높아지심이 도달할 종착점은 영광 중의 재림이다.

이와 같이 우리는 예수 그리스도의 오심부터 다시 오심까지를 성경에서 가르치는 대로 살펴보았다. 기독론 역시 삼위일체론이다. 그리스도의 파송부터 재림까지, 모두가 삼위 하나님의 사역들이다. 또그리스도를 통한 회복을 통하여 역사의 중간에서 창조부터 마지막 재림까지의 모든 사역들이 연결되는데, 이 사역들의 주목적은 삼위 하나님의 하나님이심에 있다. 그러나 기독론은 그리스도의 중보 사역에 초점을 맞추고 이 관점에서 삼위 하나님의 사역을 조명한다.

예수 그리스도의 인격

예수님은 "하나님을 믿으니 또 나를 믿으라"고 말씀하셨다. 그런데 그럴 수 없거든 자기가 행하는 일을 인하여 "믿으라"고 명하신다(요 14:11). 이처럼 예수님의 일과 신분 간에는 괴리가 없었다. 결국 예수님은 사역을 통하여 자기가 곧 그리스도시요 하나님이심을 보이셨다. 예수님이 행하신 표적들이 기록된 것도 우리가 예수님을 하나님의 아들 그리스도이심을 믿게 하는 데 있다(요 20:31).

　앞에서 예수님에 관한 사도신경의 고백을 살펴보았으니, 여기서는 먼저 그분의 인격을 다루고 다시 사역의 의미를 살펴보려고 한다. 우리는 인간이 되신 하나님을 고백한다. 그러므로 그분에게서 참 하나님이심과 참 인간 되심은 결코 분리될 수 없다. 그리스도 안에 있는 구원과 이에 대한 고백은 서로 나눌 수 없다. 인간 예수님 안에서 하나님이 직접 오시기 때문이다.

참 하나님

나사렛 예수는 하나님의 아들이시며 하나님 자신이 육신으로 나타나신 분이다(딤전 3:16). 이와 같이 예수의 신분은 하나님과의 관계 속에서 규정된다. 그분은 거룩한 하나님이시며 그 하나님의 독생자시다(요 1:14, 18; 3:16, 18). 그러므로 그 역시 기도를 받는 분이시다(행 7:59, 고전 16:22, 고후 12:8). 이 외에도 "하나님의 사랑의 아들"(골 1:13)이라는 표현과 "우리 주 예수 그리스도의 아버지"(고후 1:3; 11:31, 엡 1:3, 골 1:3)라는 표현이 있다. 우리도 하나님을 아버지라 부를 수는 있으나, 그 하나님과 우리를 묶어 "우리"로 부를 수는 없다. 그렇지만 예수님은 자신과 하나님을 묶어 "우리"라 부르셨다(요 14:23; 17:21). 이 호칭은 예수님과 하나님이 "본질적 동격"을 지니셨음을 보여준다. 예수님은 하나님을 "아버지"라 부르심으로써 자기와 하나님이 동등이심을 계시하셨던 것이다. 그러므로 예수님을 "장자"(롬 8:29, 골 1:15, 18, 히 1:6, 계 1:5, 참조. 행 26:23)라고 표현한 것은 그리스도의 선재성(요 1장; 17:5, 참조. 빌 2:6)을 가리킨다.

육신이 되신 말씀인 그리스도는 아버지가 자기를 보내셨다고 거듭 강조하신다(요 6:57). 하나님이 자기를 세상에 주셨다는 것이다. 이는 곧 구약에서 여호와께서 하신 약속들(사 46:8-13, 렘 23:1-8 등)의 성취이자 하나님의 영원한 작정의 실현이다(고후 1:20, 엡 1:4-11). 예수님이 말씀하셨듯이 성령님이 예수님의 보내심을 받는 것을 표현하는 데도 "파송"이란 말을 쓰는데, 이를 통해 우리는 구원 사역에서 삼위 하나님의 하나이심을 알게 된다(요 14:26; 15:21, 26; 16:7). 예수님은 창조와 구속 사역을 수행하심으로 성부의 사역을 계승하고 완성한다(요 4:34; 5:36; 17:4). 이처럼 그분의 파송은 성부의 임재요 세상을 향한 하나님의 사랑 표현이다(요 3:16). 이 관점에서 우리는 예수님이 아버지를 자기보다 더 크다고 하신 말씀을 이해해야 한다(막 10:18, 요 14:28).

구약의 "여호와"가 신약에서는 "주"로 번역되면서, "주"라는 말은 하나님과 그리스도에게 동시에 사용된다(딤전 6:14-15). 예수님을 "주"로 고백하는 데에 구원이 있다(롬 10:9). 우리는 선재先在하던 하나님의 아들이요 말씀인 예수 그리스도를 주로 고백한다. 그리스도 안에는 신성의 모든 충만이 육체로 거한다(골 2:9).

우리는 선재성과 주되심을 말함으로써 그리스도의 출신과 현재를 말했다. 그리스도는 구원 계시로 나타난 하나님 자신이시다(딤전 3:16). 예수님을 만난 자는 하나님과 구원을 만난다. 특히 신약에서 "하나님"이라는 호칭은 일반적으로 삼위일체론적 의미에서 성부를 지칭하지만, 예수님에게도 이 칭호가 사용되었다. 이 경우 이 이름은 예수님의 사역이나 직무가 아니라 그분의 신성을 표시한다(요 20:28, 딛 2:13, 히 1:8, 벧후 1:1).

참 인간

기독론적으로 삼위일체론을 말하자면, 예수 그리스도 안에서 하나님

　　　　　　　　　　　우리는 무엇을 믿는가

이 직접 우리와 관계하시며 우리를 위하여 계신다. 기독론은 하나님이 직접 예수 그리스도 안에서 우리와 상관하신다는 것을 말한다. 우리와 상관하심으로 자기를 계시하시는 그 하나님이 바로 하나님의 모습이다. 우리는 하나님의 모습 자체를 하나님의 행위, 곧 예수 그리스도 안에서 하나님이 행하신 행위에서 알게 된다. 삼위일체론이 삼위의 신성과 단일성의 문제라면, 기독론은 예수 그리스도의 위격 안에서 신성과 인성의 관계 문제다. 물론 우리는 구원을 이루려고 십자가를 지신 이가 부활을 통하여 하나님의 파송을 받은 자이심을 알게 된다. 그러나 지상의 그리스도도 이미 권세를 지니신 분이었다(막 1:22). 사죄 선언도 하고 병도 고치셨다. 율법 아래 있는 분이거나 선지자라는 범주만으로는 그분의 인격을 다 묘사할 수 없는 그런 분이었다.

성경은 예수님이 우리를 형제로 부르기를 부끄러워 아니하셨고 "범사에 형제들과 같이 되셨다"(롬 8:3, 히 2:17)는 점을 강조한다. 또 그분이 우리와 같은 모습이셨다는 것과 함께 시험받으셨다는 점을 특별하게 강조한다(마 4:1-11, 히 4:15). 예수님은 종의 형체를 가져 사람들과 같이 되셨다. 물론 그분은 모든 면에서 우리와 같으시나 다만 죄는 없으신 분이시다. 그리스도는 "모든 일에서 우리와 한결같이 시험을 받은 자로되 죄는 없으신"(히 4:15) 분이시기 때문이다. 예수님은 범죄할 수 없었고, 죄를 범하시려 하지도 않았고, 실제로 범죄하지도 않으셨다. 그러므로 그리스도의 인성이 타락과 죄를 전제로 한 인성이지만, 그분의 인성 자체는 무죄했다. 그리스도는 죄인인 인간과 연대성을 취하셨는데, 바로 여기에 죄로부터의 자유하심이 나타난다. 이것은 세례 받으신 것에서도 나타난다. 사방에서 온 사람들이 세례 요한에게 죄를 자복하고 세례를 받았으나(마 3:6), 예수님이 세례 받기 전에 죄를 자복했다는 기사는 없다(참조. 마 3:13-17). 예수님은 무죄하신데도 세례를 받으심으로 죄인과의 연대성을 취하셨다. 이것이 바로 그분의 무죄성이다.

메시아, 중보자(인격의 연합)

"기름 부음을 받은 자"라는 뜻을 가진 메시아라는 칭호를 통해서 그리스도의 인격과 사역을 정당하게 연결시키는데, 전통적으로는 이 칭호를 왕, 제사장, 선지자로서의 그리스도의 세 직분의 면에서만 취급해 왔다. 이것은 그리스도가 우리를 위하여 행하신 한 사역을 세 직분들의 관점에서 보는 것이라 할 수 있다. 그리스도의 직분은 예수님의 세례와 설교로부터 십자가를 통과하고 하나님 우편에 좌정하심에 이르는 순서를 따라 지칭하고 있다. 대개 세례에서 선지자적 직분이 시작되고, 십자가로 대변되는 고난에서 대제사장직이, 그리고 부활과 좌정하심으로 왕직의 수행이 분명하여진 것으로 본다. 그러나 그의 사역은 인격적 사역이므로 상호 분리되거나 연속적인 세 직분으로 보기보다는, 세 측면으로 나누어진 불가분의 한 직분이라 보는 것이 더 바람직하다. 그러나 구약에 나타난 왕, 제사장, 선지자라는 세 직분과 예수의 세 직분 수행을 절대적으로 일치시키는 것은 의미 없는 일이다. 다만 그리스도의 세 직분은 구약의 메시아 예언이 구체적으로 예수님 안에서 성취되었음과, 그분이 지금도 이 세 직분을 수행하고 계심을 말해 주는 것으로 보아야 한다.

세 직분의 수행은 항상 도전과 훼방 가운데서 이루어졌다. 세상의 열왕들은 여호와와 그분의 "그리스도"를 대적한다(시 2:2, 행 4:26). 이 일을 수행하도록 여호와는 그리스도를 성령으로 기름 부으셨다(사 61:1, 눅 4:18). 이로 인하여 그분은 자기 직분을 거룩하게 수행할 수 있었다. 이 직분은 낮아지신 상태에서 종으로서 순종하는 예수님의 사역을 지칭한다. 그리스도의 세 직분은 그리스도와 인간 사이를 화해시키는 중보자의 일을 설명해 줄 뿐만 아니라 그리스도의 인격과 사역을 연합시키며, 또한 구약 시대와 교회 시대를 연결하는 역할을 한다. 성령님 안에서 그리스도의 형상을 닮은 성도들은 그리스도의 직분에 대한 이런 이해를 통해 그 직무를 계속해서 해나가야 할 것을 배운다.

선지자

선지자는 하나님의 입이다. 이들을 통하여 하나님이 사람들에게 말씀하신다(행 3:18, 21). 말하는 이는 선지자들이 아니라 그들을 통하여 말씀하시는 하나님이시다. 선지자란 그야말로 하나님의 대언자다. 모세는 여호와께서 자신과 같은 선지자 하나를 일으킬 것을 예언하면서, 그가 전하는 여호와의 명을 듣지 않는 자들은 멸망을 받을 것이라

우리는 무엇을 믿는가

고 경고했다(신 18:15, 18-19, 참조. 행 2:22-23; 7:37). 성부는 선지자인 성자의 말을 듣도록 명하신다(막 9:7).

예수님은 스스로를 선지자 중의 하나라 하셨다(눅 13:33). 그러나 스스로를 선지자 중 하나로 일컬으신 예가 신약에서 자주 나타나지는 않는다. 도리어 많은 경우 무리들이 예수님을 선지자로 인정했다(마 21:11, 46, 막 6:15; 8:28, 눅 24:19, 요 6:14; 7:40). 나인성 과부의 아들을 살리시자 모든 사람들은 큰 선지자가 우리 중에 일어났다며 하나님께 감사를 돌렸다(눅 7:16). 그러나 예수님은 구약의 선지자들보다 뛰어난 분이시다. 스스로 "요나보다 더 큰 이가 여기 있노라"고 하셨다(마 12:41).

실질적으로 예수님은 선지자이시며 또한 선지자 사역을 완성하신 분이다(히 1:1-2). 구약의 선지자들은 "여호와가 이르시되"라는 말로 의존하는 모습을 보였으나, 예수님은 "내가 이르노니"라는 말로 직접적인 권위를 드러내셨다. 그분의 가르침은 그분을 보내신 성부의 것이며 스스로 말하지 않고 보내신 이의 영광을 구하니 그분은 참된 자이다(요 7:16-18). 나아가 참된 증거를 통한 성부와의 관계로 말미암아 그분은 인격적 진리가 되신다(요 14:6, 요일 1:1 이하). 진리이신 선지자는 죄인들을 불러서 회개를 촉구했다(마 9:13, 막 2:17, 눅 4:18-19). 이는 하나님 나라의 백성을 만드는 선포였다. 그러므로 그분의 선포에는 병 고침, 귀신 추방, 죽은 자들을 살리심 등 하나님 나라의 여러 표징들이 수반되었다(마 10:7-8). 이런 행위들 역시 선지자적 계시 행위다.

예수님은 구약을 가르치시면서 "성경"이 자기를 증거한다고 선언하셨고(요 5:39), 이사야 61:1의 메시아 예언이 자기에게서 성취되었다고 선언하셨다(눅 4:21). 예수님은 예언을 완성하신 분이시다. 그분은 성부에게 순종함으로써 구약을 성취하셨다. 선지자들이 이전에 미리 보고 선포한 것들이 예수님 안에서 성취되었는데, 이처럼 예수님은 구약 예언의 목적이시다(마 13:17, 눅 10:24, 벧전 1:11 이하). 그분은 성부 하나님의 말씀이시며 그분에게서 하나님의 뜻을 전하는 선지자직이 완성되었다. 이 점에서 그분은 모든 선지자의 원형이시다.

예수님은 부활 후 모세와 모든 선지자들을 들어서 모든 성경이 자기에 관하여 말씀하신 것들을 자세하게 해명하셨고, 제자들의 마음을 열어 성경을 깨닫게 하셨다(눅 24:44-45). 그것은 고난의 제사장직을 통한 영광의 왕직에 관한 해석이었다. 승천하신 뒤에도 예수님은 성령님을 보내어 이 일을 계속하신다. 베드로의 오순절 설교를 보라. 요엘서 해석이나 십자가와 부활에 관한 시편 해석은 부활한 주님의 해석과 성령의 도움이 아니고는 불가능하다. 그리고 복음서들과 여러 서신서들을 보라. 히브리서의 해석 또한 좋은 예다. 베드로는 구약 선지자들 안에도 그리스도의 영이 그분의 고난과 영광을 미리 증거했고, 그 성령을 힘입어 복음 전하는 자들 역시 이를 부단히 전파하고 있다고 한다(벧전 1:10 이하). 이 일은 지금도 계속되고 있다.

제사장

예수님은 이사야 52:13-53:12에 예언된 대로, "우리"를 대신하여 고난의 삶을 사셨다. 그분의 고난과 죽음이라는 통로를 통해 우리는 하나님께로 나아간다(롬 5:2, 엡 2:18, 벧전 3:18). 이런 제사장적 사역을 위한 출발이 바로 예수님의 성육신 자체다. 또 그분의 무죄도 이런 흠 없는 제사를 위한 것이었다. 여기에는 죽기까지 순종하는 자기 포기의 삶도 포함된다. 그분은 자기 삶을 많은 이들을 위한 대속제물로 바치려 하셨다(막 10:45). 이것은 십자가에서 절정에 이르렀다. 또 예수님은 우리를 위하여 기도하신 제사장이시다(요 17:19). 이처럼 예수님의 삶 전체가 희생적이었다. 이 희생 또한 하나님을 계시하는 행위였고, 이런 희생 없는 부활은 생각할 수 없다(눅 24:26).

히브리서는 예수님을 대제사장으로 부르면서 죽을 죄인인 레위 제사장들과 대조적으로 설명한다. 그분은 죄를 없이 하심으로 자기 백성을 하나님께로 나아가게 하셨다(히 4:16; 7:25; 10:22). 그분은 죄가 없는 제사장이다(4:15; 7:26). 그분은 하나님의 직접적인 소명과 임명을 받았다. 그분은 고난을 통하여 순종을 배웠다(5:8). 그래서 고난과 시험을 받는 자들을 도울 수 있다(2:18). 또 레위 제사장들과는 결정적으로 다르게 그리스도는 "단번에" 자신을 제물로 드리셨다(7:27; 9:12, 25-26). 그리스도는 영원히 대제사장이나 속죄 죽음을 통하여 비로소 그렇게 선포되셨다. 이 제사로 구약의 모든 제사 제도에 끝이 왔다(10:18).

또 그리스도는 제물이시다. 그분은 이것을 복음서에서 분명하게 가르치셨다. 그분은 많은 사람을 위한 속죄물(막 10:45, 딤전 2:6)이시다. 그리고 그리스도는 제단이시다(마 26:61, 요 2:19, 참조. 히 13:10).

예수님은 자기의 속죄 사역을 통하여 속죄가 행하여지는 성전을 완성하셨다. 성전의 지성소가 아니라 자기 자신을 지성소로 삼아서 성전을 완성하셨다.

승천하신 그리스도는 자기 백성을 대표하는 제사장으로서 우리를 위하여 지금도 성부께 기도하고 계신다(롬 8:34, 히 7:25, 요일 2:1 이하). 자기에게 주신 자 가운데 하나도 잃어버리지 않으시려는 목자의 기도를 드리고 계신다(요 6:39; 10:28; 17:12; 18:9). 신자들이 드려야 할 제사는 이제 고백과 섬김뿐이다(히 13:15 이하). 그러므로 우리는 이제 우리 몸을 산 제물로 드려야 한다(롬 12:1; 15:16, 벧전 2:5). 우리도 장차 영광 중에서 새 예루살렘에서 영원토록 제사장 노릇할 것이다(계 1:6; 5:10). 이것 또한 성령의 사역이다.

왕

천사는 그리스도가 다윗의 위(位)를 받으며 야곱의 집에 왕 노릇 하실 것을 예언했다(눅 1:32-33). 동방 박사들은 유대인들의 왕을 찾으러 왔다(마 2:2). 나다나엘은 예수님을 이스라엘의 임금으로 고백했다(요 1:49). 예수님이 바람에게 명령하시고 병을 고치시고 여러 기적들을 행하신 사실은 그분이 창조주로서 가지신 다스리는 권세와 왕 되심을 보여준다. 그런데 이런 기적들을 통해 지배권을 과시하셨다거나 횡포를 부리셨다고 볼 수는 없다. 기적들은 그야말로 구원론적이다. 빌라도가 물었을 때 예수님은 자신이 왕임을 선언하셨다(눅 23:3, 37,

우리는 무엇을 믿는가

요 18:37). 그러나 유대인들은 예수님을 "자칭 유대인의 왕"이라 했고, "가이사 외에는 왕이 없다"면서 그분을 배척했다(요 19:3, 15, 21). 그 때 선지자인 예수님은 자신의 왕직의 성격에 관해 해명했다. 자기의 나라가 이 세상에 속하지 않았음을 분명히 하셨다(요 18:36). 예수님 은 제물로서 여호와께 대한 경외와 순종을 배운 왕이시다(신 17:18-20). 이처럼 예수님은 진정한 의미에서 이스라엘의 왕이시다(요 1:49; 12:13). "보라. 네 왕이 네게 임한다"(슥 9:9)는 약속이 참 이스라엘 인 시온의 딸들에게 주어졌다(마 21:5, 요 12:15). 예수님의 예루살렘 입성은 곧 주의 이름으로 오는 기름 부음을 받은 왕의 입성이다(시 118:26, 눅 19:38). 데살로니가의 성도들은 가이사가 아닌 다른 왕, 곧 예수님을 섬긴다고 송사당했다(행 17:7).

왕직 수행에도 구원 역사적 진전을 고려해야 한다. 부활의 주 님은 당신께서 하늘과 땅의 모든 권세를 받았다고 선포하셨다(마 28:18). 하나님의 명령으로 메시아 왕은 장차 마지막 주권을 행사 하실 것인데(마 25:31 이하), 이는 최후 심판으로 나타날 것이다(마 13:41, 고전 15:24 이하). 부활과 영광의 주님은 교회의 머리시며, 모든 정사와 권세의 머리(골 2:10)시다.

오순절 뒤, 특히 사도들과 빌립 같은 이들을 통하여 이루어진 방 언이나 신유는 성도들이 왕 되신 그리스도의 모습을 닮는 것으로 나 타났다. 그런데 성도들의 왕 노릇은 종말론적 대망 중에 아직도 성취 되기를 기다리는 부분이다. 장차 주님의 나라에서 성도들은 왕으로 다스릴 것이다(고전 4:8, 딤후 2:12).

메시아적 순종

예수님은 순종을 통하여 사역을 완수했다. 예수님이 행하신 순종의 절정은 십자가 죽음이다(빌 2:8, 참조. 막 14:32 이하). 아담의 불순종은 많은 사람을 죄인으로 만드나 예수님의 십자가 순종은 많은 사람을 의인으로 만든다(롬 5:19). 예수님은 자신이 하나님 나라의 복음을 전해야 하며(눅 4:43), 자기 아버지의 집에 있어야 하며(눅 2:49), 아브라함의 딸을 매임에서 풀어야 하며(눅 13:16), 성경 말씀이 자기에게 이루어져야 하며(눅 22:37), 또 고난을 받고서야 영광에 들어가야 하는 것을 아셨다(눅 24:26). 예수님의 전 생애를 꿰뚫는 일관된 순종은 의의 행동으로 많은 사람을 의롭게 하고 생명으로 이끈다(롬 5:18). 이로써 하나님이 우리에 대한 자기의 사랑을 확증하셨고(롬 5:8), 동시에 그리스도도 자기의 사랑을 보이셨다(고후 5:14, 갈 2:20).

그리스도는 지상 사역의 섬김을 통해서 순종을 가르치고 실천하셨다. 인자가 온 것은 섬기려 하고 자기 목숨을 많은 사람들의 대속물로 주려 함이었다(마 20:28, 막 10:45). 그러므로 이미 성육신 자체가 순종 행위다. 또 세례를 받음으로써 죄의 몸과의 연대성을 선언한 것도 의를 이루는 순종이다(마 3:15). 예수님은 하나님의 뜻을 행하려고 오셨고, 이 뜻을 좇아 자신의 몸을 단번에 드려서 우리로 거룩함을 얻게 하셨다(히 10:5-10). 성부를 순종하심이 인간들을 섬기는 것으로 나타났는데, 여기에 그리스도의 사역을 통한 인격의 비밀이 담겨 있다.

그리스도는 하나님과 사람 사이의 중보자로서 자기를 속전으로 주셨다(딤전 2:5-6). 중보자는 대치해 서 있는 쌍방을 화해시키는 역할을 수행한다(갈 3:20). 그리스도를 통해 원수 되었던 쌍방이 화해된다는 뜻이다. 모세도 중보자로서 양편의 입장에서 하나님과 백성을 화해시켰다(출 4:15 이하; 7:1; 19:3, 9). 모세 역시 백성의 죄를 속하려 했다(출 32:30 이하). 그럼에도 여호와는 범죄한 자를 그분의 거룩한 책에서 지워 버리겠다고 답하셨다(출 32:33). 여기서 모세의 중보직이 한계를 맞이한다. 모세와는 달리 예수님은 더 나은 언약의 중보자요 새 언약의 중보자시다(히 8:6; 9:15). 그분의 피는 영원한 언약의 피다(히 13:20). 그분은 하나님과 인간의 편에만 서는 중보자가 아니라, 그분 스스로 참 하나님이시고 참 인간이시다. 그 안에는 중보의 사역과 중보자의 인격이 통일되어 있다. 이 중보자는 하나님께로부터 나와서 우리에게 지혜, 즉 의와 거룩과 구속이 되셨다(고전 1:30). 그 안에 화평이 있다.

하나님 나라

예수님은 하나님 나라의 도래를 전파하면서 자기의 공사역을 시작하셨다(마 3:2, 막 1:15). 예수님은 비유, 죄인들과의 식사, 축복의 말씀, 치유와 기적, 약속이나 명령 등 다양한 형식으로 하나님 나라를 전파하셨다. 세례 요한은 심판을 선포했으나, 예수님의 하나님 나라 선포는 심판에 처한 원수들을 해방시키려는 사랑 행위의 선포였다. 파괴되었던 하나님과 인간 사이의 교제가 새롭게 시작되었다는 선포였다.

이처럼 예수님은 하나님 나라의 선포자이시며 동시에 자기의 사역과 인격에서 하나님 나라를 도래시키신 분이셨다.

하나님 아버지는 자신의 나라를 제자들에게 주시기를 기뻐하신다(눅 12:32). 예수님은 하나님 나라가 돌연히 임할 것이라고 말씀하셨다(마 13:28 이하, 막 9:1). 예수님은 당대의 사람들이 죽기 전에 하나님 나라가 권능으로 임할 것이라고도 하셨다(막 9:1; 13:30). 하나님 나라의 장래성은 예수님의 오심으로 인해 지금 이 순간에도 벌써 그 빛을 비추고 있다(마 12:28). 이미 마귀는 강한 자에게 결박당했다(막 3:27). 그래서 예수님은 하나님 나라가 이미 너희 중에 있다고 바리새인들에게 말씀하셨다(눅 17:20-21). 이처럼 하나님 나라는 이미 현존하기 때문에 신랑의 친구들은 금식할 필요가 없다. 예수님의 치유와 사죄 선언은 이 하나님 나라가 이미 도래했음을 보여준다(마 9:2-8).

예수님은 하나님 나라와 통치를 선포하시면서 하나님 나라와 인자를 긴밀하게 연결시키셨다. 예수님은 하나님 나라의 선포자셨고, 하나님 나라가 바로 그분 안에 임했다. 즉 예수님의 인격이 바로 하나님 나라 자체이다. 천사 가브리엘은 마리아에게 예수님의 잉태를 전하면서, 하나님이 탄생할 그 아이에게 다윗의 위를 주시며 그분은 야곱의 집에 영원히 왕 노릇 하며 그분의 나라는 무궁할 것이라고 했다(눅 1:32-33). 그분의 나라는 곧 아버지의 나라다(눅 22:29).

이와 같이 구약에 나타난 하나님의 통치와 나라가 예수님 안에서 인격적으로 임했다. 결국 예수님에 대한 자세가 천국의 장래와 관계되어 있음을 보게 된다. "주여, 주여" 하면서 선지자 노릇을 한 자

우리는 무엇을 믿는가

들이 아니라, 자기 말씀을 듣고 행하는 자가 천국에 들어갈 것이라고 하셨다(마 7:21 이하). 예수님은 자기를 인자라 부르시면서 자기가 심판권을 가지셨으므로 각 사람이 행한 대로 심판하시고, 악인은 풀무에 던지고 의인은 천국에서 해와 같이 빛날 것이라고 말씀하셨다(마 13:41-43; 16:27-28; 25:41, 요 5:27; 9:39). 그 권세를 힘입어 그리스도 옆에서 십자가에 매달려 있었던 강도도 낙원에 갈 수 있었다(눅 23:41-43). 그리고 인자를 믿어야 한다고 하심으로써 자신이 하나님 되심을 나타내셨다(요 9:35 이하). 이처럼 우리는 예수님 자기가 하나님 나라의 선포자이신 동시에 하나님 나라의 임재 그 자체임을 보았다. 여기서 우리는 예수님이 선지자일 뿐 아니라 왕이라는 사실을 보게 된다. 특히 그분의 왕 되심은 우리의 주제인 하나님 나라와 직결된다.

여기에서 우리는 유대인들은 알 수 없었던 하나님 나라의 새로운 측면을 보게 된다. 심령이 가난한 자와 의를 위하여 핍박을 당하는 자에게 천국이 주어질 것이다(마 5:3, 10). 그 천국에는 가난한 자들과 몸 불편한 자들과 소경들과 저는 자들이 들어간다(눅 14:15 이하). 탕자나 잃어버린 바 되었던 양이나 드라크마를 찾듯이, 예수님은 그런 자들을 찾아서 천국으로 인도하신다. 왜냐하면 병든 자에게만 의원이 쓸데 있기 때문이다(막 2:17). 이런 측면에서 우리는 자기 자신을 희생양으로 드린 대제사장이신 예수님을 보게 된다. 그리고 능력과 권세의 상징인 인자가 섬기기 위해 자기 목숨을 많은 사람의 대속물로 주기 위해 오셨다는 예수님의 말씀의 참 뜻을 알게 된다. 이처럼 예수님에게 실현된 하나님 나라는 통치뿐 아니라 자비의 측면으로 나타난 것을 볼 수 있다. 이런 섭리는 하나님이 요셉을 통하여 그 가족을 구원하시려 한 것과 상통한다.

예수님은 죽음 곧 십자가를 통해서 악의 부당한 지배를 종결지으셨다. 그리스도와 그분의 십자가에서 하나님의 통치는 악과 대결하고 있을 뿐 아니라 악을 정복했다. 예수님 안에서 하나님은 악의 세력과 인간을 지배하려는 악의 기도를 정면으로 좌절시키시고, 하나님 나라에서 인간이 다시 동역자가 되도록 만드셨다.

예수님 안에서 완성된 하나님 나라에 대하여 우리는 시급하면서도 분명한 결정을 해야 한다. 천국을 위하여 고자가 되어야 하며(마 5:29 이하; 19:12), 쟁기를 잡고 뒤를 돌아봐서는 안 된다(눅 9:62). 이것이 우리가 예수님에 대해 취해야 할 바른 태도, 즉 즉각적 순종이다. 우리는 진주와 보물을 발견한 자처럼(마 13:44-45 이하) 천국을 침노해야 한다(마 11:12). 그렇게 할 수 있는 것은 우리에게 하나님 나라의 위대성을 깨닫고 느끼는 큰 기쁨이 있기 때문이다.

예수님이 오심으로써 하나님 나라가 이미 임했지만, 그럼에도 불구하고 우리는 하나님 나라의 미래성을 고수해야 한다. 하나님 나라는 하나님의 선물(눅 12:32)이요 유업(눅 22:29)이기에 기다려야 한다. 이런 관점에서 하나님 나라에 들어가는 것은 미래적으로 묘사되어 있다(마 5:20; 7:21; 18:3; 19:23 이하; 23:12 이하 등). 예수님의 기적 행위가 특정한 개인들을 구하기는 했으나, 인간으로서 갖는 모든 비참에서의 해방은 아직도 미래의 일로 남아 있다. 그러므로 우리는 여전히 완성된 하나님 나라를 대망하면서 기도해야 한다.

그리스도의 사역: 구원

예수님은 자기 백성을 그들의 죄에서 구원하시려고 오셨다(마 1:21). 그렇기 때문에 우리는 예수님의 사역을 "구원"이라는 말로 요약할 수 있다. 구원은 예수님의 사역으로, 화해와 생명을 포함한다. 바울은 "그러므로 우리가 믿음으로 말미암아 의롭다 하심을 받았으니 우리 주 예수 그리스도로 말미암아 하나님과 화평을 누리자"(롬 5:1)고 했다. 이 말씀에서 바울은 칭의를 통해 하나님에 대한 관계가 정상화되고 난 이후에 우리가 누리는 하나님과의 관계를 "평화"라고 한다(롬 5:1). 평화란 인간이 하나님에 대하여 서 있는 부정적인 관계가 하나님의 행위로 해소되어 이제는 적극적인 대신對神 관계가 실현됨을 말한다. 즉 우리가 전에는 하나님의 원수(롬 5:6, 8, 10)였으나 아들의 죽으심으로 하나님과 화목한 뒤에는 화목된 자들로서 이제는 그분의 사심으로 인하여 구원(롬 5:10)을 얻는다. 신자의 의가 그리스도의 죽으심으로 인한 승리에 달려 있다면, 이 의의 결과인 생명은 우리를 위하여 십자가에 달리신 이의 부활의 사실에 달려 있다.

예수님의 죽음을 뜻하는 속죄제물은 구약에서는 속죄소다(출 25:20). 여호와는 구름 가운데서 속죄소에 임하여 백성과 교제하신다(레 16:2). 아론도 예비함이 없이는 지성소에 들어갈 수 없었다. 아론은 칠월 십일에 속죄제의 제물인 짐승의 피를 속죄소 위에 뿌렸다(레 16:15). 이런 식으로 그분은 이스라엘의 죄를 속죄했다(레 16:29-30). 바울은 이를 염두에 두고서 그리스도를 평화와 교제를 이루는 속죄의 방편으로 본다. 이로써 파괴된 관계는 회복된다. 예수님은 전에 원수 되었던 우리를 그분의 육체의 죽음으로 화목하게 했다(골 1:21-22).

바울이 전한 복음의 내용은 "그리스도께서 우리 죄를 위하여 죽으시고 성경대로 다시 살아나심"(고전 15:3-4)이다. 죽으심과 부활하심, 이 두 사건은 예수님의 사역에서 특히 중요하다. 구세주로서의 사역에는 이 두 측면이 동시에 중요하다. 그분의 죽으심은 죄에 대해 단번에 죽으심이요 그분의 사심은 하나님께 대하여 사심이니(롬 6:10), 우리 역시 죄에 대해서는 죽은 자요 그리스도 예수 안에서 하나님에 대하여는 산 자들이다(롬 6:11).

로마서 5:1에서 언급된 "화평"은 구약에서는 "샬롬"으로 표현되었다. 구약에서 샬롬은 특히 언약의 내용으로 등장한다. 평화란 물질적·영적으로 완전한 복된 상태, 곧 구원을 뜻한다. 즉 하나님이 우리를 자기의 소유로 여기시고, 우리는 하나님을 우리 하나님으로 부를 수 있는 상태다. 여호와는 "레위와 세운 나의 언약은 생명과 평강의 언약이라"(말 2:5)고 말씀하신다. 생명과 평강이 언약과 더불어 나오며, 또 의와 평강이 함께 나오기도 한다(사 32:17). 그리고 장래 복으로 "내 백성이 화평한 집에 있다"(사 32:18)는 선언도 있다. 공평과 의가 없이는 화평이 있을 수 없다(사 32:17; 56:1).

구약에서 메시아는 평강 또는 평강의 왕으로 예언되었다(미 5:5, 사 9:6; 53:3). 그러나 그분은 동시에 공평과 의로 다스릴 것이다(사 9:7). 여기서 우리는 "의와 화평이 입 맞추는" 메시아적 대망을 듣게 된다(시 85:10). 이렇게 예언되었던 메시아는 자기의 피와 육체로써 화평을 이루신다(고전 10:16, 엡 2:13-15, 골 1:20-22, 계 12:10; 19:1). 그분의 피는 우리의 의다(롬 5:9). 이 의는 그리스도 안에 있는 하나님의 의이며(빌 3:9), 하나님은 평강의 하나님이시다(롬 15:33, 고후 13:11, 히 13:20). 이 의는 예수 그리스도를 믿음으로 우리의 의가 된다(롬 1:17, 빌 3:9). 하나님은 우리의 의인 그리스도를 통하여 자기의 의를 증거하시고(롬 3:26), 이로써 평강을 이루셨다.

이제 우리는 이 평안을 성령님 안에서 누린다. 하나님 나라는 성령님 안에서 의와 평안이다(마 6:33, 롬 14:17). 어떤 권세도 우리를 송사할 수 없다(롬 8:35 이하). 그러므로 우리는 하나님과 화평을 누린다. 나아가 그리스도는 원수 되었던 자들을 하나로 만드시고(엡 4:3), 이들이 한 성령님 안에서 하나님 아버지께 나아가게 하셨다(엡 2:16-17). 우리는 화평을 추구해야 한다(롬 12:18, 고전 14:33). 공평과 의는 우리 위에 부어지는 성령의 은사인 동시에 인간의 책임이다.

속죄(화해)

하나님은 자기 아들을 우리 죄를 위한 화목제로 보내시고(요일 4:10),
그리스도 안에서 세상과 화목하셨다. 하나님은 그리스도의 죽으심으
로 자기의 사랑을 확증했다(롬 5:8). 이 일을 위하여 하나님은 자기의
아들을 보내셨다고 말씀하신다. 이처럼 화목을 이루는 동기인 하나
님의 사랑은 바깥에서 비롯되지 않고 하나님의 심장에서 나왔다(고후
5:18). 구약의 제사법 역시 인간의 산물이 아니라 하나님이 직접 주신
제도다. 속죄소에 여호와가 직접 나타나시고, 사랑하시는 백성에게
언약과 사랑이 계시되었다(신 7:8; 9:4-5; 23:5). 언약의 피는 그리스
도 안에서 성취되었다(막 14:24). 이처럼 하나님의 어린양(요 1:36) 안
에서 하나님의 사랑과 자비가 나타났다.

    화해의 사역은 하나님이 주도적으로 행하셨으나, 그 사역에는 또
다른 측면도 있다. 언약의 중보자인 그리스도가 하나님의 진노를 진
정시켰다는 측면이다. 우리도 전에는 본질상 진노의 자녀들이었다(엡
2:3). 구약에서 하나님의 진노는 선택과 인도의 대상인 이스라엘 백
성에게 향했다(호 5:10; 13:11, 암 3:2). 하나님의 상처받은 사랑이 진
노를 일으킨다. 이러한 경우에 하나님의 진노는 하나님의 거룩하심을
보여준다. 율법과 선지자들의 권고와 제사장의 중보 기도는 이런 파
괴적 하나님의 진노를 치유한다(출 32:11 이하, 민 14장; 16:46, 신 9장,
암 7:2, 5). 그리스도 안에서 하나님은 우리로 하여금 구원을 얻게 하
시고, 진노를 벗어나게 하신다(살전 5:9).

                                          우리는 무엇을 믿는가

하나님은 자기의 아들을 보내셨다(롬 8:3). 이 말은 "그리스도 예수 안에 있는 자들에게는 정죄함과 심판이 없다"(롬 8:1)는 사실을 설명하고 있다. 육신이 할 수 없었던 일이 육신에서 이루어졌다. 육신이 죄에 팔려(롬 7:14) 연약하여 할 수 없었을 때, 하나님의 능력이 나타난다. 하나님은 "죄 있는 육신의 모양으로" 자기의 아들을 보내셨다. 즉 하나님의 아들이 온 곳이 "죄의 영역"이다. 하나님은 죄를 알지도 못하는 분을 우리를 대신하여 죄를 삼으셨고, 우리는 그분 안에 있는 하나님의 의가 되게 하셨다(고후 5:21). 그리스도는 인간의 죄와 동일시되고, 인간은 하나님의 의와 동일시된다. 루터는 이것을 "놀라운 자리바꿈"Wonderful Exchange, *mirifica commutatio*이라 불렀다.

하나님이 그리스도를 보내심이나 죄로 만드셨다는 것은 성육신과 화해의 죽음을 동시에 의미하고 있다(갈 4:4-5). 이로써 우리는 성육신(요 1:14) 자체가 죽음을 향하고 있음을 알게 된다. 성육신을 통한 희생은 그를 죄로 만들어서 우리가 그 안에서 하나님의 의가 되게 하신다. 여기에 대속과 전가 사상이 다 들어 있다.

먼저 여기에는 "대속 사상"이 있다. 고린도후서 5:21에서는 그리스도의 화목 사역을 "우리를 대신하여"라 하고, 마가복음 10:45에서는 "많은 사람들을 위하여"라 한다. 예수님은 부요한 자로서 가난하게 되어 우리를 부요케 하신다. 예수님은 스스로 약하여 지심으로 우리로 하여금 강하게 하시고(고후 12:9), 아무것도 가진 것 없는 우리로 하여금 모든 것을 가진 자들이 되게 하신다(고후 6:10). 그리스도는 의인으로서 불의한 자들을 대신하여 죽으셨다(벧전 3:18). 그리하여 우리는 하나님의 진노에서 구원받았다(롬 1:16; 5:9). 성경은 이로써 우리가 하나님의 의가 되었다고 한다. 이것이 전가인데, 이것이 어떻게 가능하게 되었는지는 우리로서는 알 수 없다. 어쨌든 예수님은 우리에게 하나님의 의다(롬 4:24-25).

또 중요한 것은 하나님이 죄의 육신으로 보내신 자가 바로 하나님의 아들이시며, 오직 그분만이 죄의 지배를 무장해제 할 분이라는 사실이다(롬 5:17). 죄에 대한 승리는 하나님께서 생명 되신 그분을 죽음에까지 몰아내셨을 때 이루어졌다. 이처럼 죽음은 다시 부활로 연결되므로 그 부활의 관점에서 죽음을 보아야 한다. 예수 그리스도의 속죄 사역은 하나님의 일로, 우리를 죄와 죽음에서 해방해 줄 뿐 아니라 그로 말미암아 죄와 사망을 지배토록 한다(고전 15:57).

이로써 우리는 그리스도의 아버지를 우리 아버지라 부를 수 있다. 이처럼 예수님의 속죄 사역은 우리의 고백과 신앙과 세례를 통하여 이를 우리의 개인적 소유로 삼을 것을 요청한다. 그리스도 안에서 하나님이 우리의 하나님이 되시려는 약속을 주셨는데, 이 언약의 약속은 우리의 믿음을 요구한다. 은혜 언약에서 하나님은 자기가 요구하시는 바 곧 믿음을 약속하시며, 우리에게는 그 약속하신 바 믿음을 요구하신다. 믿음을 주시겠다는 약속은 믿음을 요구하심에 선행한다. 이를 우리는 그리스도 안에 있는 생명에 관한 논의에서 계속 살피려고 한다.

우리는 무엇을 믿는가

예수님은 우리를 대신하여 죽었을 뿐 아니라 다시 살아나셨다(고후 5:15). 그분이 중보자로서 이루신 평화와 구원은 하나님과의 관계의 회복이며 그 관계에 근거한 생명으로부터 나온다. 십자가에 못 박히신 주님과의 교제는 자기의 부활에서 실현된 생명에 동참하는 소망의 기초다. 이처럼 예수님과의 교제는 다가오는 하나님 나라에의 참여를 보증한다(눅 12:8, 계 3:5). 예수님은 부활을 하나님 나라의 한 요소로 가르치셨다(막 12:27). 부활에 입각한 새 생명은 성령님을 통한 하나님과의 교제이기 때문이다. 이 부활은 종말론적 미래 개념이지만, 신자들에게 이 구원은 이미 현존하고 있다.

이 부활로 그리스도는 승리자가 되셨고 생명의 주가 되셨다(행 3:15). 부활 전에 예수님은 이미 "내가 세상을 이겼다"고 선언하셨다(요 16:33). 특히 계시록에는 어린양의 보혈을 통한 승리가 찬란하게 기록되어 있다(계 12:10; 17:14; 19:11-16). 그분은 자기를 제물로 바침으로 마귀의 일을 파破하셨고 지금도 파하고 계신다. 그리스도가 십자가에서 쟁취한 승리가 너무나 영광스럽기 때문에 바울은 십자가가 영광의 수레인 양 찬양한다(골 2:14-15). 마지막에 격파될 원수는 바로 죽음이다(고전 15:55). 그리스도로 인하여 성도들은 이미 이 승리에 참여하고(고후 2:14, 요일 4:4; 5:4) 장래에도 참여할 것이다(계 17:14). 그리고 승리하는 자에게는 생명이 약속되어 있다(계 2:7). 소아시아 일곱 교회에 보낸 편지마다 이긴 자가 누릴 특권이 언급되어 있는데, 이 모두가 영생과 관련되어 있다(계 2:11, 17, 26; 3:5, 12, 21).

이처럼 구원은 구속뿐 아니라 생명을 포함한다(막 8:35). 소극적으로 말하자면, 구원은 미래적인 의미에서 임박한 진노를 피하게 한다(롬 5:9, 살전 1:10; 5:9). 그러나 구원은 미래적으로 이 심판에서 면제되는 일을 포함해서 현재적으로 이미 예수 그리스도 안에서 신자들에게 열렸고 지금 현존하고 있다. 이 구원의 현존은 구원 또는 "칭의의 상태"로 묘사된다(롬 3:24; 5:9; 6:7). 말할 것도 없이 하나님과의 "평화"로도 표현된다. 따라서 구원의 내용인 새 삶의 영광은 현존하면서도 여전히 장차 얻을 소망에 속한다. 이 평화 그리고 장래 심판에서의 해방에 대한 소망은 아들의 죽음을 통한 하나님과의 화해에 근거한다(롬 5:10, 18). 이 관점에서 화해, 칭의, 구속 등은 전체를 이룬다. 의란 그리스도의 순종의 결과며(롬 5:18) 동시에 소망의 근거다(갈 5:5). 또 신자는 이미 소망 중에 구원을 얻었다. 이는 복음의 능력이요(고전 15:2, 고후 6:2) 화해의 말씀이다(고후 5:19). 복음의 말씀으로 이 구원이 현존한다. 또한 세례로도 그러하다(롬 6:4, 딛 3:4). 원래 예수 그리스도의 삶에 있었던 구원의 근거가 이젠 말씀과 세례를 통하여 우리에게 전가된다. 이 일은 성령의 사역이며, 성령님은 "생명의 성령"(롬 8:2)이시다. 성령의 선물은 예수님 안에 나타난 하나님의 사랑의 현존이다. 그러므로 이제부터 성령의 생각은 생명과 평화다. 우리는 성령으로 영생을 거두게 된다(갈 6:8).

우리는 무엇을 믿는가

4

성령 하나님

성령론 서론

우리는 하나님의 사역을 말함으로써 하나님에 관해 말할 수 있게 된다. 그 하나님은 예수 그리스도 안에서 자비로우신 하나님이며, 우리는 오직 예수 그리스도를 믿음으로 말미암아 그 하나님에게로 나아갈 수 있다. 그리고 성령님은 우리와 그리스도를 연합시키는 고리다(요일 3:24). 그 성령의 사역인 믿음은 우리의 바깥에 계시는 그리스도를 지향하게 하며, 그리스도 안에 있는 성부의 자비를 포용하게 한다.

우리가 성령님을 말할 수 있는 것은 그 성령의 사역인 믿음을 선물로 받았기 때문이다. 하나님에게 붙들리지 않고는 하나님을 파악할 수 없다. 즉 우리가 성령 하나님을 말할 수 있는 것은 성령님에 붙잡혀 그분이 주신 선물인 신앙을 받았기 때문이다(고전 2:10 이하).

자신을 계시하신 삼위 하나님 외에 우리에게 다른 하나님은 없다. 성부 하나님은 예수 그리스도를 보내셨는데, 그 예수 그리스도는 바로 하나님이셨다. 예수 그리스도는 다시 성령님을 보내셨는데, 그 성령님 역시 계시와 행위로 임재하시는 하나님 자신이시다. 거룩하신 창조주 하나님이 그리스도 안에서 우리 중에 거하셨고 성령을 통하여 우리 가운데 지금도 거주하신다는, 표현할 수 없는 신비의 표현이 "삼위일체" 교리다. 이런 관계 속에서 하나님께서 삼위로서 세상에 관여하시고 있기 때문에 우리는 하나님의 "위격들"에 관하여 말하지 않을 수 없다.

성령론에서 성령님이 누구신지는 성령님이 하시는 일을 진술함으로써만 알 수 있다. 성령은 성부와 성자 간 교제의 매개체이자 성도와 그리스도를 연결하는 고리다(고후 13:13). 오순절 이후를 사는 우리는 오순절 성령님을 통하여 예수 그리스도를 믿으며, 예수 그리스도 안에서 우리는 그분의 아버지 하나님을 안다. 그러므로 우리의 일차적 관심은 이 오순절 성령님이다. 그분은 예수 그리스도가 영광을 받기 전에는 계시지 않았다(요 7:39). 부활과 영광 뒤에 오신 성령님은 그리스도의 성령이며 "종말론적 은사"시다. 높아지신 그리스도는 아버지께로부터 성령의 약속을 받아 교회에 주셨다(행 2:33). 그러므로 교회는 이미 종말론적이며 성령님의 작품이다.

성령의 체험은 오순절 이후의 우리에겐 유일한 체험이지만, 오순절에 오신 성령님이 예수님의 부활과 승천 후 비로소 "생성"된 분은 아니다. 이 말에서 예수 그리스도와 성령님 간의 특별한 관계가 드러나는데, 이 배경에는 성령님과 예수님의 특별한 관계가 있다. 즉 높아지신 예수님이 성령님을 보내시기 전에, 예수님의 역사를 성령님

우리는 무엇을 믿는가

이 먼저 가능하게 하셨다. 예수 그리스도는 성령으로 잉태되었고(마 1:18), 세례 시에 성령님이 하강하셨고(막 1:10), 성령에 의하여 마귀의 시험을 받으셨고(마 4:1), 시험 뒤에는 성령으로 충만하여 돌아오셨고(눅 4:14), 성령으로 자신에게 주어진 사역을 감당하셨다. 자기의 영혼을 자기의 아버지께 맡길 수 있었던 것도 성령의 힘으로 가능했다(히 9:14). 부활에도 성령님이 그분을 도우셨다(롬 1:4; 8:11, 요 6:63, 고전 15:45, 고후 3:6). 한마디로 성부는 그분을 성령으로 인치셨다(행 10:38). 예수님을 가능하게 하셨던 그 성령님은 바로 하나님의 영인데(롬 8:9), 예수 그리스도 안에서 성취된 구속 사역의 완성으로 이제는 "그리스도의 영"(롬 8:9, 고후 3:17, 갈 4:6, 빌 1:19)이 되셨다.

성령님은 예수 그리스도의 오심을 예비하셨다(사 11:2; 61:1). 예수님의 영으로 구약에서 활동하신 성령의 사역을 먼저 살펴보고자 한다.

구약에 나타난 성령의 사역

구약에서는 성령님이 하나님의 능력 또는 인격으로 나타나면서, 때로는 하나님과 동일시되기도 하고 때로는 구별되어 나오기도 한다. 하나님의 영은 하나님의 속사정이며(사 30:1; 40:13), 능력이며(사 31:3), 임재다(시 139:7-10). 성령님은 말씀하시고(삼하 23:2), 가르치시고(느 9:20), 하나님의 백성을 인도하신다(시 143:10). 성령님은 하나님의 한 속성이 아니라 하나님의 임재 자체시다. 하나님은 성령님 안에서 인간과 창조에 임재해 계신다. 성령님이 하나님이심은 창조 이후 계속되는 계시 역사 가운데서도 점차 분명해진다. 이처럼 성령님은 독자성을 지닌 행동의 주체로 나오신다.

그렇다고 해서 구약에서 벌써 성령님에게 명시적으로 인격이 주어진 것은 아니다. 구약은 명시적으로 삼위 하나님을 가르치고 있지 않다. 암시적인 구약의 성령님 이해는 명시적인 신약의 성령님 이해

우리는 무엇을 믿는가

를 준비했다는 정도에서 만족해야 할 것이다. 그럼에도 구약에서 성령님은 인격적 하나님의 사역과 임재다.

하나님이신 성령

구약에는 영에 관한 언급이 많이 나오지만, 구약에서 나타나는 성령의 사역을 말하기는 쉽지 않다. 구약에서 "루아흐"רוח는 378회 나오는데, 칠십인역은 그중에서 277번 "영"으로 번역했고, 다른 용어로 번역될 경우 "바람"으로 나타난다. 한글 개역 성경에서는 루아흐가 귀, 신, 영, 콧김, 바람, 호흡, 기운, 생기 등으로 번역된다. 구약에는 영의 적극적인 사역이 언급되어 있다. 영은 생명을 창조하고(욥 27:3; 33:4, 겔 37:9 이하), 사사로 하여금 이기게 하고(삿 3:10; 6:34; 11:29), 선지자들을 충만하게 하고(느 9:30, 미 3:8), 메시아 왕에게 기름을 붓고(사 11:1-3), 궁극적 구원을 백성에게 붓는다(사 32:15; 44:3, 욜 2:28 이하, 슥 12:10).

또한 구약에는 부정적인 영의 사역도 더러 언급되어 있다. 가령 사울 위에 내린 악령(삼상 16:14-23; 18:10; 19:9), 하나님이 아비멜렉과 세겜 사람들 사이에 보낸 악신(삿 9:23), 깊이 잠들게 하는 신(사 29:10), 이믈라의 아들 미가야가 본 대로 아합을 죽일 목적으로 400여 선지자들을 속이는 영(왕상 22:21-24), 백성을 미혹하는 음란의 영(호 4:12; 5:4), 땅을 더럽히는 사귀(슥 13:2), 하나님의 심판을 전하는 진노의 영(욥 4:9), 소멸하는 영 등이 나온다(사 4:4). 이러한 거짓 영의 사역들을 해석하는 것은 쉽지가 않다. 그럼에도 구약에서는 영의 사역들 가운데 부정적인 측면들도 여호와께로 돌려진다(삿 9:23). 이는 사울의 경우와 미가야의 경우에서 명확하게 드러난다(왕상 22:21-24). 이것을 다시 적극적으로 해석하자면, 하나님은 부정적이든 긍정적이든 세상과 인간의 모든 일에 개입하고 지배하신다는 뜻이다. 이는 사단의 활동에도 적용할 수 있으며, 가령 시편 78:49의 "벌하는 사자"처럼 사단도 확실히 하나님의 능력 아래에 있다.

이처럼 구약에서 성령님은 하나님과 동일시되기도 하고, 때로는 구별되어 나오기도 한다. 학개 2:4에 "내가 너희와 함께하노라"와 5절의 "나의 영이 너희 중에 머물다"는 대칭 구조가 나오는데, "나"와 "내 영"은 동격을 이룬다(사 40:13). 이때 "영"은 여호와를 말한다. 시편 51:11의 "주의 성령을 내게서 거두지 마소서"는 시편 기자가 자신이 하나님 앞에서 내어 쫓기지 않고 여호와의 현존에 거하도록 기도하는 내용이다. 이사야 63:10-11에서도 여호와의 성령으로 여호와의 임재를 표현한다(참조. 슥 7:12, 사 30:1-2).

영은 하나님과 동일시되어 나오는 때도 있지만(사 30:1, 학 2:5) 때로는 구별되어 나오면서 상당한 독자성을 유지하기도 한다. 이는 하나님의 사자의 경우도 마찬가지다. 때로는 하나님의 구체적인 사자가 인간에게 갔다는 의미이기도 하고, 때로는 하나님에게서 나간, 하나님과는 구별되는 "사자"로도 묘사된다. 그리고 이 사자가 점차 의인화된다. 하나님의 이름, 말씀, 영광 등에서도 이와 유사한 과정을 보게 된다.

우리는 무엇을 믿는가

우주적 사역

하나님의 영은 창조 사역이 시작되기 전에 있었다(창 1:2). 시편 33:6
에서는 여호와가 말씀으로 하늘을 지으셨고, 만상이 그분의 입 기운
으로 이루어졌다고 함으로, 말씀과 성령의 사역이 하나님의 창조 사
역에 함께 나타난다. 더 구체적으로는 "여호와가 자기의 영으로 하늘
을 단장하셨다"는 표현도 있다(욥 26:12 이하).

창조 뒤에는 영이 섭리와 통치의 주체로 나타난다. 시편 104:4에
서는 바람이 사자로 묘사되어 있다. 3절에서 바람은 여호와께 날개
를 제공하며, 하나님은 그것을 타고 다닌다. "영=바람"의 관계는 자주
등장한다(창 3:8; 8:1, 민 11:31, 삼하 22:11, 시 16:15; 104:3). 시편 18:8
이하 및 29편에서는 폭풍과 바람이 여호와가 가지신 영광의 과시로
나타난다(참조. 암 4:13). 즉 바람이 하나님의 등장을 대변한다. 바람에
는 힘이 있다. 그것은 해방하고 생기를 주는 힘이요, 동시에 엄습하는
파괴적인 힘이다. 창조와 연관된 바람으로서의 영은 피조계의 내재적
능력이 아니라, 창조를 있게 하는 하나님의 능력이다. 이와 같이 우주
내 생명은 루아흐 때문이다. 루아흐는 행동하는 생명의 표시다. 생명
을 가진 자들에게 엄습해 오는 신비스러운 능력은 근원상 하나님께
로 소급된다. 루아흐를 부여하는 분이 하나님이시며, 생명이 죽을 때
이 루아흐는 다시 그분께로 되돌아간다.

그러나 루아흐는 인간을 하나님과 결속시키면서 동시에 그분께
종속시키지만, 이것이 곧 인간과 하나님의 단일성을 의미하는 건 아

니다. 인간은 하나님의 루아흐에 종속되나 결코 하나님을 장악할 수 없다. 하나님은 영을 줄 수도 또 되돌릴 수도 있으시니, 생사를 결정하시는 분은 하나님이시다(시 104:29).

언약 백성과 성령

하나님의 일터로서의 역사는 중요하다. 역사와 인간은 밀접한데, 역사에서 인간의 주도적 역할은 오직 영이 있어서 가능하다. 사람 속에 영이 있고, 전능자의 기운이 사람에게 지혜를 준다. 잠언 1:23은 하나님의 계시를 이스라엘에게 주시겠다고 한다.

그럼에도 일반적으로 하나님의 영이 인간에게 파송된다는 언급은 희귀하다. 더욱이 이스라엘 밖에 있는 인물들에게 영이 파송되는 경우는 거의 없다. 이것은 구약에서 나타나는 성령 사역의 중요한 특징 중 하나다. 여기에는 예외가 있는데, 바로 발람이다(민 24:2). 여호와께서 발람이 이스라엘을 축복한 것을 좋게 여기신 뒤에 그에게 영이 임했다. 또 고레스의 경우, 여호와가 그를 일으키고 기름 붓고 부르고 무장시키시지만, 그 사역에서 여호와의 영이 언급되어 있지는 않다(사 41:1-5; 45:1 이하; 46:11; 48:11-16). 그런데 이 영이 이스라엘 자손에게는 약속되었다(사 44:3). 그렇다면 고레스가 하나님의 일을 하면서도 그것을 몰랐다거나 자신이 점령하여 지배하고 있는 민족의 신을 순전히 정치적인 목적으로 언급했다고 볼 수 있다. 그는 자신의 계획을 수행했을 뿐인데도 불구하고(사 45:4-5; 46:11) 자신도 모르는

우리는 무엇을 믿는가

사이에 여호와께 흡족한 일을 했던 것이었다고 볼 수 있다(사 44:28; 46:11; 48:11). 그는 여호와를 알지도 못했고 영을 받지도 않았다. 고레스가 하나님의 도구였던 것은 분명하나, 그 속에서 하나님이 일하셨다고는 말할 수 없다. 이것이 구약의 영을 이해하는 데 있어서 독특한 지점이다.

구약에서 루아흐를 가진 자는 오직 언약의 백성인 이스라엘 안에 있다. 여호와의 영은 특정 직무를 수행하도록 이스라엘 가운데 누군가에게 임했다(삿 6:34). 하나님의 영은 30인의 두목 아마새에게 임했다. 또 여호와는 자기의 영을 이스라엘 장로들과 유사들 위에 임하게 하신다(민 11:17). 여호와는 먼저 모세에게 있는 영에서 일부를 취하여 칠십 장로 위에 두겠다고 하셨다. 이와 같이 여호와는 영을 보내고, 임하게 하고, 부으신다. "붓는다"는 특히 "영의 충만"을 뜻하며, 여호와의 영이 사람들 위에 충만하게 임한다는 의미다(욜 2:28). 여호와의 영은 이스라엘 백성 중에 머문다(학 2:5).

여호와의 영이 언약의 백성 가운데서 능력을 베푸시며 세우시는데, 그 안에는 세 종류의 활동 영역이 있다. 하나님의 백성을 구하면서 여호와의 구원 사역을 완결하는 사사직, 하나님의 말씀을 대변하는 예언직, 그리고 하나님의 뜻을 따라 행하는 지혜 등이 영의 활동 영역들이다. 제사장직에는 영의 역할이 거의 언급되어 있지 않다.

첫째로, 여호와의 영이 사사들 위에 임함으로 그들은 이 직분으로 부름받고 사사로 활동한다(삿 3:10; 6:34; 11:29; 13:25). 이 영의 사역으로 사사들은 은사를 받아 구속자들이 되었다. 그들의 일은 대개 전쟁을 통한 구속 행위들이다. 어떤 점에서 사사직의 연속선상에 있는 왕들에게도 여호와의 영이 임하셨다(삼상 11:6; 16:13). 사사들의 전쟁이나 왕들의 전쟁이나 모두 여호와의 전쟁으로 일컬어진다.

둘째로, 선지자직도 여호와의 영으로 이루어졌는데, 이는 특정 시대에 집중되어 있다. 구약의 선지자는 "영의 사람"이다(호 9:7, "신에 감동하는 자"). 이 말은 하나님의 사람과 동일한 표현이다(신 33:1, 삼상 9:6-10, 왕상 17:18, 느 12:24). 다윗에게 예언적 말씀이 임할 때, 그는 "여호와의 영이 나를 통하여 말씀하신다"(삼하 23:2)고 했다. 엘리사의 경우를 보면, 선지자는 오직 하나님의 영을 통해서만 그 직무에 합당한 능력을 받게 된다(대하 2:9-15). 예언과 영은 밀접하게 연관되어 있다. 여호와께서 자기의 영으로 이전의 선지자들을 통하여 말씀하셨고(슥 7:12), 이스라엘 백성들을 경계하셨다(느 9:30).

사사들의 영웅 행적처럼 예언에도 은사적 측면이 있다. 이 또한 여호와의 영으로 말미암아 이루어졌다. 예언은 예언자와 하나님 간의 교제를 전제하며, 전적으로 이 교제의 지배를 받는다(암 3:3-8). 이 교제는 하나님이 주시는 것이요 인간의 의지에 속하지 않는다. 영을 받음으로 인간은 하나님께 나아갈 수 있다. 이로써 선지자는 보고 들을 뿐 아니라 그것을 객관적으로 듣고 전하게 된다. 더 나아가 선지자의 주관적 감정까지도 영의 지배를 받게 된다.

때때로 선지자와 영의 관계가 불분명한 것은 열광적 형태로 나타난 예언의 폐단 때문으로 여겨진다(왕상 22:21 이하, 렘 23:13 이하, 슥 13:1 이하). 주전 8, 7세기의 대선지자들은 여호와의 영을 조심스럽게

우리는 무엇을 믿는가

호소한다(미 3:8, 호 9:7). 이들은 열광적 선지자들의 어리석음을 피하려고 했던 것 같다. 그들은 하나님의 능력과 계시를 여호와의 영보다는, 말씀에서 체험한다고 표현한다(암 3:8, 사 6:7-8; 8:11; 9:8, 렘 20:7; 23:29). 에스겔은 예외지만(겔 3:14; 8:3; 11:5, 24; 37:1 등), 다른 선지자들은 자신들을 가나안의 열광적 선지자들과 구분하려고 애썼다. 물론 이스라엘 중에서도 열광적 영 체험이 예언자들에게서 나타난다(민 11:16 이하, 삼상 10:6, 19 이하). 영을 받는 자는 다른 사람으로 바뀐다. 사울의 경우 정신을 잃고 환각 상태에 빠진다. 선지자들은 하나님의 영에 감동되어 권면을 하거나 경고를 하는 등 백성들을 위해 일하지만, 영을 받은 열광적인 선지자들 중에는 정신을 잃고 무기력해져서 언약의 공동체에 유익을 주지 못한 경우도 있었다. 이 때문에 선지자들은 여호와의 영보다는 말씀에 근거해서 예언했다.

이사야 48:16 등에서 영은 계시 중보자의 역할을 한다. 또 이사야 40:13에는 영이 여호와와 동격이다. 영은 사역하는 여호와 자신이다. 44:3에서 여호와의 영과 복은 이스라엘을 언약 백성으로 만든다. 그리하여 그들은 다시 여호와의 소유가 되며 선조들이 받은 약속의 상속자들이 된다. 이사야 42:1과 61:1에서는 여호와의 종이 예언된 구속 사역을 하게 된다. 이것이 확대되어 무리들 가운데 여호와의 영이 임한다(학 2:5, 슥 4:6). 그리고 요엘 2:28 이하에서는 신의 임재가 미래적이고 공교회적으로 더욱 확장될 것이 예언되어 있다.

마지막으로, 여호와의 영은 지혜나 삶의 형통을 주신다. 성전 건축이나 도구 제작은 지혜의 소산이며, 여호와의 영이 그 장인들을 능력 있게 하신다(출 28:3; 31:1-6; 35:30 이하; 36:1 이하). 지혜에는 꿈을 해몽할 수 있는 면도 있다. 지혜는 또 남을 돕고 가르칠 수 있게 한다 (민 11:14-17, 24-30, 신 34:9, 느 9:20, 시 32:8; 143:10, 사 63:11). 이사 야 28:5 이하에서는 하나님이 직접 판결에 개입하여 백성을 대변하 고 계신다(사 28:6, 욥 32:8). 재판 자체는 하나님이 주신 지혜로 가능 하다(삼하 14:20, 왕상 3장; 10:24). 서로 다투는 백성들 간의 송사를 잘 처리할 수 있는 능력은 지혜의 영에게로부터 온다.

영은 자연과 역사에 개입하시면서 언약의 백성을 구하고 말씀을 선포하게 하며, 특히 지혜를 주어 그 일을 완수하게 하신다. 바로 하 나님이 직접 자기의 영을 통하여 사람을 부르며 말씀을 실현하신다.

역사에 하나님의 구원 행위가 가득 차 있다면, 종말에는 영의 사 역이 더 충만하여진다. 율법이 사람의 마음에 가득 찰 것이며 하나님 을 아는 지식이 이스라엘 중에 충만해지리라는 예레미야와는 달리, 에스겔은 같은 맥락에서 하나님의 영을 말한다. 하나님은 인간의 내 면에 영을 주신다. 그래서 그들이 하나님의 규례대로 살게 한다(겔 11:19 이하; 36:26 이하). 하나님은 언약 백성에게 새 영을 주셔서 돌 같은 마음을 제하고 부드러운 마음을 주겠다고 약속한다. 이것은 성 령의 종말론적 사역이다.

이런 식으로 하나님의 신의 사역에 대한 신앙은 여호와 계시와 점차 직결되어 나온다. 이스라엘은 자신들이 여호와의 영에 의하여 유지되고 인도됨을 알았다. 영은 그들이 위험에 처한 때에 새 생명을 주면서 그들 중에 역사했다. 이는 선지자들의 선포에서도 강하게 부각되었다. 하나님의 사역은 자기의 영이 사람들 중에 계시되어야 완성된다. 따라서 종말론적 대망이 늘 있어 왔다. 시편 51편에서 보는 대로 개인이나 모든 백성들도 영으로만 새로워질 수 있다(새 언약). 그러므로 예언자들의 선포를 근거로 하여 볼 때 이스라엘의 구속 역사는 하나님의 영이 만민들(신자들) 위에 부어질 새 세계를 향하여 치닫는다고 말할 수 있다. 특히 포로 이후 선지자들은 이스라엘의 영적 생활을 위로 향하게 하고, 그들을 오직 하나님에게만 종속시키면서 하나님이 영으로 이스라엘과 세계에 임재하고 상존하실 것이라는 소망을 선포했다.

이스라엘은 인간이 하나님의 영으로 말미암아 직접 하나님과 연결된 것을 알았다. 먼저, 하나님에게서 나오는 능력, 곧 루아흐로 인간은 독자적 존재가 되며 독자적 행동과 자유를 가진다. 신은 사사들과 선지자들 중에도 강하게 역사했다. 영은 하나님과 구별되지 않고, 때로는 하나님의 능력으로 때로는 독자적으로 표상된다. 어쨌든 신약의 명시적 삼위 하나님에 대한 이해는 구약에서는 여전히 암시적이었다. 무엇보다도 루아흐의 사역은 여호와와 세계 및 인간 사이의 관계 형성이었다. 여호와는 신으로 창조하고, 생명을 있게 하고, 지혜를 주고, 감동시키고, 죽음에서 살리고, 관계를 형성한다. 특별히 이 관계 형성은 신약의 성령 사역을 예견한다.

신약에 나타난 성령의 사역

구약에 비하여 신약은 성령님의 사역에 대하여 보다 분명하고 확고하게 가르치고 있다. 신약에서는 성령의 사역이 구약에 비해 더 구체적이고 구원 역사적으로 진전된 모습으로 나타난다. 그렇기 때문에 우리는 신약을 통해서 구약의 성령 사역을 하나님이신 성령의 사역으로 이해할 수 있다. 그렇지만 성령의 우주적 사역에 대하여서는 신약보다 구약이 더 장황하고 포괄적으로 가르치고 있다.

성령님에 관해서도 신약은 구약의 성취이다. 구약의 약속은 메시아가 성령님으로 기름 부음을 받을 것이라 했는데, 그것을 예수님이 직접 성취하셨다(눅 4:18-21). 구약의 약속은 "내가 내 영을 만민에게 부어 주리니"(욜 2:28)였는데, 예수님은 그 약속을 성령님을 보내 주심으로써 성취하셨다(행 2:17 이하). 이와 동시에 신약은 그리스도 이전의 언약 역사를 성령론적으로 해석한다. 다윗은 성령님을 통하여

우리는 무엇을 믿는가

말했다(시 110:1을 인용한 막 12:36, 행 2:34 이하, 고전 15:25, 히 1:13).
그리고 예언은 성령의 감동으로 되었다(벧후 1:21). 그러므로 성령님
이 구약 말씀의 주체시다(막 12:36, 행 4:25; 28:25). 구약의 제사, 성막,
율법의 의도와 이것들에 대한 해석이 다 성령의 수중에 있다(히 3:7;
9:8; 10:15).

그런데 삼위 하나님의 관계를 이렇게 잘 파악할 수 있는 신약에
서도 구약과 마찬가지로 성부와 성령을 동일시하다가, 때로는 구별하
는 망설임이 나타나기도 한다. 신약에서도 성령님이 능력으로만 언급
된 듯한 곳이 많다. 가령 고린도전서 2:4 이하에서는 영과 능력이 서
로 상호 교체된다. 고린도전서 2:10에서는 "하나님의 영"이라 하여
일치시키면서도, 로마서 8:26-27에서는 "성령이 말할 수 없는 탄식
으로 우리를 위하여 친히 간구하신다" 함으로 구별한다. 성령님은 우
리 속에 거하시는 하나님이시다(고전 3:16). 하나님은 그 아들의 영을
우리 마음 가운데 보내셔서 우리로 "아빠 아버지"(롬 8:15, 갈 4:6)라
부르게 하신다. 성령님은 인격이시고 동시에 능력이다. 우리와 교
회에 대해서 인격이신 동시에 우리에게 주어지는 은사이기도 하다.
은사는 다양하고 또 다양하게 배포되지만(고전 12:11, 히 2:4), 이것들
을 주시는 성령님은 한 분이시다(고전 12:4). 이로써 성령님은 근원이
시요 출발인 동시에 주관자시다.

무엇보다도 예수 그리스도에 대한 고백이 성령론에 새로운 계기
를 마련한다. 즉 그리스도 안에 나타난 하나님의 구속 사역으로부터
성령님이 그리스도와 깊이 연관된 종말론적 은사임을 알게 된다(행

2:38). 이런 밀접한 관계 때문에 성부와 성령이 일치되듯 성자와 성령도 일치된다. 그러나 그리스도와 성령님의 일치는 구속사적, 종말론적 일치이지 그야말로 "동일시"는 아니다. 그리스도의 부활은 다른 사건들과는 다른 종말적 사건이다. 새 언약은 주님이신 그리스도 안에서 실현된 언약이요 오직 성령의 살리시는 사역으로 그 언약에 참여할 수 있다. 즉 그리스도와 성령님은 한 구원에 밀접하게 연관되시므로, 그리스도와 상관되는 자는 성령님과, 그리고 성령님과 관계되는 자는 그리스도와 상관된다. 게다가 바울은 고린도후서 3:17에서 "주의 영이 계신 곳"이라 하여 그리스도와 성령을 구별한다. 부활하신 주님과 종말의 은사인 성령님은 동일시되거나 혼합될 수는 없다. 다만 주님과 성령님은 똑같은 일을 행하신다는 뜻이다.

이와 같이 우리는 다시 삼위일체론을 말한다. 삼위는 하나님의 본질에 근거해서 구별된 세 가지 형태다. 삼위 하나님의 인격은 삼위 간의 관계와 고유한 본성을 구별한다. 하나님의 모든 사역이 "성부로부터 성자를 통하여 성령 안에서"이듯이, 우리와 하나님 관계도 "성령 안에서 성자를 통하여 성부께"이다.

성령론의 구성

이미 살펴본 성령의 사역을 근거로 하여 우리는 성령론을 확대해야
한다고 주장한다. 사도신경에는 비교적 장황한 기독론의 고백 뒤에
"성령을 믿는다"는 간단한 고백이 나온다. 그러나 바로 뒤에 성령 사
역의 장으로서 교회가 언급된다. 그리고 그곳에서 사죄를 체험하고
종말론적인 영생을 소망한다. 즉 교회와 사죄 체험 및 종말론적 영생
의 기초는 그리스도와 그분의 사역이다. 그리스도는 "교회의 터"(고전
3:11)이시며, "화목제물"(롬 3:25)이시요, 우리의 "마지막"(계 1:8)이
시다. 그렇지만 이것들의 구체적 실현은 성령의 사역임이 분명하다.

성령님은 우리와 교회 안에 임재하시며 종말론적 소망의 보증이
시다. 성령님은 종말에 속하지만(행 2:17) 종말의 완성은 아직도 소망
중에 있다. 성령님은 이 일의 보증이시며 고리시다. 중생의 씻음과 성
령님의 새롭게 함에 우리의 소망이 있다(딛 3:5). 성령의 종말론적 은

사로 말미암아 신자들은 하나님의 영생에 참여한다. 이 생명은 그리
스도와 함께 하나님 안에 감추어져 있다. 성령의 은사로 하나님의 사
랑이 우리 마음에 부어져서(롬 5:5) 우리는 능동적인 주체자가 된다.
여기에는 우리의 완전한 구원, 곧 세상의 새롭게 됨(마 19:28)도 포함
된다. 그러므로 우리는 종말론적인 성령의 사역을 다음 몇 부분으로
대별大別할 수 있다.

　　오순절 이후 하나님의 사역은 일차적으로 성령의 사역이며 성령
님을 떠나서는 역사가 설명될 수 없다. 역사는 태초에 입력된 뒤에 자
동적으로 전개, 진행되는 것이 아니라, 성령님께서 세상과 역사를 붙
잡고 있기 때문에 계속되고 있다. 우리는 오순절 성령님을 교회에 오
신 성령님으로 믿고 그분에게서 출발한다. 자기 백성을 그들의 죄에
서 구원하신 예수 그리스도는 성령님을 통하여 말씀을 선포하심으로
먼저 자기 백성, 곧 교회를 모으신다. 이것이 그리스도의 몸으로서의
교회의 의미이다. 교회는 인간의 영들이 서로를 결집한 것이 아니라
성령님이 그리스도의 지체된 회중들을 한 몸으로 만드는 것이다(롬
12:4 이하, 고전 12:12 이하). 성도들의 교제 자체에서 성령님이 자기를
계시한다. 그리고 가르치고, 기억나게 하고, 인도하신다. 이것을 우리
는 "교회론"에서 다루게 될 것이다.

　　그러고 나서 "구원론"이 온다. 성령님은 그리스도의 영이시다. 성
령님은 예수님에게 봉사함으로써 위대하시다. 그 성령님은 "하나님
을 믿으니 또 나를 믿으라"는 예수님의 명령을 가능하게 하신다. 그
리스도는 성령을 통하여 말씀을 전파하심으로 교회를 모으시며 교회

속에서 구원을 누리게 하신다. 따라서 "구원의 은덕들"은 교회의 말씀 선포로 우리에게 오며, 우리는 그 성령님과 말씀과 더불어 그리스도를 소유하게 된다. 성도들의 삶의 근원은 하나님의 구원 행위이다. 그러므로 소위 "기독교적 삶"이란 "성령의 열매"다(갈 5:22 이하). 우리는 이것을 "구원론"에서 배우게 된다.

성령님은 과거의 그리스도를 우리와 교회 안에서 현재화하며, 나아가 그리스도 안에 나타나신 하나님을 만유의 주가 되게 하신다. 성령님은 이처럼 과거와 현재와 미래를 연결하신다. 우리는 계시의 조명 아래서 미래를 판단할 수 있으며, 세계사를 그리스도를 중심으로 조망할 수 있다. 세계와 미래가 완성을 향하여 나아가며, 여기에는 세상에 대한 죄, 의와 심판에 관한 책망이 있다. 이는 성령의 사역이며 성령님은 이 일을 위하여 교회를 파송하신다. 성령님은 교회에게 증거하실 뿐 아니라 교회를 통하여 세상에 증거하신다. 이것을 우리는 종말론에서 다룬다.

우리는 무엇을 믿는가

5

성령 하나님: 교회론

교회론 서론

오늘날은 교회론이 위기를 맞은 시대라 해도 과언이 아닐 것이다. 한국 교회 안에는 수많은 교파와 운동들이 전개되고 있다. 이제는 왜 장로교 신자며 어느 교단에 속해 있는가를 질문하는 사람조차 없을 정도로 교회론이 희미해졌다. 한국 교회 안에서 일제의 신사참배 강요로 인하여 교인과 교역자와 교회의 배교가 공공연하게 일어났던 역사적 사실에 대한 평가가 제대로 이루어진 적이 없다. 게다가 1960년대부터 일기 시작한 교회 성장 운동은 교단의 의미를 크게 약화했고 권징을 불가능하게 만들었다. 이제는 교회를 옮길 때 주고받는 이명서라는 개념이 아예 존재하지 않는다. 많은 경우 자본주의의 시장경제의 원리를 따라 교회가 운영되고 있다.

교회의 양적 성장은 하나님이 한국 교회에 부어 주신 큰 복이다. 이 복은 한국 교회가 장래에 감당해야 할 중요한 사역을 지시하고 있다. 그러나 야곱이 축복을 얻기 위하여 변장을 하고 부친을 속였듯, 교회 안에 이런 기만과 술수가 횡행하고 있지는 않은지 잘 살펴야 한다. 한국 교회에는 양적 성장만큼이나 문제도 많다. 직분을 맡은 상당수의 교인들이 사회에서 소금과 빛의 사명을 감당하기보다는 부정과 부패, 그리고 국가를 도탄에 빠뜨리는 잘못을 범해서 나머지 다수의 직분자들과 교인들이 사회에서 지탄을 받게 하고, 또 한국 교회 전체가 비난을 받게 하는 경우도 있다. 목회자들 중에는 재정적인 비리와 교권에 대한 집착, 성적 범죄를 자행하는 이들이, 신실하게 목회에 전념하는 절대 다수의 목회자들에게 실망을 안겨 주고, 교회 전체를 불신하게 하는 경우도 더러 있다. 한국 교회가 받은 복을 잘못 사용해서 이처럼 큰 위기에 빠져있다는 것은 어제오늘의 일이 아니다. 한국 교회는 에베소 교회처럼 처음 사랑과 처음 행위를 회복해야 한다(계 2:4-5). 부활하신 주님은 회개치 않으면 촛대를 옮기겠다고 경고하셨는데, 한국 교회의 모든 교인들과 목회자들 역시 이 경고를 청종해야 할 것이다. 이스라엘이 초막절을 지켰듯이, 한국 교회는 "옛적 길 곧 선한 길이 어디인지 알아보고 그리로 가라. 너희 심령이 평강을 얻으리라"(렘 6:16)는 여호와의 말씀에 순종해야 한다.

　교회는 하나님 나라가 임하며 뜻이 이루어지는 터전이 되어야 한다. 교회는 하나님 나라에 들어가며 하나님 나라를 이루는 교두보이기 때문이다. 그러므로 우리는 삼위 하나님이 어떻게 교회를 이루시고 협의하여 정하신 기쁘신 뜻을 이루시는지를, 또한 삼위 하나님의 사역인 교회에서 우리의 구원이 어떻게 이루어지는가를 살피려고 한다.

　　　　　　　　　　　　　　　　　　　우리는 무엇을 믿는가

교회는 "원칙적으로" 위에서 온 선물이다. 즉 삼위 하나님이 위에서 주신 선물이다. 이렇게 볼 때 교회는 사도신경에 잘 요약되어 있듯이, 특히 성령의 사역이며 그분의 사역은 방편들 곧 말씀, 성례 및 교회와 분리될 수 없다. 은혜의 방편들과 교회의 관계는 동등하다고도 볼 수 있지만, 사실은 방편들이 선행하는 것으로 보아야 옳을 것이다. 이것은 방편 중 특히 말씀이 지닌 소명의 기능 때문이다. 흔히들 은혜의 방편이 지닌 본래의 기능으로 "신앙의 강화"를 드는데, 여기에는 말씀과 성례가 평형을 이룬다는 생각이 깔려 있다. 그러나 말씀은 신앙생활을 시작하게 하고 증진시키도록 교회에 주어진 가장 능력 있는 방편이다. 신앙을 증진시키는 일은 성례도 하지만, 신앙을 시작하게 할 뿐 아니라 증진시키는 것은 말씀이다. 즉 말씀이 교회를 세우므로 말씀은 교회에 선행한다.

이렇게 볼 때 은혜의 방편론은 교회론에 선행한다. 교회가 방편들을 장악하는 것이 아니라 이 방편들을 통하여 하나님이 일하신다는 점이 크게 부각되어야 한다. 은혜의 방편론을 교회론에 앞세움으로써 우리는 로마교의 교회론과 본질적으로 다른 입장임을 분명하게 밝혀 둔다.

구속은 완성되었지만 지금 계속되는 사건이기도 하다. 이는 성령 사역의 특징이다. 즉 구속사는 종결되었음에도 구원은 지금도 하나님과의 교제를 통해 경험되며 성령님에 의해 현재화된다. 구원의 완성과 체험의 관계는 계시에서도 마찬가지다. 계시 역시 종결되었고, 우리는 그 종결된 계시의 형태로서 성경을 지니고 있다. 그러나 하나님의 자기 계시인 이 계시가 성령의 활동에 의해 계속된다는 의미에서 계시는 아직도 진행 중이다. 이것이 바로 성경이고 설교며 성례다. 말씀과 성례에서 교회는 하나님의 본성인 사랑을 받을 뿐 아니라 그 사랑으로 살아간다. 이제 교회는 하나님이 그리스도 안에서 행하신 일들을 말씀으로 증거할 뿐 아니라 그 말씀을 받은 존재로서 말씀의 근원인 그리스도를 지향하는 존재다. 그러므로 교회는 "말씀의 산물"이다. 교회는 하나님 나라를 세우고 하나님의 지배를 펼치도록 하나님의 손에 쥐어져 있는 도구요 방편이다.

계시가 하나님의 자기 계시이므로 그 계시를 받는 방편은 신앙이며, 신앙으로 인격적 만남이 가능하다. 믿음은 역사적 예수님을 지향하지만 그것은 이미 성령님 안에서 그 그리스도를 현재 만나는 일인 동시에 또 영원히 그리스도와 함께 있고자 하는 소망이다. 성령님은 이 일을 하시는 하나님이시다.

우리는 무엇을 믿는가

은혜의 방편

성령님은 방편을 사용하시어 교회를 세우신다. 하나님 나라를 전파하셨던 그리스도는 교회를 세우셨다. 아니 그분이 직접 하신 것이 아니라, 자기의 승천 이후 성령강림으로써 비로소 시작되었다. 그분은 베드로의 고백 위에다 "내 교회를 세우리니"(마 16:18)라고 하셨다. 이런 점에서 교회의 주인은 예수 그리스도 그분이시나, 그분은 교회 설립에 그리스도와 하나님의 아들이심을 고백하는 자기의 제자들을 쓰셔서 일하셨다. 부활의 주님은 마태복음 28:19-20에서 명령과 더불어 "내가 세상 끝날까지 너희와 항상 함께 있으리라"는 약속도 함께 주신다. 이것은 바로 성령님에 관한 약속이다. 그러므로 교회론은 성령론에 포함된다. 그리고 성령론에서 뿐 아니라 교회론에서도 은혜의 방편을 동시에 읽을 수 있다. 삼위 하나님의 이름으로 받는 세례는 말씀에 대한 반응의 절정이며, 성찬으로 이끄는 관문이다.

은혜란 세례 명령에서 나타나 있듯이 삼위 하나님과의 교제이며, 삼위 하나님과의 교제는 예수 그리스도의 사역을 떠나서는 생각할 수 없다. 그러므로 은혜는 그리스도의 인격과 사역을 지칭하기도 하는데 (고후 13:13), 이 은혜는 성부 하나님의 사랑의 결과이며(요 17:23) 성령의 사역으로 연결된다(요 15:26). 그래서 제자들은 이처럼 삼위의 이름으로 세례를 주어야 했고, 성령의 사역인 가르치는 일을 맡았다. 이러한 사역들과 사역을 맡은 자들은 성령님을 떠나서는 무력하다.

은혜가 예수님을 지시하며 결국에는 삼위 하나님의 인격과 사역을 지칭한다면, 은혜 역시 하나님이 자기를 주시는 계시 행위다. 하나님은 자기의 말씀을 통하여 자기를 주신다. 결국 은혜의 방편인 설교도 하나님을 지향할 때 방편이 된다. "성경론" 역시 이런 관점에서 고려해야 한다.

개혁자들은 성경에 근거하여 하나님 앞에 선 인간의 칭의를 깨달았다. 복음, 특히 하나님의 말씀에 들어있는 약속이 일차적 은혜의 방편으로 제시되면서 그 약속은 오직 믿음으로만 소유된다고 보았다. 로마교에서는 이 약속이 믿음과 관계없이 제시되나, 개혁가들은 약속이 응답을 호소하고 "요구"함을 깨달았다(고후 5:20). 약속이라는 외적 말씀과 신앙이라는 하나님의 내적 행위는 상호 부합한다. 말씀과 성례는 복음 약속의 실제적 방편으로서 나타난다. 이렇게 양자의 성격을 밝힘으로 성례를 우선시키고 말씀을 무시하는 로마교의 관행을 극복할 수 있었다.

성령님은 먼저 언약 안에서 일하신다. 이것은 성령의 자유다. 우

우리는 무엇을 믿는가

리가 말씀과 성례를 말할 때 이는 예수님이 직접 제정하신 방편을 말한다. 그런데 이것에 대한 이해를 현실에 적용할 때는 신축성이 있어야 한다. 사도행전 2장에서 보는 대로 그 방편들이 사용되어 교회가 설립되었을 때, 말씀과 세례 및 성찬만 있었던 것이 아니라 그 외에 다른 방편들도 나타났다. 기도, 교제, 찬미와 회집(예배), 빈부 간의 교제 등도 나타났다(행 2:42-47; 이 기록은 마 28:18:20의 예언이 처음으로 성취된 곳이다). 물론 이것들은 은혜의 방편에 대한 반응이라 할 수도 있다. 그러나 사도들의 가르침을 굳이 "말씀"으로만 제한할 필요는 없다. 말씀에서 파생된 기독교적 가정교육, 학교, 공동체의 영향, 도서들, 권면적 증거 등도 포함될 수 있다. 우리는 말씀의 우위성을 말하는 개혁주의 전통에 서 있기에, 말씀과 은혜의 방편인 성례 중 무엇이 우위인가의 문제로 끝없이 갈등했던 종교개혁 당시의 긴장이 사라진 터에서, 방편들을 신축성 있게 다루려고 한다.

나아가 성령님은 언약 밖에서도 일하신다. 이것 또한 성령의 자유다. 성령님은 자기가 정하신 때에 자기의 방식으로 일한다. 여기에 어떤 제한도 가할 수 없다. 방편은 성령의 방편이므로, 방편이 성령님을 제한할 수 없다는 뜻이다. 마치 구약의 멜기세덱이나 욥처럼, 정상적으로 언약의 복음이 전파되지 않은 곳에서도 성령님은 역사하실 수 있음을 다만 고백할 뿐이다. 그러나 이것 때문에 성령님을 무분별하게 일하시는 분으로 여겨서는 안 된다.

이런 것들을 고려하면서 말씀과 성례의 공통점과 상이점을 살피려고 한다. 말씀과 성례는 교회가 이것들을 요청하기 이전에 하나님이 직접 주셨다는 공통점을 지닌다. 이것은 방편들의 불가피성을 보여준다. 또 이것들은 성도들이 속한 피조물 중에서 취해져서 거룩한 방편들이 되었다. 기능 면에서 이것들은 자동적으로 일하지 않고 성령님이 방편들로 사용하시기 때문에 유효하다. 또 이것들은 모두 예수 그리스도를 지시한다.

상이점들도 있다. 성령님은 말씀으로 새 사람을 만들고(롬 10:17), 성례는 그리스도의 생명을 우리에게 먹이고, 강화하며, 인친다(롬 4:11, 고전 11:24). 선포가 먼저이고, 세례는 그 다음이다(마 28:18). 디모데는 성례 집행이 아니고, 말씀 전파를 명령받았다(딤전 4:2). 성령님의 창조적 도구인 말씀은 죄와 화해되어야 할 상태를 전제하나 성례는 화해된 상태를 전제한다. 이 점에서 성례는 필수적이지 않다. 말씀은 온 세상을, 성례는 교회를 대상으로 한다. 말씀의 해석 없이 성례는 불분명하고 맹목적이다. 성례를 부각시키려고 말씀을 무시하는 것은 성례에 오히려 손상을 가져온다.

말씀

개혁주의는 은혜의 방편인 말씀을 설교된 복음, 곧 설교로 이해했다. 이 설교는 본질상 복음이다. 복음은 복된 소식과 동시에 명령적 호소를 포함한다(고후 5:20). 설교는 사람의 말이 아니라 바로 하나님의 말씀이다(살전 2:13). 그러므로 이 설교를 통하여 하나님의 구원이 청중에게 주어진다. 일차적으로 설교자의 직분적 사역인 설교만이 은혜의

방편이지만, 교인들의 개인적, 집단적 성경 공부(행 17:11)나 교육도
이에 준하는 방편으로 볼 수 있다.

율법과 복음

로마의 중세 신학은 율법과 복음의 관계를 구약과 신약의 관계로 규
정해 버렸다. 여기에는 신구약에 담긴 하나님의 계시의 우열 또는 가
치 평가가 함축되어 있다. 예로부터 구약 경시 풍조는 교회의 역사에
늘 있어 왔고, 구약을 율법적으로 해석하는 경향도 일반적이었다.

루터는 율법의 특정한 역할은 계속된다고 보았다. 하나는 율법의
"정치적 용법"으로, 율법은 시민적 삶을 규정하고 정돈하며 유지하게
한다. 물론 이 용법에 대한 올바른 이해는 복음에서 온다. 다만 칭의
를 이루는 것은 복음 설교일 뿐이요, 율법은 결코 복음 설교를 대신할
수 없다. 다만 이 설교의 과정에서 율법은 정죄하고 죽음을 보여준다.
이것이 바로 율법의 "신학적 용법"이다. 신자는 죄인인 동시에 의인
이기 때문에 항상 율법의 이중적인 용법하에서 살아간다.

개혁파는 율법이 요구하는 바를 복음이 제공한다는 점을 강조한
다. 율법은 회개로 인도하는 복음이요 복음은 그리스도에 의한 성취
로 말미암아 성화를 이루는 율법이다. 계명의 요약인 사랑(마 22:17-
40)을 하나님이 먼저 그리스도 안에서 보여주시고 그 후에 우리에게
요구하신다(롬 5:8, 요일 4:19). 약속을 주시면서 요구하시는 하나님의
은혜의 방편이 율법이다. 이와 같이 그리스도는 율법의 마침(롬 10:4)
이다. 복음으로 하나님은 그리스도 안에서 자기를 우리에게 주시고,

율법으로 우리가 자기에게 드릴 것을 요구하신다.

율법은 하나님의 뜻이다. 십계명을 보라. 여호와는 율법을 선포하시기에 앞서 출애굽의 해방 사건을 먼저 선언하셨다. "나는 너를 애굽 땅, 종 되었던 집에서 인도하여 낸 네 하나님 여호와니라"(출 20:2). 율법의 위치는 이처럼 언약 안이며, 언약 백성을 향한 선택이 율법에 선행했다. 율법은 무엇보다도 감사의 법이다. 정치적이고 책망하는 용법으로서의 율법은 결국 사라질 것이나, 감사의 법으로서의 율법은 천국에서도 남을 것이다. 그러므로 율법은 복음과 함께 하나님의 말씀이다. 율법은 타락 이후 우리의 죄악을 발견하고, 그리스도를 궁구하게 하며(갈 3:24, 벧전 1:10-12), 신자가 감사하며 죄에 대하여 싸우도록 하는 매다. 그러므로 우리에게는 정죄를 통해 그리스도를 지시하는 율법이 아니라 이미 그리스도 안에서 감사와 죄에 대한 경계로서의 율법과 계명이 있다(요 15:10 이하, 요일 2:4, 7 이하).

말씀과 성령

전도의 말은 지혜의 권함이 아니라 성령님의 나타남과 하나님의 능력을 토대로 믿음을 일으킨다(고전 2:4). 그러므로 전도자가 자랑할 것은 자기의 말에 그리스도께서 성령의 능력으로 역사하셨다는 사실뿐이다(롬 15:18). 전도자가 선포하는 위로는 인간이 전하는 복음의 말이 아니라 능력과 성령님으로 임한다는 사실에 있다(살전 1:5). 이것은 약속이기도 하다. 성령님은 그리스도의 말씀을 전하는 증인들과 동행하신다(행 1:8).

우리는 무엇을 믿는가

개혁파는 성령님이 말씀과 성례를 통하여 역사하시면서 "믿음"도 일으키신다고 가르쳤다. 즉 말씀은 늘 유효하다. 말씀을 통하여 역사하시는 성령님은 무인격적 능력이 아니고, 또 늘 같은 방식으로 역사하시지도 않는다. 성령님은 열매가 맺히도록 마음을 준비시키신다. 인간적 말씀 사역에는 반드시 이런 식으로 성령의 내적 사역이 동행해야 한다. 또 내적 기름 부음은 말씀을 들음에서 나온다. 루디아의 경우에서 볼 수 있듯이, 성령의 내적 사역은 외적 말씀 사역과 상응한다(행 16:14, 눅 24:45 참고).

칼빈은 성령의 교육이 없으면 설교도 무익하다고 했다. 성령님은 말씀을 가지고 원하시는 때에 역사하신다. 칼빈은 말씀에 대한 성령의 자유를 원리적으로 고수했다. 이는 성격상 성령님이 말씀 안에 포함되어 있다고 보는 것이 아니라, 성령님이 말씀을 통해 원하시는 때에 역사하신다는 성령의 내적 사역을 중시한 것이다. 칼빈은 이렇게 성령님과 말씀의 불가분 관계를 말하되, 성령의 주인이심을 동시에 말한다. 하나님은 성령의 능력을 의탁하사 말씀을 배포하셨던 것과 같은 방식으로 그 동일한 성령님을 보내 말씀을 유효하게 확증시키심으로써 자기의 사역을 완성하신다. 이것은 성령님이 말씀을 통하여 직접 은혜를 주신다는 뜻이요, 성령님을 통하여 그리스도가 이 일을 주장하신다는 말이다. 나아가 성부께서 직분자들을 통하여 그리스도 안에 있는 은혜를 성령의 역사로써 배포하시니, 오직 영광이 그분께만 돌려져야 한다는 강변이기도 하다.

성령님은 교회의 성령이시며 언약 안에서 역사하신다. 성령님이 말씀과 무관하게 이방인들 중에 역사하는지는 우리로서는 잘 알 수 없으며, 설령 있다 하더라도 이는 지극히 예외적이다. 그러나 성령님이 언약 안에서만 사역하신다는 것이 성령의 자유를 제한하지는 않는다. 말씀에는 율법도 있으나 핵심은 그리스도다. 그리스도는 말씀에 임재하면서 말씀과 성령님으로 우리에게 오신다.

이와 관련하여 성도의 교제로서의 교회를 언급할 수 있다. 성도들이 말씀을 들을 때 하나님이 비로소 임재하시는 것이 아니라, 예수님은 두세 사람이 자기의 이름으로 모이는 곳에도 임재하신다고 약속하셨다(마 18:20). 이 약속을 따라 초대 교회 성도들은 열심히 모였다(행 1:13; 2:1, 42, 44, 46). 종말에 사는 성도들은 모이기를 힘써야 한다(히 10:25). 예배의 모임에서 하나님과 백성 간의 교제가 표현되며 구체화되어야 한다. 사실 개혁교회의 예배에서 삼위 하나님의 이름으로 교중을 향하여 인사와 임재 선언(고전 1:3, 계 1:4-5)이 먼저 선언되는 것은 성도들의 모임, 예배가 은혜의 방편인 것을 보여주는 증거라 하겠다. 삼위 하나님의 임재가 설교로 선포된다. 또 임재 선언과 강복降福 선언은 역시 삼위 임재의 재약속이요 재확인이다(민 6:24-26, 고후 13:13).

성례

"성례"라는 말은 라틴역 불가타가 에베소서 1:9; 3:3, 9; 5:32의 "비밀"을 "성례"로 번역한 데서 비롯되었으며(고전 10:2-4, 요일 5:6-8), 신비하고 거룩한 행위나 사건을 지칭한다. 그래서 서방 교회에서는

우리는 무엇을 믿는가

이 말을 삼위일체나 성육신과 같은 교리나 십자가, 로마교의 7성례나 축사(마귀 쫓음) 등을 일컫는 데도 사용했다. 로마교의 7성례는 인간의 성장 과정의 유비를 따라 영세, 견진성사, 성체성사(성찬), 고해성사, 병자성사, 그리고 신도에 따라 성품성사, 혼례성사로 나뉜다. 7성례 중에서도 세례와 성찬은 늘 중요한 위치를 차지했다. 그러나 개혁파는 성례 위주의 중세 로마교 관행을 버리고 말씀을 우선시했고, 성례는 말씀의 표와 인이 되었다. 즉 성례는 하나님의 은혜에 대한 신실하심과 복음 약속에 대한 신실성에 대한 보장으로 주어졌다. 성례나 그 구성 요소들(물, 빵, 포도주)은 인간의 착상이나 교회의 선택이 아니라 교회에 주어진 선물이요 따라서 구원의 방편이 된다.

성례를 약속의 말씀에 대한 표와 인으로 보게 된 것은 아브라함이 할례의 "표"를 받은 것이 무할례시에 믿음으로 된 의를 "인" 친 것이라는 말씀에 근거한다(롬 4:11). 표란 그 자체에 무슨 의미가 있는 것이 아니라, 그것이 가리키는 대상을 지적하면서 그 대상과 연관될 때만 의미를 지닌다. 이 표의 대상은 예수 그리스도와 그분의 은덕들이다. 말씀은 늘 그리스도에 관한 복음이지만, 물, 빵, 포도주는 그렇지 않다. 이 표들은 그 자연적 위치와 정상적인 기능에서 추출되어 새로운 역할이 부가되었다. 이로 인하여 의미 변화가 일어나며 새로운 기능을 지니게 되어 두 실재들 간에 연결이 이루어진다. 지상 삶의 실재가 하나님 나라의 실재를 지시하면서 서로 연결된다. 이 세상은 가상이고 천국만이 실재가 아니라, 이것도 저것도 실재다. 하나님 나라는 이미 왔으나 완성되어야 한다. 우리는 성례를 통하여 천국을 확인한다.

나아가 성례와 요소들은 인이다. 그것들은 그리스도와 그분의 은덕들 및 하나님 나라를 지향할 뿐 아니라 그리스도의 임재를 확인하고 보증한다. 이것이 바로 인의 역할이다. 먼저는 말씀의 내용을 효력 있게 하며 확증하는 인침이요, 나아가 그것을 소유하고 확인하는 내적 인침이기도 하다.

성령의 역사로 성례는 표와 인이 된다. 성례는 구원을 그대로 보여주고 중재하는 방편이지만, 성례 자체가 구원을 주지는 않는다. 구원을 주는 성령의 자유를 성례의 어떤 측면으로도 제한하거나 무시해서는 안 된다. 오직 간절한 기도만이 성령의 자유하심을 보장한다. 그러므로 성례에는 겸손한 신앙과 기도가 전제된다. 신앙이 성례의 구성 요소는 아니지만 신앙이 없이는 성례가 표와 인으로 인지될 수도 없고, 본질적 내용이 전달될 수도 없다. 말씀이든 성례든, 믿지 않는 자들은 그 내용인 그리스도를 받지 못한다. 믿지 않는 자들이 성례에 참여할 때 하나님의 질서는 파괴되고, 구원이 아니라 정죄와 심판을 받게 된다(고전 11:29의 "죄"는 원래 "심판"이다).

성례의 유효성은 집행자나 그것에 참여하는 자의 유효성이 아니라 성례를 수반하는 말씀에 있다. 성례는 은혜의 표요 인이지만 은혜 자체는 아니기 때문이다. 성례 참석은 그리스도가 인간이 되셨고, 그분의 삶과 죽음으로 화해를 이루셨음에 대한 증거다. 나아가 그분이 다시 오실 것임에 대한 증거요 소망이다. 성례의 요소가 세상에서 취해졌다. 그러므로 성례에 참여한다는 것은 이 죄의 세상에서 그리스도의 승리의 나라의 표를 세우기 위하여 세상으로 다시 파송받는다는 의미가 있다.

우리는 무엇을 믿는가

세례

그리스도께서 자기의 사역과 연관시켜서 세례를 직접 제정하셨다. 물론 예수님이 직접 세례를 베푸셨다는 성경의 증거는 없다(요 4:2). 그러나 부활의 주님은 삼위의 이름으로 세례를 주라고 명하셨다(마 28:19). 직접 제정하셨으나 교회 설립을 위하여 제자들에게 일임하셨다. 사도행전에서는 예수님의 이름만 고백하여도 세례가 시행되었다 (행 2:38; 8:12, 37; 10:48). 예수님은 친히 세례를 받음으로써 우리와 같은 죄인의 모습을 취하셨다. 구약의 율법에는 여러 종류의 결례들이 있었는데, 이는 여호와 앞에서 부정한 것을 씻는다는 뜻을 지녔다 (레 11-15장, 민 19장, 사 1:15-17). 예수님은 세례를 받음으로써 회개해야 하는 죄인들의 무리에 속하게 되었고, 여기서 시작된 예수님과 죄인 간의 연대성은 자기의 죽음과 부활로 계속되었다(눅 12:49 이하). 이처럼 물과 피로 증거된 예수님의 죽음은 세례와 성찬의 기초가 되었다(요 19:34, 요일 5:6).

중생의 씻음인 세례를 통하여 수세자는 그리스도 안에서 삼위 하나님과 연합하며, 그분의 존재는 하나님과의 관계 속에서 구성된다(롬 6:10; 7:4). 그러므로 세례는 근본적으로 그리스도와 더불어 매장됨이요 죄를 씻고 그리스도를 입는 예식이다(갈 3:27). 세례는 공개적인 매장이요 공개적 부활 축제다(롬 6장, 골 2:12). 이로써 수세자는 그리스도 안에서 "새 피조물"이다(고후 5:17). 세례는 우리가 그리스도와 함께 매장되고 부활했음을 성령님이 증거하시는 인침이다. 세례로 우리 속에 그리스도가 사시니(갈 2:20), 세례는 그리스도의 임재를 나타내는 인이다. 세례를 통해서 우리는 그리스도의 몸에 공개적으로 접붙여짐과 동시에, 그리스도의 몸인 교회의 성도들과 연합한다(고전 12:13). 사도신경으로 고백하는 "성도의 교제"도 세례를 통하여 이루어진다.

세례보다 예수님의 은덕들이 선행할 뿐 아니라, 이 은덕들에 대한 설교도 선행한다. 세례 요한은 예수님이 성령님으로 세례를 주실 것이라고 예언했는데, 이 예언을 따라 오순절에 사람들은 죄 사함과 성령님을 선물로 얻는 세례를 받았다(행 2:38). 그런데 이 세례에는 예수님의 죽음과 부활이 선포되었고, 회개에 대한 명령이 선행되었다. 이런 회개를 성경은 "구원에 이르는 회개"(고후 7:10) 또는 "생명에 이르는 회개"(행 11:18)라 부른다. 이처럼 죄를 알고 고백하며 "생명이 오직 그리스도 안에 있다"는 신앙고백이 이루어진 후에 세례는 이를 확정한다. 세례는 이미 받은 약속에 거하라는 호소요 격려다.

신약에서 세례가 나타날 때는 하나님이 수세자에게 행하시는 구원 행위에 강조점을 두고 있다. 즉 죄 사함을 얻게 함(행 2:38), 씻음과 거룩함과 의롭다 함(고전 6:11), 깨끗하게 함(엡 5:26), 마음에 뿌림을 받아 양심의 악을 씻음(히 10:22), 심판에서의 구원(행 2:40), 죄의 몸이 멸망당함(롬 6:6), 그리스도와 함께 죽고 살아남(롬 6:3 이하), 그리스도와 함께 부활함(골 2:12 이하), 그리스도를 덧입음(갈 3:27) 등의 표현은 직접, 간접적으로 세례로 시작되는 신자의 삶이 어떤 모습인지 표현한다. 이러한 내용을 담은 신약의 본문들은 세례 받을 것을 권하며, 또 이미 받은 세례를 상기시키면서 은혜 안에 머물 것을 강조한다. 즉 그리스도와 연합하여 받는 세례에는 신자의 과거와 현재와 미

우리는 무엇을 믿는가

래가 다 포함되어 있다(엡 2:5-6).

세례가 구원에 필수적이지는 않다. 구원을 위하여서는 말씀 전파만으로 충분하기 때문이다. 공산 치하나 회교권의 지하 교회에 세례가 없다고 해서 구원도 없다고 단언할 수는 없다. 다만 하나님이 원하셨고 그리스도가 제정하셨다는 의미에서 필수적이다. 그러므로 평화 중에 있는 교회가 세례를 경시하는 것은 큰 잘못이다. 나아가 한국 장로교회의 세례 의식은 너무나 상징화되어 성례로서의 의미가 거의 나타나지 않는다. 차라리 침례교의 침례가 더 나아 보일 정도다. 하지만 침례교 세례와의 차이는 이 의식 집행에 있다기보다는 언약 이해의 차이로 인한 유아세례의 인정 여부에서 나타난다.

유아세례

성경이 유아세례에 대해 직접 언급한 부분은 없지만, 이는 200년경에 이미 시행되고 있었다. 이를 우리는 성령의 인도에 의거한 유추로 받아들인다. 구약에서는 언약의 표가 할례였는데, 언약 백성의 아들들은 난 지 8일 만에 모두 할례를 받았다(창 17:7). 이 말씀은 백성들뿐 아니라 그들의 어린 자녀들에게도 주어졌다(신 29:29, 행 2:39). 또한 세례는 할례의 대체가 아니라 성취다.

성인 세례의 경우 신앙고백이 세례에 선행하는 것은 부인할 수 없는 성경의 교훈이다. 그렇지만 은혜의 방편으로서 세례는 이와는 다른 성격을 지니고 있다. 즉 하나님은 세례로 수세자와 교제하시며, 수세자는 하나님의 이런 구원 행위를 수동적으로 받을 뿐이다. 그렇다면 성인 세례의 근거도 바로 언약의 약속이 아닌가? 세례가 신앙에 의존하는 것이 아니라, 도리어 신앙이 세례로써 표와 인을 삼는 구원 사역에 의존한다. 또 성령의 작업장인 교회는 성도들의 어머니다. 세례가 은혜 행위가 아니라 인간의 자발적인 행위로 인지된다면, 교회는 어머니가 될 수 없을 것이다.

유아세례는 유아들도 성령이 사역하시는 터 안에 간수하려는 하나님의 의지에서 비롯된 일이다. 유아세례를 받음으로써 유아가 비로소 언약의 회원이 되는 것이 아니라 회원임이 인쳐지는 것이다. 그래서 사도행전에서는 성인이 세례를 받을 때 그의 집(행 16:15)과 권속(행 16:33)과 온 집(행 18:8)이 더불어 세례를 받았다. 또 부모와 자녀의 밀접한 관계(고전 7:14)나 아이와 교중과의 관계(행 21:5), 또 교중에서의 아이의 위치(마 18:3) 등이 유아세례의 근거로 쓰이기도 한다. 우리는 이미 언급한 언약의 성격이 유아세례를 지지한다고 본다. 그러므로 우리는 언약의 속성상 유아세례는 성경적임을 확신한다.

성찬

성찬 제정은 그리스도의 인격 및 사역과 직접 연결된다. 예수님은 떡을 떼어 "이것은 너희를 위하는 내 몸이니"라고 하셨고, 잔을 가지사 "이 잔은 내 피로 세운 새 언약이니"라고 하셨다(고전 11:24-25). 먼저, 성찬은 그리스도의 몸과 피에 참여함이다(고전 10:16). 또 제자들에게 떡을 먹고 포도주를 마실 때마다 자기를 "기념"하라고 명하셨다(고전 11:24-25). 그러나 그 주님은 이미 성령님 안에서 교회 중에 임재하고 계신 부활의 주님이다. 달리 말하자면, "기념"은 그분의 죽으심을 그분이 오실 때까지 전하는 것이다(고전 11:26). 이처럼 성찬은 죽으심의 역사적 사실과 예수님의 사역들을 (기념보다는) 기억함으로 "지금도 계시는"(히 13:8) 부활의 그분과 나누는 교제다.

우리가 성령님 안에서 지금 즐기는 이 성찬은 제자들이 주님과 처음 가졌던 성찬과 동일하다. 우리는 "내 피와 내 살"이라는 그날 밤 예수님의 말씀을 동일하게 들으며, 그 동일한 떡과 잔을 받아 동일한 주님을 먹고 마신다. 이것은 바로 부활하신 주님의 임재로 가능하다. 주님 자기가 이 표와 인에 직접 임재해 계신다. 그러므로 우리는 떡과 잔을 부활하신 주님과 결코 분리해서는 안 된다. 우리는 떡과 잔으로 주님을 직접 먹고 마신다. 그러므로 합당치 않게 먹고 마시는 자는 주의 몸과 피를 범하게 된다(고전 11:27).

십자가와 고난에 앞서 예수님은 자기를 "생명의 떡"(요 6:35)이라 하셨고, 또 성찬을 제정하시면서 "이것은 내 몸이니라"(막 14:22)하셨다. 그리고 자기가 흘리실 피를 "언약의 피"(막 14:24)라 지칭하셨다. 그러므로 이 언약의 떡과 언약의 피가 성찬의 구성 요소다(마 26:26-29, 막 14:22-25, 눅 22:14-20, 요 6:51-56). 세례와 마찬가지로 성찬도 언약 의식이다. 이 배경에는 유월절 어린양과 해마다 드리는 속죄제물의 예표가 있다. 모세는 언약의 책을 읽고 난 뒤 번제와 소로 여호와께 화목제를 드렸다. 소 피의 반을 백성들에게 뿌리면서, "이는 여호와께서 이 모든 말씀에 대하여 너희와 세우신 언약의 피니라"고 선언했다(출 24:8). 여호와가 자기의 언약을 스스로 보증하는 이 언약의 피는 그리스도의 보혈을 예표한다. 하나님과의 언약은 하나님의 권한이 인정되고 죄인이 정화될 때 가능해진다. 언약 중보자인 그리스도는 언약의 하나님과의 만남을 열어 주신다. 그리스도는 하나님과 인간을 연결시키며 성찬은 이 일에 표요 확증이다. 그러므로 성찬의 중심에는 그리스도가 서 있다. 빵과 포도주로 표해지고 인쳐진 그리스도의 몸과 피로 말미암아 신자들은 양육되고 죄의 짐을 벗고 유쾌해진다(요 6:55-57). 여기서 "몸"은 예수님 자신을 말하며 "피"는 자기의 죽음을 뜻한다.

성찬은 예수님의 고별 식사가 아니라 교제 식사다. 우리는 성찬을 지속적으로 시행하며 반복해야 한다는 명령을 그분께 받았다(고전 11:26). 교회는 예수님과의 마지막 식사를 기억하는 동시에 하나님 나라에서 새롭게 먹고 마실 것을 대망하면서 성찬에 참여한다. 제자들과 교회의 이러한 대망은 앞으로 성취될 것이다. 따라서 성찬은 다시 오실 이와의 교제 식사이며, 성령님 안에서 기쁨과 환희의 잔치다(참조. 요 16:20). 이처럼 우리는 소망 가운데 승천과 재림 사이에서 성찬을 즐긴다. 그러므로 그리스도를 기억(눅 22:19, 고전 11:24-25)하는 성례는 결코 과거의 그리스도를 기념하는 "추도식"인 것만은 아니다. 그리스도의 성찬 제정 말씀을 읽고 포도주와 빵을 믿음으로 받을 때, 우리는 그리스도의 피와 살을 실제로 마시고 먹는다. 이로써 성령님으로 성찬에 현존하신 부활의 그리스도와의 교제를 기념한다(고전 10:16).

성찬은 장래를 바라보게 한다(마 26:29, 눅 22:18). 현재의 성찬은 하나님 나라에서 누릴 장래의 성찬을 예고한다. 임금이 배설排設하는

우리는 무엇을 믿는가

혼인 잔치(마 22:3 이하)는 천국에서 "어린양의 혼인 잔치"로 완성될 것이다(계 19:7, 9). 천국에서는 말씀과 성례가 사라지고 우리가 하나님을 직접 보게 될 것이다. 그러므로 어린양의 이 잔치는 한편으로는 어린양의 속죄의 죽음(계 5:12)과 뗄 수 없으면서도 초대 교회에서 아름답게 정착되었던 애찬의 영원한 잔치가 될 것이다. 성찬 참여로 우리는 다시 오실 주님을 갈망한다(고전 16:22). 그러므로 성찬과 장래는 상징과 실재의 관계가 아니라, 성취의 시작과 끝의 관계다. 세례와 마찬가지로 주님의 죽음에 대한 동참은 우리로 하여금 장래에 맞을 부활의 영광을 대망하게 한다.

성찬은 동시에 성도들을 연결시킨다. "떡이 하나요 많은 우리가 한 몸이니 이는 우리가 다 한 떡에 참여함이라"(고전 10:17). 성찬상에서 한 떡을 회중이 함께 먹는다. 이로 인해 성령의 매는 줄로 그리스도 안에서 하나 된 지체들로서 성도들은 하나 됨을 체험하게 된다(엡 4:3). 성찬에는 선택된 신자들만 참여할 수 있다. 죄가 없기 때문에 참여할 자격을 갖는다는 뜻이 아니다. 다만 죄인이지만 위로받기 위하여 자기를 말씀으로 살펴야 한다. 불신자들은 이를 받을 수 없다. 오직 믿음 안에서 신자들에게만 떡과 포도주가 표가 된다. 성령님은 신앙의 길을 통하여 참석한 신자들에게 그리스도를 실제로 먹고 마시게 하신다. 왜냐하면 우리 삶의 근거가 우리 속에 있는 것이 아니라 우리 바깥의 그리스도 안에 있다는 것을 인정하면서, 실제적으로 그 근거를 찾는 행위가 성찬에 참여하는 것이기 때문이다.

성찬 집행의 책임은 말씀 사역자에게 있다. 성례는 말씀과 더불어 은혜의 방편이 되며 성찬은 가시적인 말씀 전파이기 때문이다. 성찬을 너무 자주하는 것도, 그렇다고 너무 뜸하게 하는 것도 좋지 않다. 칼빈은 고대 교회처럼 원래 매 주일 1회 시행을 주창했다(칼빈, 4. 12. 44-6.). 그러나 제네바 당회는 분기별 시행을 결정했고, 이것이 개혁/장로교회의 전통이 되었다. 현실적으로 한국 교회의 몇몇 큰 교회들은 이조차 제대로 시행하지 못하고 있는 실정이다. 아무리 말씀이 중요한 방편이라 하더라도 초대 교회가 견지해 온 그리스도의 실제적 임재에 대한 태도가 약화되는 현실을 고려할 때, 이는 바로잡아야 할 일이다. 또 교중 앞에서 가시적으로 빵을 떼고 포도주를 부을 수 있는데, 개신교에서 이를 상징성만을 띈 행위로 전락시켰다고 해서 이에 대한 반발로 성찬이 마치 십자가 사건을 가시적으로 재현하는 것처럼 극적인 시위를 하는 것도 옳지 않다. 이는 미사 집행의 연출과 유사해질 수 있기 때문이다.

기도

웨스트민스터 대요리문답은 그리스도가 자신의 중보 혜택을 교회에 전달하시는 외적 또는 보통 방편으로 말씀과 성례와 기도를 제시한다(대요리문답 제154문답, 제178-196문답; 소요리문답 제88문답, 제98-107문답). 그러나 기도를 은혜의 방편으로 언급할 뿐 더 이상의 설명이 없고, 바로 주기도문 해설이 나타난다. 기도는 성령의 도우심과 그리스도의 이름으로 우리의 소원을 하나님께 올리는 것인데, 죄의 고백과 하나님의 긍휼에 감사하는 것이라 함으로써 기도의 의미를 약화한 면이 있다. 대요리문답은 말씀과 성례는 하나님이 주시는 것으로 그분이 우리에게 오시는 방편이라면, 기도는 감사의 방편이어서 우리가 하나님께 나아가는 방편이라고 설명한다.

우리는 기도가 은혜의 방편임을 강조하려고 한다. 칼빈 역시 기도를 "우리가 매일 하나님의 은덕들을 받는 방편"이라고 한다(칼빈, 3. 10.). 인간은 전적으로 부패했고 철저한 절망 가운데 있기 때문에 바깥에 있는 도움을 청해야 한다. 우리에게 없는 것이 그리스도 안에 있다는 것을 믿음으로 알게 되면, 기도로써 그것을 하나님께 간구한다. 믿음이 복음에서 났듯이 믿음으로써 우리 마음은 하나님의 이름을 부르는 훈련을 받게 된다. 복음의 증거를 우리 마음에 인치신 성령님이 우리 영을 하나님께 나아가게 하신다. 하나님이 주시는 것을 간구하는 방식이라는 상당히 간접적인 의미로서 기도가 은혜의 방편임을 말할 수 있다.

또 기도와 성령님의 관계를 보자. 바르게 기도하는 것은 희귀한 은사인데, 우리는 이를 얻기 위해 성령의 도움을 간구해야 한다. 우리는 기도가 하나님이 자기를 계시하시는 방편이며, 성령의 도움으로 믿음 안에서만 예수님의 이름으로 기도할 수 있다는 의미에서 "제한적인" 은혜의 방편인 기도를 옹호한다. 이로써 세 방편들은 모두 특성을 지닌다. 한마디로 진정한 의미의 은혜의 방편인 말씀을 깨닫게 해주는 것은 기도다. 간접적이기는 하나 기도는 하나님이 자기를 계시하시는 방편이다. 기도는 삼위 하나님과의 교제를 위한 방편이다. 말씀을 깨닫게 해주는 것이 기도다. 이러한 점에서 공예배 시에 설교

직전에 드리는 "설교"를 위한 기도는 성령의 임재와 능력을 간구하는 좋은 전통이다(참조. 골 4:3).

이 외에도 은혜의 방편으로서 교회 안팎에서 이루어지는 구제, 또는 넓은 의미의 봉사를 고려해 볼 수 있다. 이는 성찬의 회복과도 연관이 있다. 성찬은 원래 애찬과 밀접하게 시행되었다. 칼빈은 집사를 가난한 자들의 문제를 취급하여 교회를 섬기는 집사와 가난한 자들을 돕는 집사로 구별했다(칼빈, 4. 3. 9.). 사실 그는 사도들이 말씀 전파와 식사를 통한 구제를 했으니(행 6장) 이 사도적 교회의 본을 따라 집사가 있어야 한다고 말했다.

사실상 기도에서 본 대로 은혜의 방편이 지닌 하나님과의 교제의 측면은 결코 부차적일 수 없는 중요한 요소다. 이는 성찬에서도 마찬가지다. 그리고 말씀과 설교에서도, 말씀에 제시되고 임재하신 그리스도와 그분 안에서의 삼위 하나님과의 교제가 핵심적인 내용이라 할 수 있다.

우리가 전통을 따라 설명한 말씀과 성례와 기도라는 은혜의 방편들이 지닌 성령론적 차원이 더욱 강조되어야 할 것이다. "성령으로"는 이미 쌍방적이다. 또 구제는 여호와 하나님이 고아나 과부를 돌아보시며, 예수님이 행하신 일도 넓은 의미에서 구제다(마 9:35-36). 또 이 구제의 일은 그리스도를 대신하여 그분을 나타내는 일이다(마 26:40). 나아가 구제나 봉사는 교회가 세상을 향하여 지닌 책임을 상기시킨다. 교회에 임재하시는 삼위 하나님을 교회가 바깥으로 나아가서 가시화하는 것도 어떤 점에서는 은혜의 방편이 될 수 있다.

우리는 무엇을 믿는가

교회

구약에서 총회(신 9:10; 23:1 이하)와 회중은 일차적으로 예배 집단을 말한다. 가령 시내산에서 십계명을 받을 때나 성전 낙성식 때와 같이 예배를 위해서 모인, 혹은 에스라가 예루살렘에서 모세의 율법책을 읽을 때 모인 이스라엘 백성을 회중이라고 말한다(신 5:22, 왕상 8:22, 느 8:2). 이처럼 총회는 여호와의 부름을 통하여 형성된 무리다. 그러므로 이는 여호와의 총회(민 16:3, 신 23:2 이하, 9, 대상 28:8, 느 13:1, 미 2:5) 또는 회중(민 27:17; 31:16, 시 74:2)이다. 부름에 응한 회중이 모일 때 여호와는 그들 중앙에 계신다(민 16:3). 그들이 회막이나 성전을 중심으로 모일 때 여호와는 거기에 임재하신다. 그리고 여호와는 예배를 통하여 만나시고 말씀으로 자기를 계시하신다. 그리고 회중은 속죄 제사로 점점 더 거룩해진다.

구약은 이스라엘을 "백성"이라 하여 그들을 이방 족속들과 구별한다. 백성이란 사회적 명칭이 아니라 언약의 하나님과 누리는 특별한 관계를 표시하는 명칭이다(출 19:5, 신 14:2; 26:19). 하나님은 그들을 택하여 그들과 언약을 세우셨고, 그들은 언약 백성이 되었다. 그러므로 이스라엘은 거룩해야 한다(레 20:26). 이처럼 백성으로 선택된 이스라엘은 하나님을 위한 섬김과 예배에서 회중, 교중이 된다. 동료 인간과의 관계도 이로써 규정된다.

교중을 예배 집단으로 볼 경우 그 중심은 성찬이다. 어떤 의미에서는 성찬 제정이 교회 설립이라고도 할 수 있다. 물론 우리는 오순절 성령의 강림과 동시에 베드로가 설교한 시점을 교회의 탄생으로 부른다. 이처럼 예배는 백성이 하나님께 "드리는" 봉사의 측면도 있지만, 근본적으로는 하나님이 백성으로 하여금 자기의 구원에 참여하게 하는 하나님의 봉사 행위다. 따라서 예배를 주도하시는 하나님의 은혜 베푸심을 받고 응답하는 시와 찬미와 신령한 노래를 통한 송영도 중요하다(엡 5:19). 교회는 이런 방편이 사라질 것을 고대하는 종말론적 구원 교회다.

신약에서 교회는 일차적으로 구체적 지역 교회를 의미한다(롬 16:1, 고전 1:2, 고후 1:1, 갈 1:2 등). 또한 교회는 회집이다. 물론 단순히 같은 의견을 가진 자들의 회집 그 이상이다. 그리고 그렇게 회집한 자들의 단체를 뜻하기도 한다.

그리고 하나님과의 언약 사상은 백성으로 연결된다. 처음에는 이스라엘이 백성으로 불리다가(마 21:23, 눅 7:16, 행 13:15), 나중에는 교회가 이 이름을 이어받는다. 하나님의 아들은 자기 백성을 죄에서 구

우리는 무엇을 믿는가

속하려고 사람이 되셨다(마 1:21, 히 2:17). 이로써 이스라엘을 지칭하던 보물이라는 의미의 "소유"(출 19:5)가 교회에 적용되었다(딛 2:14; "자기 백성"). 이제부터는 교회가 곧 백성이다. 예수 그리스도를 주로 믿을 때 교회는 하나님의 백성이 된다. 하나님의 백성이 되는 데에 자연적·혈육적 배경은 별 의미가 없다. 그리스도 안에는 차별이 없다(갈 3:28-29, 골 3:11). 교회는 이처럼 언약적이다.

교회와 하나님 나라

그리스도는 교회 설립을 명령하셨으나, 그에 앞서 하나님 나라를 선포하셨다. 그런데 양자는 동일하지 않다. 교회는 본질적으로 현재적이요 미래에는 지양될 것인데 반하여, 하나님 나라는 현재에 이미 와 있으면서도 동시에 결정적으로 미래적이다. 교회는 잠정적이나 하나님 나라는 확정적이요, 교회에는 죄인과 의인이 동시에 있으나 하나님 나라에는 의인과 성도들만 있다.

교회는 하나님 나라의 일부이며, 따라서 하나님 나라는 교회보다 크다. 교회는 그리스도 안에 있기 때문에 하나님 나라의 일부이며, 교회 안에 하나님 나라는 현존한다. 그러므로 교회는 도래한 하나님 나라의 도구요 장차 임할 하나님 나라의 결과이기 때문에, 교회를 무시해서는 안 된다. 또 교회는 존재와 선포에서 하나님 나라를 전하고 드러내야 한다.

또한 교회는 세상으로 가야 한다. 그러나 교회가 사용하는 방식은 칼이 아니라 말씀이다. 무력시위가 아니라 성령의 능력으로 이 일을 해야 한다(엡 6:17). 즉 모범적 공동체로서 사회에 있는 죄에 대해 항거하고 투쟁해야 한다. 따라서 교회의 사명에는 근본적으로 사회 비판이 포함되어 있다.

교회는 하나님 나라 완성을 향하여 나아간다. 교회는 하나님 나라를 지향하는 소망 공동체다. 교회는 말씀에 순종함으로 하나님 나라의 면모를 더 나타내야 한다. 동시에 하나님 나라의 다른 형태들인 가정, 학교, 여러 위원회, 정당, 국가, 학문 등을 말씀으로 촉구하여 하나님 나라 형성을 독려해야 한다.

교회의 일은 은혜의 방편인 말씀을 가지고 하나님 나라를 선포하는 것이다. 예수님은 제자들에게 하나님 나라 선포를 위임하셨다. 빌립과 바울 역시 하나님 나라를 전파했다(행 8:12; 20:25; 28:31). 그러므로 교회는 하나님 나라 도래를 기도해야 한다. 주님은 주기도문에서 이를 가르치셨다. 이는 교회를 위한 기도가 아니라 하나님의 지배가 우리의 삶과 세상 전체에 임하도록 간구하는 것이다. 우리는 우리의 일을 할 뿐이나 하나님 나라가 스스로 임하기를 기도해야 한다. 교회는 성도들이 처한 위치에서 하나님 나라의 표를 세우도록 설교하며 격려해야 한다. 하나님 나라에 대한 설교는 교회의 본질이다.

예수님은 각 사람의 전인을 사로잡아서 그의 삶에서 하나님을 빛나도록 하셨다. 이로써 각 사람은 하나님 나라 백성이 된다. 그리스도의 하나님 나라 선포의 중요한 측면은 열두 제자들을 부르신 데서 찾을 수 있다. 이는 이스라엘의 열두 지파를 회상시키는데, 그들은 이로

우리는 무엇을 믿는가

써 하나님 나라의 새 백성이 되었다. 여기서 이스라엘과의 언약은 성취의 절정에 이르고 하나님 나라는 성장한다. 마태복음 16:18의 교회는 직분적으로 새롭게 조직된 공동체다. 이는 옛 이스라엘과 대치되고 많은 무리와도 구별된다. 그리스도는 이 교회를 사도들의 고백 위에 세우겠다고 약속했다. 그분은 이를 성찬 제정으로 재확인했고(마 26장), 마태복음 28:19에서 성령님을 보내시겠다는 약속을 통하여 재확인했다.

성자 하나님은 하나님 나라 복음을 전파했고 그것을 교회와 연관시키셨다. 교회를 통하여 하나님 나라 백성이 모집된다. 예수님을 믿고 교회의 은덕들에 참여함으로 그분과 한 몸이 된 자들만이 하나님 나라에 들어갈 수 있다. 성령님은 신자를 그리스도와 연결해 준다. 교회라는 관문을 통해서만 하나님 나라에 들어갈 수 있으니 교회는 하나님 나라의 풍요로움을 가지면서 동시에 하나님 나라를 위한 필수불가결한 기관이다.

성령님은 신자를 그리스도와 연결해 줄 뿐 아니라 인간과 세계와도 연결해 주신다. 성령님은 우리가 하나님의 자녀 됨을 증거하는 동시에 교회를 온 세상을 향한 구속 선포의 기관으로 삼으신다. 성령님은 성도와 교회를 진리로 인도하실 뿐 아니라 성도에게 구원받은 자로서의 정체성을 확보해 준다.

신자는 하나님의 심판과 정죄하에 있는 세상으로부터 하나님을 섬기는 자유로 소명을 받았다. 복음의 호소를 믿음으로 영접하고 세례를 받은 자는 예수 그리스도의 죽음과 생명에 참여하며 성령의 능력으로 새롭게 되었다. 신자의 고향은 이제 세상이 아니라 성령님 안에서 그리스도다. 그리고 고향이 같은 많은 형제자매들을 얻게 된다. 이 새 가족의 뿌리는 하나님의 사랑이다(요일 4:7-11). 이들은 시편 기자가 노래한 "의인의 회중"(시 1:5, 개역한글)이요, 예수님의 아버지를 "우리 아버지"로 부르는 새 족속이다(마 12:50).

그렇지만 이 의인들의 회중은 세상에서 항상 악인들과 죄인들과 오만한 자들의 큰 무리와 대치하여 살아가야 한다(시 1:1). 예수님도 저들을 세상에 보내시면서 아버지께서 이들을 세상에서 데려가시는 것이 아니라 다만 그들을 보전해 주시기를 위하여 기도하셨다(요 17:15-18). 그러므로 교회는 한편으로는 세상을 등져야 한다. 신자들은 "나그네와 행인"과 같다(벧전 2:11, 히 11:13). 이 새 족속은 세상 안에 살지만 세상에 속하지 않는다(요 17:11, 14). 이들의 시민권은 하늘에 있다(빌 3:20, 히 13:14). 그러므로 세상을 사랑하지 말아야 하며(요일 2:15) 신천신지를 바라보면서 "없는 것 같이" 살아야 한다(고전 7:30 이하).

다른 한편으로는 세상을 이겨야 한다. 예수님은 세상을 향하여 교회를 파송하신다(요 17:18; 20:21). 이것은 양을 이리 가운데로 보내는 것과 같다(마 10:16). 세상의 목적은 교회를 파괴하는 것이기 때문이다. 교회는 세상에서 그리스도의 택함을 받았기 때문에, 세상은 교회와 그리스도와 그분의 아버지를 미워한다(요 15:18-24). 그럼에도 음부의 권세가 교회를 이기지 못할 것이다(마 16:18). 세상도 세상의 왕도 이미 심판을 받았다(요 12:31; 16:11). 예수님은 세상을 이겼다고

우리는 무엇을 믿는가

선언하셨다(요 16:33). 부활의 주님은 지금도 교회들에게 성령님을 통하여 이길 것을 권면하신다.

이와 같이 세상에 대한 신자의 자세는 하나님 나라에 대한 신앙에서 출발한다. 교회는 세상을 향하여 빛과 소금이며 산 위에 있는 도시와 같다(마 5:13 이하). 교회는 삼위 하나님을 전파해야 하고, 예수님처럼 병자와 약자에게 선한 사마리아인이 되어야 하며, 하나님의 통치가 영원함을 세상에 보여주어야 한다. 교회는 하나님 나라의 백성으로서, 십자가에 죽으심으로 세상을 이기신 그리스도의 통치를 전파하는 선지자요 왕 같은 제사장이다(행 2:16-18, 벧전 2:9). 이 일은 성령님 안에서 이루어지며 우리가 이 일을 수행할 때 성령님은 우리를 장래의 소망과 연결시켜 준다.

삼위 하나님의 사역과 교회

성경에는 교회에 대한 다양한 묘사와 명칭들이 있다. 교회는 하나님의 양떼(벧전 5:2), 하나님의 밭과 집(고전 3:9), 하나님의 성전(고전 3:16, 딤전 3:15), 그리스도의 신부(요 3:29, 계 21:9), 성령님 안에서 하나님의 거하실 처소(요 14:23, 엡 2:22), 진리의 기둥과 터(딤전 3:15), 하나님의 교회(살전 2:14) 등으로 다양하게 묘사되고 있다. 이 명칭들은 교회를 사회적 측면에서 접근하여 교회의 실재와 본질을 상대화하지 않는다. 도리어 이 명칭들은 거의 예외 없이 교회를 삼위의 사역 측면에서 보려고 한다. 성부는 택하시고 성자는 모으시고 성령님은 거룩하게 하신다(엡 1:13; 4:4-6). 이처럼 교회를 중심으로 삼위 하나님은 스스로 한 하나님이심을 증거하신다.

하나님 백성인 교회

구약의 이스라엘은 선택된 하나님의 백성이었다. 이에는 언약과 구속 사역이 뒤따른다(출 19:5-6, 레 26:12, 겔 37:27). 구약의 총회는 하나님의 소유가 되어 그분께 찬양과 경배를 드리기 위하여 연합된 언약의 회중이다. 그러나 호세아 1:9-10은 그 언약 백성의 적나라한 현실을 보여준다. 이스라엘은 "남은 자"로 축소되고, 그것은 다시 여호와의 종으로 축소된다. 그로 인하여 이스라엘과 이방인들에게서 새 이스라엘이 다시 회집된다.

새 이스라엘은 옛 이스라엘의 약속을 다시 받는다(고후 6:16, 출 19:5-6은 벧후 2:9에서 교회에 그대로 적용됨). 원래는 하나님 백성이 아니었으나(호 1:9) 이제는 백성이다. 호세아 1:10이 이렇게 성취되었다(참조. 롬 9:25-26). 이제는 경계선(엡 2:14)이 허물어졌다(행 15:14). 구속, 곧 그리스도의 피가 이 일을 이루었다(갈 3:28 이하, 엡 2:14). 참 이스라엘은 그리스도를 믿는 자들이다. 그들이 바로 아브라함의 자손이요 약속의 후예들이다(갈 3:29). 또 교회는 하나님의 백성이 되려고 그리스도의 몸에 접붙여졌다.

백성은 동일하게 형제, 성도, 제자, 택자로 차별 없이 불린다. 은사에 차이가 있으나 이는 백성들 간의 구별을 의도하지 않는다. 그러므로 "평신도"라 하여 하나님의 백성에서 차별된 계급을 만드는 것은

우리는 무엇을 믿는가

성직자 위주의 그릇된 교회관에서 나왔다. 교회는 근본적으로 은사 공동체이기 때문에 성도들이 각양 은사와 전문적인 능력을 가진 대로 함께 교회를 이루며 이끌어 나가야 한다.

또 모두가 소명을 통하여 백성이 되었으니 교회를 누구도 개인화할 수 없다. 아브라함의 소명이든 선지자나 다른 직분으로의 소명이든 이는 개인적 특권이 아니라 백성을 섬기게 할 목적으로 하나님께서 부르신 것이다. 그러므로 개인주의화는 불가능하다. 언약의 표인 세례를 통해 수세자는 하나님의 백성의 공동체에 받아들여진다. 교회의 출발은 개별 신자들이 아니라 하나님 자기시다. 물론 교회는 개인을 말살하지는 않는다. 하나님이 교회로 개인을 부르실 때, 그는 이미 교회의 일원이며 교회의 회원으로 존속할 뿐이다. 교회의 존재와 본질은 하나님의 뜻에 의하여 미리 결정되며, 존속 자체도 하나님의 뜻에 의존한다.

그리스도의 몸인 교회

주님은 교회를 자기 피로 사셨다(행 20:28). 그리스도는 교회의 머리시요 교회는 그분의 몸이다(엡 1:22; 5:23, 골 1:18). 신자들은 그리스도 안에 속하고 모든 것을 그리스도 안에서 소유하게 되므로 한 몸이 된다(롬 12:5). 이는 특히 성례에서 잘 묘사된다. 세례는 그리스도에게 접붙여짐을, 성찬은 그리스도와의 교제를 증거한다.

성찬 참여는 교회가 그리스도의 몸에 참여함으로 하나 됨을 보여준다(고전 10:17). 많은 지체들은 다양성을 지니면서도 연합되어 있다

(골 2:19). 여기에는 차별이나 상하가 없다. 그러므로 각자의 은사와 능력으로 몸인 교회를 섬겨야 한다. 여기에 성장의 의미가 있다. 마디마다 머리이신 그리스도를 향해 자라난다(엡 4:15). 각 지체는 그리스도의 장성한 분량에까지 나아가야 한다(엡 4:13). 이는 그리스도의 남은 고난을 채움으로 이루어지는 신앙과 사랑의 성장이다(골 1:24). 이는 섬김으로 나타나야 한다(막 10:45). 즉 교회는 머리인 그리스도에게 순종함으로 성장한다. 성장은 역사적 성장이다. 이는 결국 교회가 말씀으로 세계를 정복하는 것이다. 그리스도는 교회의 터이며 머릿돌이고 모퉁잇돌이다(고전 3:11, 엡 2:20, 벧전 2:7).

에베소서와 골로새서는 그리스도 한 분만이 교중보다 높으며 교중은 그분께 종속되는 것을 보여준다. 그리스도는 자기의 교회를 유지하신다(엡 5:23, 25). 즉 자기를 주셔서 물로 씻고 말씀으로 깨끗하며 거룩하게 하셨다(엡 5:25, 27). 그분으로부터 교회는 장성해 나간다(엡 4:16, 골 2:19).

나아가 교회의 머리이신 그리스도는 만유의 주님이시다(엡 1:21, 골 1:1-18). 그분은 교회를 다스리시나 동시에 교회와 세계의 머리시다. 여기서 교회가 세계와 가진 관계가 나타난다. 그리스도의 능력이 교회의 사명을 지원한다. 교회는 세상 속에서 세상에 침몰하지 않으면서 세상을 섬겨야 한다(마 28:18 이하).

성령의 전인 교회

구약에서 여호와는 자기 백성 곁에 사신다(출 25:8, 민 5:3; 35:34, 사

8:18, 슥 8:3). 이제는 교회가 자기의 거처가 된다. 성령님은 교회가 살고 성장하며 사역하게 하신다. 우리의 죄와 거부에도 불구하고 성령님은 교회 중에 사신다.

성령님은 은사를 동반하고 오신다. 그리고 은사들을 통하여 교회를 세우신다. 성령님 안에서 모든 은사들은 그리스도와 연결된다. 그러므로 교회는 은사 공동체다. 은사는 봉사를 위하여 모든 성도에게 주어지는 일반적 현상이다. 각자에게 주어진 은사가 신약 교회 질서의 기본 원리이다. 성령의 열매가 개인의 성화와 연관되어 있다면(갈 5:22 이하), 은사는 교회의 건설을 지향한다(고전 14:12, 엡 4:12-13). 사랑은 모두가 추구해야 할 최고의 은사다(고전 13장). 사랑을 따라 구해야 하며(고전 14:1), 그렇게 하면 덕이 세워지고(고전 14:2) 화평이 있을 것이다(고전 14:33). 은사는 한 주님을 순종하고 서로서로 사랑으로 봉사함을 뜻한다(엡 2:21-22). 특별히 성령님이 직분자들을 세우시므로(행 20:28), 직분자는 위에서 온 은사에 속한다(엡 4:11-12).

이런 삼위일체론적 교회 이해는 진정으로 구원 역사적이며, 구체적인 교회 이해이기도 하다. 교회는 성부나 성자나 성령이 따로 이루신 업적이 아니라 성부와 성자와 성령께서 함께 이루시는 업적이다. 따라서 교회는 은사이기도 하지만 동시에 임무라는 사실이 더욱 분명해진다. 교회는 삼위 하나님의 은혜의 선물이며 하나님이 세상을 향한 은혜의 공급처로 지명하신 구체적 한 공동체이다.

니케아 신조(381년판)는 "우리는 한 거룩한 보편적인 사도적 교회를 믿는다"고 고백한다. 이로부터 교회의 4대 속성들이 역사적으로 정착되었다. 개혁교회가 참 교리와 올바른 성례 집행이라는 교회의 두 표지들을 말하는 상황에서 로마교회는 스스로가 하나의 거룩하고 보편적인 사도적 속성을 가진 교회임을 주장했다. 우리는 속성들과 표지들을 상호 보완적으로 보아야 한다. 네 속성들은 두 표지들에 입각해 있을 때에만 진정한 속성이라 할 수 있다.

이 고백은 근본적으로 교회가 선물임을 말하고 있다. 그리스도가 교회를 하나의 거룩하고 보편적인 사도적 교회로 만드셨다. 교회는 선물로 주어졌으나 종말의 완성을 향하여 나아가야 한다. 여기에 교회의 사명이 있다. 그러므로 교회의 속성들은 정체되어 있지 않으며, 교회는 그리스도의 통치의 역동성을 따라 본래의 모습을 나타내어야 한다.

단일성

교회의 단일성은 교회에 일차적으로 주어진 은사이다. 그리스도는 성부가 자기에게 주신 영광을 성령님 안에서 교회에 주셨고, 성부와 자기가 하나 된 것같이 저희도 성령님 안에서 하나가 되게 기도하셨다(요 17:22). 그리스도는 자기 피로 자기 안에서 유대인과 이방인의 담을 헐고 한 새 사람을 만들었다(엡 2:15). 우리는 이제 한 몸 곧 그리스도의 지체들이 되었다(엡 2:16). 이는 가시적인 은사, 직임, 역사들은 여러 가지지만, 성령님, 주님, 하나님은 같은 한 분이라는 말씀에서도 잘 나타난다(고전 12:4-6). 교회는 성령님, 주, 하나님이 같은 한 분이시기에 성령의 하나 되게 하신 것을 힘써 지켜야 한다(엡 4:3-6).

교회는 세상에 교회의 단일성을 드러내어 성부께서 교회를 사랑하신다는 것을 알게 해야 한다(요 17:23). 교회의 단일성에 대한 사명의 이유가 바로 여기에 있다. 교회는 설립되자마자 서로 교제하며 기도에 힘썼다. 그들은 마음을 같이하여 기도에 힘썼고(행 1:14), 함께 모이고(행 2:46; 5:12) 하나님을 찬미했다(행 2:41-47). 물건을 필요에 따라 서로 통용했으며 선교와 구제에 부족함이 없도록 채웠다(눅 19:8). 이로써 그들은 하나님의 사랑이 그들 가운데 있음을 가시적으로 나타냈다(요 17:23). 첫 교회는 이 임무를 잘 감당했다. 또 이 단일성을 훼파할 때는 성령의 도움으로 권징함으로써 이를 고수했다(행 5:1 이하).

교회는 그리스도를 본받아 서로 뜻을 같이하여 한 마음과 한 입으로 하나님께 영광을 돌려야 한다(롬 15:5-6). 그러나 단일성은 성령님 안에서 준 은사의 다양성을 전제한다. 그러므로 지체의 다양성은 필연적이고 당연하다. 고린도 교회의 분쟁은 이런 다양한 은사들을 조화롭게 쓰지 못한 데서 출발한다. 교회가 삼위 하나님에 대한 신앙고백에 일치하는 한, 다양성은 단조로움을 피하는 풍요성을 나타내 보일 것이다. 우리는 다양성이 교회 분열의 빌미가 되었음을 역사를 통해서 잘 알 수 있다. 그러나 분열은 어떤 상황에서도 용납될 수 없다. 우리는 이와 연관하여 교회 연합을 아래에서 다룰 것이다.

거룩성

거룩성은 삼위 하나님의 구속 행위에 근거한 교회의 신분을 말한다. 하나님에 의해 선택되어(벧전 2:9) 그분의 약속 아래에 있게 되었고, 그분의 구원 행위로 말미암아 교회에 거룩함이라는 속성이 생겼다. 그 하나님이 거룩하시니 그분의 백성도 거룩할 수밖에 없다. 그리스도는 교회를 사랑하여 교회를 위하여 자신을 주셨다. 그리고 교회를 물로 씻어 말씀으로 깨끗하게 하시고 거룩하게 하셨다(엡 5:25-26). 그러므로 그분이 피로 값 주고 산 교회는 거룩한 성도들의 모임이다 (롬 1:7; 15:25-26, 고전 1:2; 16:1, 15, 고후 8:4).

그럼에도 불구하고 교회가 지상에 있는 한, 교회에는 죄가 있을 수밖에 없다. 아나니아와 삽비라 사건이나 구제로 인한 다툼을 보라. 그러나 교회는 하나님의 약속에 의하여 세상과는 구별되는 거룩한 집단이다. 교회의 주인은 하나님이시므로 언젠가는 교회가 완전히 거룩하여질 것이다. 말씀, 세례, 성찬이 교회를 거룩하게 보존한다. 그러나 교회의 거룩함에는 투쟁이 뒤따른다. 의로워진 죄인들의 교회로서 교회 안팎의 거짓과 불의에 대응해 나가야 하기 때문이다.

사도신경은 교회의 거룩성을 강화하여 "성도들"의 교제 또는 회중을 함께 고백한다. 사실 교회는 의인들의 모임이지만 동시에 죄인들의 모임이다. 그러나 은혜로 성도들의 회중이 된다. 교회는 죄와 죽음을 뒤로하고 이제는 은혜를 통하여 실제로 의롭고 거룩하여진 회중이요 교제다.

우리는 무엇을 믿는가

보편성

보편성 또는 공교회성이란 사도적 신앙의 동일성을 말한다. 애초에 공교회성은 이단과 구별되는 교회의 특성이었다. 또 지역 교회는 전체 교회의 발현이다. 이들은 외적으로만 연결되는 것이 아니라 삼위 하나님의 구원 사역과 복음과 성례, 신앙에 의하여 내적으로 연결된다. 이것이 보편성의 의미다. 이는 결국 가시적이고 불가시적인 것을 창조한 말씀의 성육신과 구속 사역이 보편적이며 우주적임을 말한다.

나아가 보편성은 삼위 하나님이 교회에 충만하게 관여하고 계심을 보여준다. 하나님이 만유의 주로서 만유 안에 충만하실 것인데, 그 이전 단계로서 그리스도가 만유 안에 충만하게 되신다(고전 15:28, 골 3:11). 교회는 그리스도가 만유의 주 되심을 선포한다. 하나님의 이름이 그분의 사랑을 통하여 세상에 꽉 차도록 해야 한다(마 28:18-20). 이는 모든 피조물이 그리스도의 이름을 고백하게 하기 위함이다. 그러므로 성도와 교회는 모든 면에서 그리스도와 하나님의 영광을 나타내도록 해야 한다. 학문과 정치, 경제, 사회 및 문화 전체가 기독교로 물들게 해야 한다. 나아가 우리는 교회의 보편성에 기초하여 하나님 나라를 말할 수 있다. 이 보편성에 기초하여 우리는 교회 일치와 연합을 논의할 수 있다.

사도성

교회의 기초는 그리스도께서 놓으셨고, 교회의 근거, 전파 내용, 사명은 사도적 계승으로 이어졌다(엡 2:20; 3:5). 사도들은 하나님이 그리스도 안에서 행하신 모든 일에 대하여 증인이요 목격자였다(눅 1:2, 행 1:22; 2:32; 3:15; 4:33; 5:32; 10:39-42). 그들의 사역은 교회를 세우는 일이었다. 그리고 전파에 관한 사도적 사명은 증인은 아니지만 오늘날 우리에게까지 이어져 왔다. 사도성은 말씀 전파와 교회의 선교적 사명을 말한다. 부활하신 주님은 제자들을 파송하셨다(눅 24:49, 요 20:21). 그분은 하늘과 땅의 모든 권세를 받으신 자다(마 28:20). 교회는 천국 열쇠를 가지고서(마 16:18-19) 전수받은 말씀을 전파한다.

사도성은 로마교가 주장하듯이 사도직의 계승이 아니라, 사도적 전파와 교리의 계승을 말한다. 예루살렘 교회가 사도적 교회인 것은 그들 중에 사도들이 있었기 때문이 아니라 그들이 사도들의 가르침에 열심을 냈기 때문이다(행 2:42). 그 가르침의 핵심은 예수님이 주와 그리스도라는 사실이다. 사도들이 이 가르침으로 교회를 세웠듯이 이 사명은 지속적으로 계승된다(딤후 2:2). 여기에는 성령의 인도를 받아 지속적이고 신실하게 말씀을 주석하는 것과 사도의 가르침에 토대를 둔 동일한 말씀과 교리를 통한 교회의 지속적인 갱신과 개혁, 그리고 진리와 거짓 교리를 분리시키는 일도 포함된다(갈 1:6-9).

교회의 머리는 그리스도시며, 우리는 삼위의 이름으로 받은 세례를 통하여 교회의 회원이 되며, 이 세례가 삼위 하나님의 다스림 아래 있는 교회의 삼위론적 구조를 알게 한다. 현실적으로 교회의 단일성은 분열 가운데, 거룩성은 죄 아래에서, 보편성은 여러 가지 한계 속에 은폐되어 있는 것이 사실이지만, 그럼에도 교회는 삼위 하나님의 교회이므로 지속적으로 성부, 성자, 성령 하나님을 고백해야 한다. 그

우리는 무엇을 믿는가

고백은 교회가 바로 삼위 하나님의 교회임을 보여주는 데 있다. 이와 같이 교회의 속성들은 교회가 받은 은사임과 동시에 사명이다.

교회의 표지

말씀의 참된 설교, 성례의 올바른 집행이 교회의 중요한 양대 표지다. 쉽게 알 수 있겠지만, 이것들은 은혜의 방편들에 관한 구체적이고 제한적인 규정이다. 여기에서 가장 중요한 표지는 순정한 말씀 전파다. 이 순정한 말씀 설교에서 유리된 성례 집행은 합당치 않다.

　신실한 권징의 시행이 표지인가에 대해서는 논란의 여지가 있다. 권징 시행은 합당한 성례 집행의 준비와 신자의 삶을 경각시키려는 데서 나온, 말하자면 교회의 2대 표지를 보호하기 위한 장치이기 때문이다. 따라서 신실한 권징의 시행은 엄격한 의미에서 교회의 표지는 아니다. 설령 세 번째의 표지로 인정한다 하더라도, 시행에 있어서 결코 법적인 엄격성이 우선되어서는 안 된다. 말씀과 성례가 바로 되면 권징의 문제는 자동적으로 해결된다. 그러므로 권징은 대개 부정적인 의미를 지니고 있지만 사실은 목회적 돌봄의 한 측면이다. 한국 교회에 권징이 없는 것은 전혀 다른 근원에서 나타난 현상이다. 이는 양대 표지인 말씀과 성례가 제대로 이루어지지 않고 있다는 분명한 증거다. 권징을 무시하는 교회는 말씀을 무시하며 성례를 가볍게 여기는 교회다.

　그러나 이런 표지들을 획일적으로 적용할 필요는 없다. 가령 세계 곳곳의 지하 교회에서는 정상적인 말씀 전파, 성례 집행이 없고 더욱이 권징은 거의 불가능할 것이다. 그렇다 하여 지하 교회는 교회가 아니며 그 교회를 참 교회가 아니라고 말할 수는 없을 것이다.

성경 비평의 물결과 물질주의에 빠져있는 교회의 현실에서는 교회의 표지로 참 교회를 말한다는 것이 쉽지 않을 것이다. 그러나 교회 개혁의 측면에서 우리는 설교와 성경 말씀에 관한 우리의 고백을 포기해서는 안 된다. 하나님의 말씀에 순종하는 곳에서는 참 교회 여부에 대해 질문할 필요가 없으며 교회가 은폐될 수 없다.

가시적, 불가시적 교회

표지를 가지는 교회는 가시적 교회다. 그러므로 가시적 교회와 불가시적 교회를 구분할 때는 신중해야 한다. 말씀이 선포되고 청종되고 또 말씀을 중심으로 모이는 곳에 교회가 있다. 용어상으로만 보자면, 가시적 교회는 지상에 있고 불가시적 교회는 하늘에 있거나 또는 천국 자체로 볼 수 있을 것이다. 그러나 이런 구분의 배경에는 이원론의 관점에서 나온 종교적 이상주의의 편견이 깔려 있다. 우리가 알지도 못하는 불가시적 교회를 논하는 것 자체가 가현설적 교회론이며, 현실을 무시하거나 현실로부터 도피하려는 데서 나온 그릇된 구분이다.

또 불가시적 교회란 그야말로 용어상 모순이다. 불가시적 교회에는 말씀, 성례(또는 권징)와 같은 교회의 표지들이 없기 때문이다. 신약에서 "교회"는 불가시적인 실체가 아니며, 따라서 불가시성으로 정

우리는 무엇을 믿는가

의되지 않았다. 우리가 그리스도와 교제하면, 우리는 우리가 하나님의 택자에 포함되며 교회에 속해 있다는 아주 분명한 증거를 갖게 된다. 이때 우리가 말하는 교회는 가시적 교회다.

불가시적 교회를 주장하는 이들은 엘리야 시대에 숨겨져 우리 눈에 보이지 않는 7천 명을 언급한다(왕상 19:18). 그러나 그 7천 명은 역사 속의 구체적 인물들이었다. 지금 식으로 말하자면, 북한이나 중국에서 말씀에 대한 순종은 있지만 가시화될 수 없는 그 교회가 바로 불가시적 교회다. 그러므로 그런 예를 들어 불가시적 교회를 천국의 교회라고 말할 수는 없다. 또 교회가 굳이 이런 표지들에 의하여만 가시화되는 것은 아니다. 교회는 이 표지들과 무관하게 성도들의 일상적인 모든 삶과 세상에 살면서도 세상을 닮지 않으려는 모든 싸움에서도 가시화되어 나타난다.

교회의 치리: 직분론

질서의 하나님은 자기의 교회가 치리되도록 질서를 주셨다. 그리스도는 교회를 말씀과 성령으로 다스리시며, 이 일을 위하여 인간들을 여러 직분으로 불러 사용하신다. 직분은 분명히 가시적인 교회 가운데서 이루어지나 이는 교중이 제정한 것이 아니라 하나님이 주신 것이다. 교회의 직분은 그리스도의 직분과 비견된다. 성부 하나님께 죽기까지 순종하신 그리스도의 모습이 직분자들의 직분 수행에서 나타나야 한다. 직분자들은 교회 교중들 가운데서 나와서 그들을 위하여 사역하면서 삼위 하나님의 대리자의 역할을 수행한다. 이는 그들의 자질에서 나온 것이 결코 아니다. 삼위 하나님이 행하셨던 구원의 행위들이 이들을 통하여 교중에게 임한다.

신약은 교회 중에 행하여지는 일을 봉사라 한다. 마르다는 준비하는 일 때문에 분주했다(눅 10:40). 초대 교회는 교중을 세우는 데 필요한 모든 행위를 봉사로 보았다(엡 4:11 이하). 그러므로 다양한 직임들이 있다(고전 12:5). 때로는 봉사가 예언과 가르치는 일 사이에 있다(롬 12:6-7). 또 말씀의 사역도 봉사다(행 6:4). 이는 화목하게 하는 직책이다(고후 5:18). 사도도 직분이다(행 1:17, 25, 21:29, 롬 11:13, 고후 4:1; 6:3; 11:8). 전도자의 직분(딤후 4:5), 선교사의 일도 봉사이다(딤후 4:11). 또 바울은 예루살렘 교회를 위한 연보도 봉사로 보았다(행 11:29; 12:25, 고후 8:1-6; 9:1).

봉사의 일을 하는 자들은 종이다. 종은 자기보다 주인의 유익을 위해 일한다. 신자들은 주인인 그리스도의 종이다. 사도도 그리스도의 일꾼에 속한다(고후 11:23). 바울은 자신을 하나님의 일꾼(고후 6:4), 교회의 일꾼(골 1:25)이라 했다. 바울은 자주 종보다 더 강한 표현인 노예라는 말로 자신을 소개했다(롬 1:1, 딛 1:1). 섬기는 것이 종의 일이므로 신자들은 그리스도 안에서 동료 신자들을 섬겨야 한다(막 9:35; 10:43). 각 성도는 받은 은사를 따라 서로 섬겨야 한다(벧전 4:10). 섬기는 종의 귀감은 그리스도 바로 그분이시다(막 10:45). 이처럼 직분론에서는 직분자가 교중에게 삼위 하나님을 대리한다는 측면과 동시에 교중의 종임이 동시에 강조되어야 한다.

우리는 무엇을 믿는가

직분의 뿌리는 목자장이신 그리스도의 사역에서 찾을 수 있다(히 13:20, 벧전 5:4). 그리스도는 영혼의 목자와 감독이시다(벧전 2:25, 참조. 마 26:31, 요 10:14). 그분의 직분적 사역은 섬김이요, 그분은 자기를 세우신 이에게 충성했다(히 3:2). 그리스도는 섬김이 직분의 목적이요 직분자의 존재 이유임을 십자가에서 증거하셨다. 그러므로 직분자는 사랑으로 그리스도의 본을 따라야 하며, 직분자의 권위는 섬김의 권위임을 명심해야 한다. 주님은 이런 섬기는 자를 통하여 교중 가운데 임재하시기를 원하신다. 직분자들은 결코 자기 이름으로 말하거나 등장해서는 안 된다. 그런 자가 있다면 그는 절도요 강도며(요 10:1) 삯군이다(요 10:12).

사도들은 그리스도의 직접적인 소명을 받았다. 그들은 그리스도의 교훈과 행위, 특히 부활의 증인들이며(행 1:21-22) 성령님에 대한 약속을 직접 받은 자들이다(요 16:13). 따라서 교회는 일차적으로 이들의 증거에 의존한다(고전 15:2). 그러므로 그리스도가 쓰시는 일차적 직분은 사도직이다.

예루살렘 교회에 장로들이 있었다. 물론 회당에서 관련된 일들을 처리하는 장로들이 있었지만, 예배에서 어떤 역할을 담당하지는 않았다. 사도행전 6장의 일곱 사람들은 흔히 말하는 집사직보다는 더 포괄적인 일을 했다. 바울과 바나바는 여러 곳에서 장로들을 세워 성도의 삶을 지도하도록 했다(행 14:23). 이들은 성도를 먹이고 감독하는 목회적 일도 했다. 이 일에는 가르치는 능력이 필요하다(딤전 3:2). 또 바른 교훈으로 권면하며 거슬러 말하는 자들을 책망할 수도 있어야 한다(딛 1:9). 장로에 대한 순종 의무는 장로의 권위를 대변한다(벧전 5:5).

집사에 대한 언급은 제한적이나(롬 16:1, 빌 1장, 딤전 3장) 그 의미는 훨씬 크다. 이 직분은 그야말로 교중 가운데서 여러 가지 어려움에 처한 자들을 돕는 일을 한다.

장로교회의 직분론은 대개 삼직을 말한다. 그것은 설교자, 장로, 집사이다. 이 삼직이 성경의 가르침을 가장 순수하게 파악했고, 교중의 권리를 가장 힘 있게 인정하는 제도라고 말할 수 있다. 그러나 이는 성경의 가르침을 역사적 발전 과정에서 정착시킨 것이지, 성경에서 직접적으로 계시한 대로의 직분은 아님을 인정해야 한다.

교회의 치리: 교회 정치

성경에서 직분은 하나님이 주신 것이요 동시에 회중이 투표로 뽑는 것이라는 양 측면이 다 나타난다. 개혁자들이 직분을 은사로 본 건 맞지만, 교회를 은혜의 방편이나 직분을 무시하고 누구나 은혜의 방편을 맡아 직분을 수행할 수 있는 은사적 모임만으로는 보지 않았다. 물론 신약 교회의 모든 성도들이 이미 은사를 받은 자들인 것은 맞다(고전 7:7, 벧전 4:10). 성령님은 질서의 하나님이시다. 성령님과 법은 상충되지 않으며 성령님은 권위를 창출하신다. 성령님을 받은 교회는 영을 분별하며(고전 12:10; 14:29, 살전 5:21) "총대"들을 살필 수 있다(고전 16:3, 고후 8:19). 그러므로 교회는 성령의 인도하심 가운데 법적

우리는 무엇을 믿는가

결정과 판단을 내릴 수 있다(행 1:24 이하; 15:28). 물론 초대 교회에서는 교회법이 관심의 대상이 아니었다. 그렇다고 교회법이 교회의 본질과 상충되는 것이었다거나 참 교회 곧 그리스도의 교회에 교회법이 없었다는 말은 아니다. 교회법이 사회학적 영향하에서 발전한 것은 분명하지만 교회 안에서 은사를 표현하는 형식이라는 사실도 강조되어야 한다. 여기에 교회법이 존재해야 하는 당위성이 있다. 이런 것들을 고려할 때 제도로서의 교회는 성경에서 보여주는 교회의 참된 모습을 이 땅에서 실현시키기 위하여 부단한 반성을 하면서 나아가되 제도로 경직된 틀 속에 갇히는 잘못을 범하지 말아야 할 것이다.

교회의 열쇠권

예수님은 베드로에게 천국 열쇠를 주겠다고 하셨다(마 16:19). 이 본문은 다윗의 열쇠를 연상시킨다(사 22:22). 부활하신 주님은 사망과 음부의 열쇠를 가지고 계신다(계 1:18). 그리스도는 열쇠권의 내용을 "매다", "풀다"라는 말로 설명하셨다. 이는 랍비 용어로서 허용과 금지의 선언에 사용되었고, 때로는 정죄와 방면을 말하기도 했다. 이는 은혜와 심판의 말을 선언할 수 있는 권한을 말한다. 이 말은 마태복음 18:18에서 반복된다. 이는 하나님 나라에 들어가는 데 구속력을 가진 권한을 말한다.

로마교에서는 성례 집행권과 교회법 제정권은 모두 감독들에게 있으며, 이에 대해 무조건적 순종만이 요구된다. 감독은 성례 집행권,

교수권, 치리권이라는 삼중권을 갖는다. 교회와 감독의 권한의 정점에는 교황이 있다. 로마교에서는 구원을 위하여 교황에게 복종하는 것이 의무였다. 그들은 교황을 그리스도의 대리자로 본다.

그리스도는 이 권세를 베드로나 사람들에게 주신 것이 아니라 자기 말씀에 부여하시면서, 사람들을 이 말씀의 사역자로 삼으셨다. 사역자들은 말씀에 의거하여 권한을 받은 대로 모든 말과 행동을 할 수 있다. 이 열쇠권은 특수하게는 권징에서 나타난다. 물론 권징은 적당하게 사용되어야 하는 치료약이다. 이는 하나님의 영광, 성례의 거룩성, 교회의 안녕, 그리고 죄인의 보호를 위해 행해야 한다. 그 죄인을 구하여 바른 길로 인도하기 위해 존재한다(마 18:15).

교회 연합

교회의 단일성은 선물이면서도 우리의 사명이다. 그러나 교회 역사에서 교회의 분열을 피해갈 수는 없었다. 성경에서 보자면 고린도 교회의 파벌은 심각했다(고전 1:10-16; 11:17-19). 그리고 기독교 역사를 통해 수많은 이단들이 축출되었고, 교회는 동서 교회로 나뉘어 대결하다가 결국 분열로 종결되었다. 16세기의 종교개혁 이후 교회의 분열은 더욱 가속화되었다.

한국 교회만큼 분열을 많이 한 교회가 교회사에 또 있을까 싶다. 초기 장로교 선교사들은 자신들의 다양한 배경에도 불구하고 한국에 하나의 장로교회를 설립했다. 이 아름다운 교회연합을 한국 교회

우리는 무엇을 믿는가

는 파수하지 못했다. 그 결과 한국 개신교회의 안목은 지극히 제한되어 있다. 특히 우리에게 루터파나 성공회는 생소하며, 로마교회에 대한 이해는 아주 피상적이다. 더욱이 동방교회에 대한 이해는 거의 전무하다. 우리의 이런 현실이야말로 "공교회"에 대한 고백이 실천되지 못하고 있다는 좋은 증거라 할 수 있다. 이런 현상은 보수주의를 표방할수록 더 강하게 나타난다.

교회 분열은 그리스도의 몸을 조각내는 것이다(요 17:21). 칼빈은 분열을 하나님의 교회에 가장 심한 패악이라 말했다(칼빈, 4. 1.). 그러므로 그는 분열로 교회를 찢어 놓는 자들은 하나님의 진리에 불순종한다고 보았다. 실제로 칼빈은 개혁교회를 단일 교회로 연합하기 위하여 이론이나 실천에서 어떤 개혁자보다도 더욱 열심이었고, 단연 주도적이었다. 그를 "공교회주의자"라 칭하는 것은 결코 과장이 아니다.

육은 성령의 하나 되게 하신 것을 거역한다. 연합은 우리의 사명이다. 그리스도의 몸에 많은 지체가 있다는 것은 다양성을 의미하며, 다양성 자체는 인정되고 있다(고전 12:29). 이는 은사의 다양성에 기초하고 있다. 공교회성(고전 12:13)에 대한 무지나 무시는 대개 하나의 은사를 절대화하는 식으로 나타난다. 가령 중생, 방언 소유, 종말의 징조 등이 분열의 요인이 된다. 이에는 반드시 정죄가 뒤따른다. 여기에는 반드시 한 은사가 결여되어 있기 마련이다. 그것은 곧 모든 은사를 꿰는 고리인 사랑이다(엡 4:15).

한국 교회는 교회사에서 전무후무한 양적 성장을 기록했다. 이제는 모든 교회가 사랑 안에서 성장해서 그리스도에게까지 자라가야 할 때다(엡 4:15-16). 이는 그리스도의 몸을 세우는 것이다(엡 4:12). 성장의 본으로 꼽히는 예루살렘 교회에도, 은사들로 충만했던 고린도 교회에도 많은 문제들이 있었다. 우리는 계시록의 일곱 교회에 주님이 주신 위로와 더불어 질책을 잘 기억해야 한다. 그러므로 우리는 성장의 한 요인으로 분열을 꼽는 우를 더는 범하지 말아야 한다. 분열을 결코 합리화해서는 안 된다. 죄와 마찬가지로 교회 분열도 이해하기 어렵고 슬픈, 있어선 안 되지만 실제로 존재하는 수수께끼와 같은 일이다. 교회 분열이라는 현실 앞에서 우리가 할 일은 현실 인정과 더불어 해명이 아닌 회개와 자복뿐이다. 그리고 한국 교회는 사랑 안에서 참된 연합을 통하여 세계 교회에 기여할 것을 소망하고 나가야 한다.

교회의 단일성은 현존하는 분열에 대한 반성과 회개 없이는 고백할 수 없다. 이 고백은 교회의 단일성을 이루신 성부의 사랑과 성자의 은혜와 성령의 교제에 비추어 철저하게 자기비판을 하는 데서부터 출발해야 한다. 즉 분열된 현실이 아니라 회개와 자기비판 속에서 교회의 단일성을 연합의 출발점으로 삼아야 한다. 이러한 소망을 가지고서 나누어져 있는 교회들을 향해야 한다. 분열이 일어났던 과거가 아니라 상대 교회의 현재 모습을 일단은 사랑으로 수용해야 할 것이다. 이때 성경에 나타난 삼위일체 하나님과의 교제를 잣대로 삼아야 한다. 그리고 여기에는 성령의 은사로서의 인내가 어떤 다른 곳보다 더 필요하다. 교회 연합의 실현은 하나님의 선물로서만 주어질 것이다.

우리는 무엇을 믿는가

교회 개혁

지금까지 대부분의 교회론은 16세기 개혁 당시의 상황을 출발점으로 삼았다. 역사적 사실로서 개혁파와 로마교의 논쟁을 인정한다 하더라도 지속적인 성령의 사역이 그 이후 교회 안팎에서 이루어졌고, 이것이 교회론에 새로운 반성의 재료를 주었으며 지금도 주고 있음을 동시에 인정해야 한다. 교회는 성령님이 계심을 알게 해주는 기관이며, 또 하나님 나라의 미래적 실현을 위하여 이 땅에 있다는 사실이 알려졌다. 하나님 나라의 장래는 이미 소망 중에 구속받은 성도의 삶에 주어져 있으며, 성도들은 이를 교회 안에서 체험한다.

이 점에서 우리는 예수 그리스도의 첫 열매 되심을 언급함으로써 종말론적 역사와 세계에 대한 이해를 시도하고자 한다. 예수님은 구약에서 모든 열방 중에서 선택되어 첫 열매가 된 이스라엘 백성의 사명을 자기 몸으로 완성하셨다. 그분은 첫 열매시다. 그런데 우리 또한 첫 열매다. "그가 그 피조물 중에 우리로 한 첫 열매가 되게 하시려고 자기의 뜻을 따라 진리의 말씀으로 우리를 낳으셨느니라"(약 1:18, 참조. 롬 16:5, 계 14:4). 첫 열매로서 교회는 선교적 사명을 감당해야 한다. 하나님 나라의 복음이 교회에 위임되었으니 교회의 속성이나 은혜의 방편이 모두 예수 그리스도의 왕 되심을 선포해야 한다. 만물이 교회의 머리요 만물의 머리이신 그리스도 아래서 다 통합될 것이다. 교회는 이 일의 첨병尖兵이다.

이와 같이 교회는 일차적으로는 하나님의 구원 사역에 의하여 이루어진 교제 공동체요 그 안에서 성도는 구원을 체험한다. 그러나 구원은 결국 개별자의 구원이나 교제만을 목표로 삼지 않고, 이들과 교회를 방편으로 삼아 피조계 전부의 회복을 겨냥하고 있다(행 3:21). 이 일을 위하여 교회는 빛이요 소금이요 누룩이다. 이 일은 우리의 선한 일로 인하여 이방인들이 하나님께 영광을 돌리는 것으로도 나타날 것이다(벧전 2:12).

물론 세상은 교회를 미워한다(요 15:18 이하). 이는 세상이 예수님과 또 그분을 보내신 아버지를 알지 못하기 때문이다. 그러므로 교회는 세상 가운데서 고난도 받는다. 바로 이런 맥락에서 그리스도는 성령님을 약속하셨다(요 15:26). 성령님은 교회를 통하여 세상을 훈련하시는 동시에 세상을 통하여 교회를 훈련하신다. 교회는 고난 가운데서도 하나님께 영광을 돌려야 한다(고후 4:15). 우리는 하나님의 백성과 더불어 고난받는 것을 잠시 죄악의 낙을 누리는 것보다 좋아해야 한다. 능욕을 받되 죄악의 낙을 누리지 않으면서 만물이 그리스도의 발 아래 있음을 이 세상에서 증거해야 한다.

이 일을 위하여 교회는 지속적으로 개혁되어야 한다. 부흥과 성장을 구가謳歌하고 있는 한국 교회 안에 세상과 다를 바 없는 악과 죄가 범람하고 있다. 성부께서 작정하시고 성자께서 피로 사시고 성령님께서 말씀으로 모으시는 교회가 하나님의 백성과 세계를 구원하는 첨병의 역할을 하기는커녕, 부패하고 무력하며 아무런 열정도 없고 과실을 맺지 못한다면 주인이 찍어 버리실 것이다. 한국 교회 개혁의 필요성은 어제오늘의 일이 아니며, 목회자만의 문제도 아니고 모든 교인들의 문제다. 교회가 너무 제도화되어서 의사결정에 많은 시간을 쏟고, 즐거운 마음으로 바친 물질이 교회의 건설보다는 비본질적인 곳에 쓰이는 한 한국 교회에는 소망이 없다. 말씀으로 태어났고 말씀을 먹고 살며 말씀을 푯대로 삼아야 교회이지, 교회당이 있다고 해서 교회일 수는 없다.

국민의 4분의 1이 신자라는 한국 사회가 그 이전의 어떤 사회보다 더 부패하고 퇴폐적인 모습을 띄는 것은 교회와 교인들이 얼마나 이 사회에 적당하게 적응하며 살고 있는가를 잘 말해 주고 있다. 정치와 경제 그리고 사회가 병들고 법이 우롱을 당하며 불로소득과 무위도식이 판을 치고 있는 사회에서 교회와 교인들은 먼저 자신을 말씀에 비추어 올바르게 개혁해야 한다. 종교개혁, 신사참배 거부 등의 역사적 과거가 현재 우리의 정체성을 보장해 주지 않는다. 지속적인 개혁과 갱신, 그리고 죄와 세상을 향한 투쟁만이 교회를 교회 되게 하며, 이런 교회가 있는 사회는 소망을 가져도 될 것이다. 한국 교회는 복음을 아직 듣지 못한 지역뿐 아니라 이미 복음의 열기가 지나간 지역을 향한 선교의 책임을 각성해야 한다. 그래도 열심을 가진 교회이기에 하나님은 우리 한국 교회에 맡기실 일을 준비하고 계시리라 믿는다.

교회는 전도, 기도, 구제, 봉사, 개인적 삶의 귀감 등의 방식으로 진리의 주님이 성령님이심을 세상에 보여야 한다. 이로써 스스로를 증거하시는 하나님의 계시를 세상이 알지 못하고 있음을 증거해야 한다. 하나님을 알되 하나님을 영화롭게도 아니하며 감사하지도 아니하고, 스스로 지혜 있다 하나 어리석게 되어 하나님의 영광을 사람과 동물 모양의 우상으로 바꾼 것을 꾸짖어야 한다(롬 1:20-23). 그리스도께서 약속하신 진리의 영이 우리로 이 일을 하게 하신다. 언젠가 성부께서 만유의 주가 되실 것(고전 15:27-29)을 소망하면서!

우리는 무엇을 믿는가

6

성령 하나님: 구원론

성령과 구원 사역

성령론과 구원론의 관심사는 은사나 성장이나 공로가 아니라 사람을 제대로 사람 되게 하는 삼위 하나님의 일하심을 교회에서 우리 몸으로 체험하고 세상에서 실천하는 데 있다. 하나님의 형상을 상실한 죄인을 다시 하나님의 형상으로 만드시는 성부, 성자, 성령 하나님의 열심을 우리가 체험하여 그 하나님을 닮아가는 것, 바로 신격화가 이 구원론의 목적이다. 하나님 나라와 그분의 의를 구하는 자에게 먹고 마시고 입는 문제는 덤으로 해결되듯이, 제대로 된 인간, 하나님의 형상으로 화한 인간에게 하나님은 원하시면 은사도 더하여 주실 것이요 성장도 베풀어 주실 것이다. 구원론은 진정한 의미에서 인간론이다.

우리는 "구원론"이라는 명칭을 사용할 때, "성령론 중 구원론"이라는 의미에서 사용하려고 한다. 여기서 말하는 구원론은 성령의 사역인데, 이는 구속을 뜻하는 그리스도의 사역과 혼돈하지 말아야 한다. 본 각론은 그리스도가 이미 획득한 구속을 적용하는 성령의 구원 사역이다. 여기에서는 오순절에 강림하신 성령의 사역을 특별히 다룰 것이다.

성령강림

성령론 중 구원론은 전통적으로 "구원의 서정(순서)"으로 알려져 왔다. 이는 예수 그리스도에 의한 구속 사역을 전제로 한다. 일찍이 이사야가 예언한 성령님이 예수님에게 임하므로 예수님의 시대가 도래한 것처럼, 요엘이 예언한 바 성령님이 제자들에게 임하심으로 교회 시대가 도래했다. 이 교회 시대는 오순절 성령의 강림으로 구체적으로 도래했다. 따라서 우리는 오순절 성령의 강림을 구원 역사적으로 이해해야 한다. 그 배경은 다음 두 가지다.

첫째는 율법을 통한 하나님의 임재다. 하나님은 율법, 특히 십계명과 더불어 자기의 백성 중에 거처를 정하셨다. 이것은 "언약의 축제"이다. 이런 하나님의 임재가 시대를 넘어서 오순절 예루살렘에서 성취되었다. 둘째로 오순절의 의미다. 오순절은 수확의 절기였다(출 23:16, 레 23:16 이하, 민 28:26). 유월절에 첫 곡식을 주께 바쳤다면, 오순절에는 새로 수확한 밀로 만든 떡 두 개를 성소에 진설했다. 마치 들판에서 익은 첫 곡식처럼 유월절 어린양 그리스도가 자기의 사역을 십자가와 부활로 완성하신 것을, 이제는 성령님이 오셔서 그것을 빵으로 만들어서 주리고 목마른 자들에게 나누어 주시고 적용하시려

우리는 무엇을 믿는가

는 절기가 오순절이다. 그러므로 오순절 없이는 우리가 그리스도의 죽음과 부활과 상관이 없다고 해도 과언은 아닐 것이다.

이처럼 오순절은 그리스도 안에 있는 계시의 최고 목적이다. 그리스도의 구원은 성령에 의하여 그분의 몸인 사도적 교회에 주어진다. 그러나 성령의 강림은 성자의 성육신과 같이 구원 역사적이기 때문에 단회적이지만, 그 의미에서는 차이가 있으니 곧 그리스도의 지상 사역 완성 후에 성령님이 오순절에 오신 것은 첫 사건의 의미를 지닌다. 성령님은 구원 역사적으로 오순절에 부어지셨고, 성육신과는 달리 계속해서 다시 부어지실 것이다. 그러므로 오순절 성령의 강림은 온 땅 위에 확장될 성령 부으심의 시작이다.

성령의 강림으로 제자들에게 미친 직접적 결과는 먼저 성령의 인도를 따라 말한 것이었다. 특히 사도행전 2장에 기록되어 있는 베드로의 설교는 예수님이 주신 약속의 성취다. 즉 베드로는 성령님이 시키시는 대로 말했다(참조. 막 13:11). 부활하신 주님께서 "마음을 열어 성경을 깨닫게" 하시는 대로 설교하면서 베드로와 다른 제자들은 교회의 기초를 다질 수 있었다(참조. 눅 24:45). 그리고 성령의 다양한 은사들이 성령강림의 직접적 결과다.

성령의 은사

하나님의 은혜는 예수 그리스도와 그분의 구속 사역에 있으며(롬 3:24) 하나님은 이 은혜를 죄인에게 주신다(롬 3:23; 5:10, 갈 2:17-

21). 그리고 예수님을 입으로 시인케 하는 것은 성령의 사역이다(고전 12:3). 즉 믿음도 은혜이며 그 믿음을 일으키시는 분 또한 성령 하나님이시다. 이런 은혜는 때때로 은사로 표현되기도 한다(롬 5:15 이하; 6:23, 고후 1:11, 엡 4:7). 그런데 로마서 12장, 고린도전서 12장 등에서는 교회의 내외적 삶에서 나타나는 영적 섬김의 기능들을 특별히 은사로 부르고 있다. 이 은사들은 성도 개개인에게 주어졌다. 은혜로 구원받은 자가 이와 동시에 성령님에게서 받은 선물들을 은사라 할 수 있다. 각 성도는 먼저 하나님의 은혜에 참예하여 신자가 되고 그 결과로 은사까지 받는다(벧전 4:10).

그러므로 믿음이 먼저 나오고 은사들이 뒤이어 언급된다. 믿음과 그리스도의 몸인 교회의 지체 됨이 먼저고, 이들에게 은사들이 주어지는 것이 그 다음이다. 모든 신자들은 한 몸의 지체들이나 직분과 은사는 각각 다르다(롬 12:5, 고전 12:11). 그리고 은사들은 교회와 성도를 세우는 데 그 목적이 있다(고전 12:7; 14:4-5, 17, 엡 4:12-16). 이처럼 그 은사들이 활동하는 장소는 일차적으로 교회이다(롬 12:10; 13:10, 엡 4:12-16). 각 성도는 그리스도의 지체들이나 각자의 고유성을 지니며 그것으로 다른 성도들을 섬겨야 한다. 또한 교회 밖을 위한 은사들도 있다(고전 14:22 이하). 이와 같이 신약 교회는 은사 공동체다.

바울 사도가 언급하는 은사들에는 예언, 섬김, 가르침, 권위, 구제, 다스림, 긍휼 베풂(롬 12:6-8), 믿음, 신유, 이적, 영 분별, 방언, 방언 통역, 사도, 선지자, 교사, 목사직, 서로 도움(고전 12:9-10, 28, 엡 4:11) 등이 있다. 독신 생활과 결혼(고전 7:7), 대접하는 일, 하나님의 말씀을 전하는 일(벧전 4:10-11)도 언급되어 있다. 이 목록에는 너무나 평범하여서 은사로 불리기에는 뚜렷한 인상을 주지 못하는 것들이 있는가 하면, 방언이나 신유처럼 이목을 집중시키는 은사들도 있다.

한국 교회는 세계 교회사에 유례없는 성장을 이루었다. 여기에 많은 요인들이 언급될 수 있겠지만, 은사들과 성령세례에 관한 열렬한 관심이 교회 성장과 밀접한 관계를 지닌다는 것은 주지의 사실이다. 우리는 이것을 "성령 운동"과 연관하여 살펴보려고 한다.

성령의 은사와 성령세례

오순절 운동은 1900년에 시작되었다가 1906년부터 1915년까지 로스앤젤레스의 아주사 가(街) 부흥 운동을 통해 세계적인 운동으로 변혁되었다. 이 운동으로 인해 방언이 제2축복인 성령세례의 증거로 고수되었다. 성령세례의 특징으로는 성결, 하나님과의 직접 교통의 체험, 증거의 능력, 성령으로 기도함, 일반 신자와 구분되는 고상한 체험, 기쁨, (마약) 중독에서의 해방 등이다. 사도행전 2장의 성령강림 사건은 성도라면 누구나 이를 받을 수 있다는 본보기로 모든 성도가 성령님을 특별히 간구해야 한다고 이야기한다. 방언에 이어 또 신유가 중요한 특징이다. 그들은 성령의 모든 은사들이 지금도 교회 안에서 나타나야 한다고 보면서, 은사들 가운데서 특히 방언을 강조한다. 이들은 사도행전 2장, 19장을 예로 든다. 초기 오순절주의자들은 방언을 생면부지의 언어로 보았으며, 인간의 능력이 아니라 성령의 자기현시

로 이해했다. 이것이 후기에 가면 인간의 영이 발하는 방언을 뜻하게
되었다.

방언 등에 관한 오순절 운동의 은사관을 어떻게 보아야 할까? 무
엇보다도 이들은 성경의 증거보다는 경험을 중시한다. 우리는 사도행
전 등에 기록된 특별 은사들은 사도 시대에 교회 설립과 설교의 확립
을 위하여 필요했다고 여긴다. 사도행전 1:8에 예언된 것과 같이 복
음이 예루살렘에서 땅 끝까지 증거됨을 사도행전의 뒷부분은 보여준
다. 특히 사도행전 2장의 방언은 구원 역사의 진전을 이스라엘에게
공표하는 표적이다(사 28:11 이하, 고전 14:21에서 인용). 8장에서는 사
마리아 교회를 통하여 아브라함에 약속된 모든 족속의 복(창 12:3)이
실현되었음을 보여준다. 10장의 이방인 교회(고넬료)에 임한 동일한
성령님과 방언은 구원의 진전으로 유대인과 이방인 사이의 경계가
성령님 안에서 무너졌음을 보여준다. 19장에 나오는 에베소 교회의
방언은 이 교회가 성령을 통하여 그리스도께 연합되었음을 가시적으
로 보여준다. 이와 같이 초기 복음 전파 시대에 하나의 교회가 되었다
는 표시로 방언이나 예언이 증거로 주어졌다.

우리는 지금도 성령의 주권에 따라 은사들이 교회의 덕과 유익을
위해 주어질 수 있다고 본다. 그렇다 하여 성경에 언급된 "모든" 열광
적 은사들이 지금도 나타난다고 주장해서는 안 된다. 사도행전 2장의
방언은 중단되었다. 그러나 덕을 세울 수만 있다면 고린도전서 12장
의 방언에 대해서는 유연한 입장을 취할 수도 있을 것이다. 실제로 교
회에 나타나는 은사들 중에는 교회를 세우기보다는 도리어 파괴하는

우리는 무엇을 믿는가

사단의 역사도 있을 수 있다. 방언과 같은 은사를 성도의 필수적 표지로 고집하는 것은 성령의 주권을 오히려 무시하는 것이다. 하지만 이런 역작용 때문에 일부 은사들이 사라졌다고 말할 수도 있겠지만, 아무런 제한 없이 모든 은사들이 지금도 다 주어진다고 확언하기도 어렵다. 은사들은 성령의 자유에 속하므로 허용적이라 하겠다. 그러므로 사도행전 2장에 기록된 오순절 사건의 구속사적 특성을 전혀 고려하지 않은 채 그 재현 가능성만을 기대하는 것은, 하나님의 아들을 다시 십자가에 못 박아 욕을 보임에 비견되는(히 6:6) 성령의 자유를 제한하는 태도다.

은사들은 교회의 표지가 아니다. 설교와 성례에 주어지는 복음 전파에 교회의 생사가 달려 있다. 교회가 내외적인 복음 전파를 위하여 간구할 때 성령님은 자기의 기쁘신 뜻대로 여러 은사들을 주실 것이다. 더구나 은사 운동이 내세우는 몇 가지 은사들은 여러 종교에서도 나타나는 현상들이다. 때로는 악령도 이런 일을 행하게 한다. 그러므로 몇 가지 혹은 모든 은사들의 부재가 교회의 성장을 저해한다고 단언해서는 안 된다. 현대 교회가 무능력하고 침체되어 있다면, 우리는 그 원인을 은사들의 부재보다는 참된 복음 설교의 부재에서 찾아야 할 것이다. 우리 교회들의 관심이 은사 문제에 지나치게 쏠려 있다면, 우리는 먼저 우리 교회 중에 하나님의 말씀이 순전하고 능력 있게 설교되며, 우리가 그대로 살고 있는가를 가장 먼저 그리고 가장 관심 있게 살펴야 할 것이다. 수많은 은사 운동이 일어났다가 사라지는 현상을 볼 때, 우리는 변치 않는 말씀이 우리를 참된 하나님의 형상으로 만드시는 사역에 더 큰 관심을 가져야 할 것이다.

신유를 특징으로 삼는 빈야드 운동에 대해서도 우리는 같은 입장을 취한다. 치유를 성도의 표지로 삼는 것은 이 운동이 성결 운동과 오순절 운동 및 은사 운동과 맥을 같이하고 있기 때문이다. 성령의 은사들은 오순절 운동 및 은사 운동과 제3의 물결이 주도한 전유물은 아니었다. 한국 교회사에서 있었던 건전한 사경회를 통하여 일어났던 많은 회개 운동, 신유나 전도, 그리고 대사회적인 절제 운동 등은 참된 성령의 역사였다.

바울은 은사들을 사모하라고 권면한다(고전 12:31; 14:1). 고린도전서 12:31에서는 가장 큰 은사들(개역개정: "은사", 헬라어 성경: "은사들")을 사모하라고 한다. 바울이 이미 12장에서 여러 은사들을 언급한 것을 고려할 때 이 권면의 의도가 잘 나타난다. 그가 말하는 큰 은사들은 사랑(13장)과 예언의 은사(14장)다. 우리가 기도로 은사를 간구할 수 있으나(고전 14:13) 모든 은사들이 아니라 사랑과 예언의 은사들을 사모해야 한다(참조. 고전 14:6).

무분별한 성령 운동이나 은사 운동들이 보여주듯이, 교회의 질서를 깨뜨리거나 특정 은사 혹은 그것에 입각한 은사 교리만을 강조하는 것은 성경의 교훈에 위배된다(고전 14:40). 이는 성령의 자유를 제한하면서 은사의 풍성한 다양성을 무시하고 교회를 단조롭게 만들 뿐 아니라 특정 은사를 얻기 위한 방법론의 횡포를 초래할 것이다.

우리는 무엇을 믿는가

성령론적 구원론

성령론적 인간론

균형 잡힌 성령론은 인간을 배제하지 않는다. 우리를 대속하신 그리스도의 인격과 사역은 인간의 기여를 철저하게 배제한다. 이러한 점에서 기독론에서의 인간은 단지 수동적일 뿐 아니라 전적으로 무능력했지만, 성령론에서 인간은 "능동적"이다. 성령 하나님은 우리를 우리 되게 하시고 우리를 세우시며 확립시켜 주신다. 우리는 우리 속에서 하나님의 형상을 이루어야 한다. 다시 하나님의 형상이 될 때, 인간은 참 인간이 된다. 성경은 구속받은 인간의 책임을 강조할 뿐 아니라 완전한 인간이 되라는 명령까지 한다. 우리 속에서 일하시는 이는 하나님이신데, 하나님은 자기의 기쁘신 뜻을 위하여 우리에게 구원을 이룰 뜻을 주시고, 또 일할 능력까지도 주신다(대상 29:14, 빌 1:6; 2:13, 골 1:29, 히 13:21). 성령론의 특징은 하나님과 우리가 "동역자"로 사역하는 데 있다. 그러므로 우리는 구원의 은덕들을 은사와 소명의 양 측면에서 이해하려고 한다.

우리는 인간론에서 타락으로 인한 강한 단절과 비연속성을 이야기했다. 성경은 추상적 "인간"을 말하지 않고, 참 인간이신 그리스도 안에 있는 인간을 말한다. 그러므로 하나님과 인간 사이에 관계가 존속할 수 있는 것은 오직 그리스도를 통해서만 가능하고, 구속받은 인간이 성령님 안에서 삼위 하나님의 성품에 참여하게 된다. 그러므로 구원의 은덕들은 삼위 하나님의 성품을 말하는 은사임과 동시에, 이것들이 우리의 성품이 되어야 한다는 소명이기도 하다. 언약의 백성들은 하나님의 덕을 선전하도록 부름받았다. 성령론이 다루는 인간론은 성경적인 윤리이기도 하다. 성령론적 인간론은 교리가 목표로 삼는 사람 개혁이다.

구원의 순서는 성령님이 적용하시는 은혜다. 그렇지만 성령의 사역이 그리스도와 분리되어 있는 독자적인 사역은 아니다. 성령님은 그리스도를 영화롭게 하시며 그분의 것을 우리에게 알려 주신다. 즉 그리스도의 사역에는 이미 성령의 사역이 포함되어 있다. 또 그리스도의 것은 바로 성부의 것이다. 이처럼 성령님은 삼위 하나님의 구원 사역을 완성하신다. 이 완성에는 우리의 자리도 있다. 성령론의 한 부분인 구원론에서는 이 양면이 다 고려되어야 한다.

그러한 맥락에서 구원의 순서는 우리의 인식에 근거하는 것이 아니라 성령의 사역을 점진적으로 표현한다. 구원의 순서란 인간의 행위가 아니라, 은혜의 역사적 진전, 즉 인간에게 나타나는 말씀과 성령의 "길"에 관한 것이다. 물론 그 정확한 순서를 우리가 규명하자는 것

우리는 무엇을 믿는가

이 아니라 그리스도 안에 있는 하나님의 구원의 풍요성이 성령님을 통하여 우리에게 소유되는 그 길, 과정을 묘사하려고 한다.

종말론적 구원

구원의 순서를 시간적 순서로만 다룰 수는 없다. 게다가 이것을 "영혼" 안의 주관적 과정으로만 보는 것은 더더욱 있을 수 없다. 그렇지만 은덕들 간에 내적인 연관성은 있다. 즉 성화는 결코 칭의에 선행할 수 없고, 회개는 소명 뒤에 오며 견인은 마지막에 온다. 우리는 은덕들의 연대기적 순서가 아니라 신학적 상관성을 살피려고 한다. 로마서 8:29-30에 기초한 순서를 개신교 신학자들은 "황금 사슬"이라 불렀다. 즉 미리 아심, 택정, 소명, 칭의, 영화의 순서다.

그러나 우리는 이런 전통적인 입장을 그대로 수용하지 않을 것이다. 대개 하나님의 미리 아심과 택정을 과거의 사건으로, 칭의를 역사적인 현재의 일로, 그리고 영화는 장래의 일로 이해하는 경향이 있다. 물론 소명은 이전의 택정과 그 후의 칭의, 영화와 연결된다. 그렇지만 위 본문에 나타난 은덕들은 명사가 아니고 하나님의 행위를 표현하는 동사들로 나타나며, 그것도 과거시상이다. 그렇다면 문제는 영화이다. 로마서 8:30에 의하면 하나님은 우리를 이미 "영화롭게 하셨다". 그러나 동시에 로마서 8:18에서는 "장차 나타날 영광"이라고 했다. 이처럼 영화를 과거시상과 미래, 두 차원으로 표현한 것은 한편으로는 그리스도의 부활로 우리의 생명의 영광도 이미 확보되었기 때문이고, 다른 한편에서는 그 확보된 영광이 우리 속에서 장차 완성될 것이기 때문이다.

이것은 종말론적 시각이다. 이처럼 구원론은 이미 종말론과 불가분의 관계 속에 있다. 전통적인 관점에서는 구원과 칭의의 종말론적 성격이 거의 고려되지 않았다. 즉 우리가 성령님 안에서 그리스도의 모든 은덕들을 이미 받았다는 측면이 제대로 부각되지 않았다. 그러므로 이런 종말론적인 성격을 고려하지 않고서 구원의 은덕들을 연대기적인 순서로 나열하는 관행을 신중하게 재고해야 한다. 우리의 관심은 구원의 서정序程, 즉 순서가 아니라 성령의 사역인 구원의 은덕들에 있어야 한다.

우리는 무엇을 믿는가

구원의 은덕들

소명

소명은 믿음을 일으킨다(롬 10:17). 그리고 믿음에서 회개가 나온다. 소명은 삼위 하나님의 집약된 말씀이요 말씀에 의한 초청이다. 하나님은 창조와 역사를 통하여 말씀하신다. 그리고 마지막으로는 아들 안에서 말씀하셨다(히 1:2). 아들도 말씀하셨고, 성령님도 설교를 통하여 말씀하신다. 이는 언약의 교제에로의 소명이요 초청이다. 삼위 하나님은 지속적으로 부르신다. 그러므로 우리는 전통적인 구원의 서정에서 말하는 "첫" 단계로서의 소명이 아니라 지속적인 소명도 말해야 한다. 즉 삼위 하나님이 우리를 부르는 소명은 지속적으로 계속된다.

소명은 삼위 하나님의 부르심이다. 하나님의 소명은 구원으로의 구체적 부르심이다(신 30:15, 사 1:18; 55:1 이하; 61:1 이하, 호 6:1). 하나님은 부르는 분이시다(롬 9:24, 갈 5:8, 살전 5:24, 벧전 1:15). 그분은 유대인과 이방인들을 동시에 부르신다(고전 1:24). 불러서 자기의 아들과 교제하게 하신다. 화평 중에(고전 7:15), 그리스도의 은혜로 부르셨다(갈 1:15). 죄와 율법과 사망으로부터 자유로(갈 5:13), 한 소망으로(엡 4:4), 거룩으로(살전 4:4), 하나님 나라와 영광으로(살전 2:12) 불러 영광을 얻게 하셨다(살후 2:14). 또 어두움에서 기이한 빛으로(벧전 2:9), 영생으로 부르신다(딤전 6:12). 뿐만 아니라 고난으로 부르신다(벧전 2:20; 3:9). 그리고 교회라는 한 몸으로 부르셨다(골 3:15).

예수님은 의인이 아니고 죄인을 불러 회개시키려 하신다(눅 5:32). 또 수고하고 무거운 짐진 자들을 초청하신다(마 11:28). 구원 소명은 혼인 집 초대에서 잘 나타난다(마 22:3, 계 19:9). 죽은 자들이 하나님의 아들의 음성을 들으며 듣는 자들은 살아난다(요 5:25). 이와 같이 소명은 죽은 자들을 살리는 부름이다(롬 4:17). 하나님과 화해하라는 초청이다(고후 5:20).

오순절 이후 성령님은 설교를 통하여 부르신다(행 2장, 고전 1:21). 설교는 삼위 하나님의 구원 계획에 포함되어 있다. 그리스도의 죽음과 부활로써 충분한 것이 아니라, 각 사람에게 구원이 현실화되도록 전파되어야 한다. 하나님은 우리를 이미 자녀들로 입양하셨으나(롬 8:15, 엡 1:5) 부름을 받을 때에야 비로소 그 은덕들을 소유하게 된다. 신약은 십자가만 말하지 않고 십자가의 말씀(고전 1:18)도, 화목뿐 아니라 화목의 말씀(고후 5:19)도 말한다. 그러므로 성경은 설교를 성령의 직분이라고 말한다(고후 3:8; 4:6).

이와 같이 소명이라는 사역에서도 삼위 하나님은 한 하나님으로서 자기를 증거하신다. 성자와 성령을 배제한 성부만의 소명도 없고,

우리는 무엇을 믿는가

성부와 성령과는 무관한 성자의 소명 사역도 없으며, 성부와 성자의 뜻과 구원사역을 도외시한 성령의 독자적인 소명도 없다.

하나님의 부르심은 죄인을 향하여 회개를 촉구한다. 구원의 도래와 하나님 나라의 임박성이 회개를 촉구한다. 그리고 회개는 사죄로 이끈다(막 1:4, 눅 3:3; 24:47). 사죄와 용서는 복음 설교를 통하여 제공된다. 이처럼 설교는 지성이 아니라 신앙을 요구한다. 돌려서 말하자면 신앙 강좌가 아니라 복음 설교가 신앙을 이루어 낸다. 이사야 61장에 나타나듯이 파송과 설교는 중요한 관계를 지닌다(마 10:7; 28:19, 막 3:14; 16:15, 눅 3:18; 9:2, 롬 10:15, 딤전 2:7, 딤후 1:11). 아버지의 보냄을 받은 예수님이 다시 제자들을 보내셨다(요 20:21). 이는 성령의 동행이 약속된 파송이다. 그러므로 말씀이 무시되면 성령님도 소멸된다. 말씀은 주께서 성령의 조명을 신자들에게 배포하시는 방편이다(행 6:2). 소명에 대한 반응은 씨 뿌리는 자의 비유에서 잘 나타난다.

구원은 선포자에 의해 선포되며, 성령님은 선포를 통하여 그리스도와의 교제를 일으킨다. 선택은 소명, 즉 선포를 통하여 실현된다. 이 복음 선포의 초청이 없는 선택을 생각할 수 없다. 그러므로 만민을 제자로 삼으라는 명령에는 구원 초청에 제한이 없음을 보여준다. 그러나 이 소명과 권고의 효과는 중생을 일으키시는 성령님에 의존한다. 하나님이 죽음으로부터 건져내려는 자마다 중생의 성령님으로 갱생받는다. 하나님의 입에서 나가는 말은 헛되이 하나님께로 돌아가지 않는다(사 55:11).

때로는 내적 소명과 외적 소명을 말하기도 한다. 이것은 두 소명이 아니라 한 소명이 지닌 두 종류의 결과를 말한다. 성령님의 역사는 일단 외적 말씀으로 이루어지며, 내적인 면을 겨냥한다. 내적 소명이란 소명을 받은 인간이 성령님이 보장하는 자유 안에서 "예"라고 말하는 기적이다. 이 "예"로 죄인은 새로운 것을 창조하지 않고, 다만 모든 것을 받을 뿐이다. 칼빈은 "내적 소명"이 아니라 선택에 따르는 "후천적 표적들"을 말한다. 그것을 그는 소명이라고 본다.

소명에는 하나님의 선택이 선행한다(사 41:9; 42:6; 45:12; 46:11; 50:2; 51:2, 살후 2:14). 부름받은 자들은 피택자들이다(롬 1:6, 고전 1:2, 살전 1:4, 벧후 1:10, 계 17:14). 설교를 통한 소명은 선택을 즐기게 한다. 하나님은 피택자들을 신앙으로 인도하기 위하여 그들을 효과적으로 가르치신다(요 6:44, 46; 17:6). 칼빈은 선택이 신앙의 어머니라고 했다. 신앙은 선택의 실현이요 성부 하나님의 사랑에 대한 보증이다. 이처럼 소명과 선택은 결합되어 있으므로, 소명에서 우리는 오직 하나님의 자비만을 찾아야 한다. 우리의 구원을 확신하려면 우리는 먼저 말씀으로 시작해야 한다. 하나님의 자비를 알려면 우리 눈을 그리스도에게로 돌려야 한다. 예수님은 그분을 믿음으로 영접하는 모든 자들을 하나님이 자녀와 후사로 여기신다는 것을 우리에게 증거하는 증인이시다.

위에서 본 대로 소명이란 선포를 통하여 복음의 약속, 곧 예수 그리스도를 제시함이다. 이것은 바로 예수 그리스도 그리고 그분의 인격을 제시하는 것이다. 소명은 그리스도 안에 있는 구원주 하나님께로 오라는 초청이요 호소다. 그 호소에는 회개하고 믿으라는 명령이 있다. 이것은 언약의 교제로 오라는 약속이자 호소다. 이 호소에 대해 적극적 반응에 이르려면 마음속에 무언가 일어나야 한다. 그러므로 이 내적 소명의 즉각적 작용이 중생이다. "내적"이란 성령의 일터를 말한다. 선포는 자동적으로 작용하지 않는다. "내적 소명"이라는 말은 인간이 성령의 능력으로 말미암아 복음에 "예" 할 수 있음을 지적한다.

중생

중생은 소명의 즉각적인 결과로 내적 회개와 외적 방향 전환을 포함한다(행 3:19; 26:18, 20). 베드로는 하나님이 자기의 많으신 긍휼대로 우리를 산 소망으로 "거듭나게 하셨다"고 가르친다. 이것의 근거는 하나님이 예수님을 "다시 살리심"이다(벧전 1:3). 그 하나님은 죽은 자를 다시 살리시며, 없는 것을 있게 하는 창조의 하나님이다(롬 4:17, 히 11:17-19).

소명은 생명으로의 부름이다. 성도라 불리는 자들도 복음의 소명이 임하기 전에는 죄와 허물로 죽었던 자들이었다(엡 2:1 이하). 죽은 자란 하나님과 그분의 생명에서 떨어져 있는 모든 사람들을 가리킨다(마 8:22, 눅 9:60; 15:24, 32, 골 2:12 이하). 그러므로 죽은 자들 위에는 하나님의 진노만이 드리워져 있다(엡 2:3; 5:6, 골 3:6).

성경은 예수님이 우리의 생명임을 말한다. 예수님이 생명의 주(행 3:15)시며 그분 안에 생명이 있다(골 3:4, 딤후 1:1, 요일 5:11). 예수께서는 생명을 얻기 위하여 생명을 포기하셨다(요 10:17-18). 그것은 하나님이 그분께 준 자들을 살리기 위해서였다(롬 8:11, 고후 4:14; 13:4).

죽은 자들의 부활과 그분께 붙은 자들의 부활이 없다면, 그리스도의 부활도 없었을 것이다.

이러한 생명과 부활은 일차적으로 순전히 미래적이다. 그러나 미래적인 것은 소망 중에 현존한다(딛 1:2, 벧전 1:3). 현재는 미래에 대한 확신에 의하여 유지된다. 우리는 산 자들이요(고후 5:15) 산 제물이다(롬 12:1). 그리스도 안에서 우리는 하나님께 산 자들로 여겨진다. 그러므로 우리는 새 피조물이다(고후 5:17, 갈 6:15, 엡 4:24).

바울은 그리스도 예수 안에서 복음으로써 고린도 교인들을 낳았다고 했다(고전 4:15). 그 복음은 말로써 전달되나(롬 10:14) 말로만으로 이루어지지 않고 능력과 성령님으로 역사한다(고전 2:4, 살전 1:5). 성령님과 생명을 받는 전제는 그 자체가 구원을 일으키는 사건인 설교된 말씀이다. 말씀은 생명을 배포한다(고후 2:16; 3:6-18; 5:18-20). 그리고 또 다른 전제는 하나님의 행위와 구원의 제시를 움켜쥐는 신앙이다. 이것도 성령의 능력으로 이루어졌다. 이와 같이 중생은 "하나님의 살아 있고 항상 있는 말씀"(눅 8:11, 히 4:12, 벧전 1:23)을 방편으로 성령님이 일으키신다.

중생은 소명의 열매요 구원의 한 부분이다. 하나님의 구원 사역은 사람에게 이루어지나 인간의 업적으로 말미암지는 않는다(엡 2:8-9). 우리의 구원은 하나님의 긍휼하심을 따라 성령의 거듭나게 하심(중생)과 새롭게 하심을 통하여 이루어진다(딛 3:5). 여기서 씻음은 세례를 의미한다(엡 5:26). 그런데 중생의 씻음은 성령의 사역이며, 그 씻음이 그리스도의 이름으로 행하여진다. 하나님은 성령님을, 예수 그리스도를 통하여 우리에게 풍성하게 주신다. 성부께서 먼저 성자에게 성령을 한량없이 주셨으므로(요 3:34), 이제는 그분으로 말미암아 우리에게 성령을 풍성하게 주신다(딛 3:6).

이는 말씀이 방편이 되어 하나님 앞에서 우리의 전체 속사람이 새로워지는 것이다(엡 3:16). 새 삶은 중생의 열매로서 계속 진전된다. 중생은 그리스도의 은사로서 우리에게 주어진 하나님의 영이 행하시는 내적 갱신이다. 이는 하나님의 사역인 동시에 나의 일이다.

내적 변화를 "마음의 할례"라 한다(신 30:6, 겔 36:26, 롬 2:29). 하나님은 허물로 죽은 우리를 그리스도와 함께 살리셨다(고후 4:16, 엡 2:5; 4:24). 그러므로 신자의 존재는 이 세상에 근거하지 않고, 예수 그리스도를 통한 하나님 안에 그 근원과 목적이 있다. 이는 본성적 가능성이 아니라, 성령의 놀라운 능력으로 가능하다(요 3:5-6, 8). 이로써 우리는 하나님과 그리스도에게서 났다(요 1:13, 요일 2:29; 3:9; 4:7; 5:1, 4, 18). 전인적 인간이 하나님의 형상으로 거듭난다. 이는 참 형상이신 그리스도가 "우리의 생명"이기 때문이다(골 3:4). 우리는 죽었고, 이제 그리스도만이 내 안에 사신다(갈 2:20).

중생의 순간은 결코 알 수 없다(요 3:8). 구원 소유는 순간적이면서도 과정적이다. 그러므로 가령 중생과 같은 어떤 고립된 한 순간을 절대시하는 로마교와 경건주의의 오류에 빠져서는 안 된다. 하나님은 늘 역사하고 계신다. 그러므로 우리는 그리스도와 더불어 매일 새롭게 살아난다. 이 일은 말씀과 성령님을 통해서 이루어진다.

마태복음 19:28이 말하는 "세상이 새롭게 되는 중생"은 종말론적이요 세상을 다 포괄하는 중생을 말한다. 한 개인의 구원이 구속사의 목적이 아니라 만물의 회복이 새 창조의 목적이다(행 3:21). 중생된 자들을 시작으로 만물의 회복이 시작된다(롬 8:21 이하). 이와 같이 구원의 은덕에는 인간의 구원을 말하는 속칭 구원론만이 아니라 세계 전체의 회복도 포함된다.

신앙

신앙은 일차적으로 우리의 업적이 아니라 영적 중생의 열매다. 하나님에게서 난 자만이 믿을 수 있다. 그러므로 신앙은 하늘의 선물이다(요 6:44). 신앙은 하나님의 자녀들 안에만 거하는 성령의 사역이다. 성령에 의한 조명은 새로 태어남의 한 부분이다. 이처럼 신앙은 중생에서 유래한다. 신앙이 주어지면 그 신앙으로 우리는 성령의 다른 은사들도 얻어 누린다.

그리스도가 내 안에 산다는 것(갈 2:20)은 내가 성령의 선물인 믿음으로 산다는 뜻이다. 그리스도를 떠나서는 참된 하나님 지식이 없다. 그리고 우리는 성령님에 이끌려 그리스도를 찾을 수 있다. 참 하나님으로서 그분은 우리 여정의 목표점이고, 참 인간으로서 그분은 우리가 가는 길이다. 하나님을 믿는 신앙의 확고성은 그리스도 안에 있다.

나아가 신앙은 소명, 곧 복음의 부름에 대한 인간의 적극적 반응이다. 성령님과 말씀에 의한 소명은 속사람을 완전히 새롭게 하며 이 새로움이 믿음으로 나아오게 한다. 즉 내적 갱신인 중생이 없이는 믿음이 있을 수 없다. 그래서 우리는 소명과 내적 변화라는 성령님이 하신 일을 먼저 다루고 나서 그 다음에 신앙을 다룬다. 그렇게 할 때 믿음이 지닌 "은혜적 성격"이 부각되고 강조된다. 믿음과 회개로 나타나는 소명에 대한 인간적인 응답은 성령님이 주시는 열매다. 물론 믿음으로 거듭나는 중생임을 부인하지는 않는다. 이 점에서 믿음은 다시 성령의 열매다. 즉 믿음 없는 중생도 없고, 중생에서 나오지 않는 믿음도 없다.

하나님의 부름에 대한 응답에는 여러 형식이 있다. 여호와는 자기 백성에게 자비로운 구원과 동시에 은사와 선물을 주심으로 그들을 만나신다. 은사는 동시에 임무이다. 하나님의 어떠하심, 곧 속성이 인간에게 전달되어 인간의 임무로 나타난다. 가령 거룩(레 19:2), 의 (창 18:19, 삼하 8:15, 시 11:7), 사랑(신 6:5; 7:8; 10:12; 11:22), 하나님 경외(출 20:20, 시 5:8, 잠 1:7) 등이다.

그중 하나님의 행위에 대한 인간의 응답이 "신앙"이며, 이는 인간의 견고함으로 나타난다(사 7:9). 구약에서 신앙은 이런 태도일 뿐 아니라 구체적이고 역사적인 신앙의 내용과 항상 연관되어 있다 (창 15:4-6, 사 7:7-9). 신앙은 약자가 타자, 곧 강자로부터 자신의 견고함을 확인하는 방식이다. 이는 하나님이 신실하시기 때문이다(시 30:10). 하나님은 "미쁘신 하나님"이시다(사 49:7; 65:16, 렘 42:5, 계 3:14). 여호와는 "자신의 신실함을 증거하신다"(신 7:9, 호 11:12). 즉 여호와는 행함으로 자기를 신실한 자로 나타낸다는 뜻이다. 신약에서도 우리를 부르시는 하나님이 신실하신 분임이 나타난다(롬 3:3, 고전

1:9, 살전 5:24, 히 10:23). 믿음은 이 신실하고 미쁘신 하나님을 믿는 것이다(롬 4:3, 9, 갈 3:6, 약 2:23). 아브라함은 자기의 몸과 사라의 태가 죽었음에도 믿음이 약하여지지 않았을 뿐 아니라 약속에 의지하여 더 견고해졌다(롬 4:19-20). 이처럼 신실하신 그 하나님을 신실하다고 고백하는 것이 곧 신앙이다. 또 그 신실하신 하나님을 신실하게 신뢰하는 것이 신앙이다. 또 하나님을 하나님으로 인정하는 것이 신앙이다(출 14:31, 민 14:11; 20:12, 신 1:32; 9:23, 왕하 17:14, 대하 20:20, 시 78:22, 사 43:10, 욘 3:5). 여호와를 신뢰함으로써 인간은 하나님 앞에서 "의롭다"(창 15:6).

하나님을 하나님으로 인정하는 일은 하나님을 닮는 것으로 나타난다(사 43:10, 호 4:1). 신앙은 인간의 전인을 요구하며, 이는 외적 삶이나 내적 삶 모두에서 구현되어야 한다. 이 배경에는 구약의 언약 사상이 깔려 있다(사 7:9). 인간적인 권위나 약조는 버리고 하나님만을 경외하는 것이 신앙이다. 신앙은 인간의 자율도 다른 신들을 섬기는 것도 금한다. 신앙의 대상은 오직 여호와 한 분 밖에는 없다.

여호와 하나님이 신실하시듯 예수님도 신실하시다(살후 3:3, 딤후 2:13, 히 3:2). 예수 그리스도는 어제나 오늘이나 영원토록 동일하시다(히 13:8). 예수님은 십자가의 죽음에 이르기까지 신실한 증인이셨다(계 1:5; 3:14). 공의로 심판하실 때에도 예수님은 미쁘시고 참되시다(계 19:11). 그분이 미쁘시니 우리는 우리 자신의 능력을 신뢰하지 않고 하나님의 사죄와 도우심에 자신을 내어 맡길 수 있다(요일 1:9). 그러므로 우리는 하나님을 믿으며 또 예수님을 믿도록 요청받았다

(요 14:1). 성령 하나님도 신실하신 진리의 영이시다(요 14:17; 15:26; 16:13, 요일 4:6; 5:7).

신실하신 삼위 하나님이 우리의 구원을 작정하시고 시행하시고 적용하시니 이 구원은 신실할 수밖에 없다. 동시에 신실함과 믿음은 우리의 속성이 아니라 신실하신 삼위 하나님을 닮음으로써 우리에게 주어지는 은사이다. 예수님은 사람에 관한 증거를 받으실 필요가 없었기에 자기를 인간에게 의탁하지 않으셨다. 그분이 자기를 의탁하는 것은 자기가 성령님으로 우리 속에 거하심으로만 가능해진다. 이것이 곧 우리의 신실이다. 우리는 하나님을 닮아서 신실하니(은사) 또 믿음 직해야 한다(사명).

바로 이러한 상황 가운데서 예수님은 "네 믿음이 너를 구원하였다"(마 9:22, 막 5:34; 10:52, 눅 7:50; 8:48; 17:19)고 하셨다. 예수님은 신유나 사죄 시에 이 말씀을 하셨다. 인간이 구체적 순간에 자기 신뢰를 포기하고 예수님에게 도움을 찾아 구할 때, 신앙은 그 모습을 드러낸다. 신앙으로 인간은 하나님의 사랑의 지배 아래 들어간다. 예수님이 주시는 신앙은 인간을 마냥 수동적으로 만드는 대신 능동적으로 만든다. 예수님은 용서하신 뒤에 "가서 다시는 죄를 범하지 말라"(요 8:11)고 하셨다. 믿음은 죄를 이길 수 있는 힘을 준다.

신앙의 대상 또는 내용은 그리스도요 하나님이다. 성경에서 "믿다"라는 동사의 목적어는 일차적으로 인격(누구)이며, "그에 관한 어떤 것"은 부차적이다. 신앙의 내용은 언제나 하나님의 돌보심이다. 신약에서도 예수 그리스도 안에서 하나님이 하신 사역을 기술하면서 그 내용을 믿음의 대상으로 하는 경우가 있다(롬 10:9, 살전 4:14). 성도들은 십자가 앞에서 예수님을 살리시고 생명을 주신 하나님을 믿는다. 그것은 하나님의 약속과 그리스도의 복음을 받음이요 그분을 믿음이다(갈 2:15-21).

바울은 신앙과 구원을 연결시킨다(롬 10:9). 즉 신앙은 인간을 언약 안에서 하나님과 바른 관계에 서게 하므로 그는 의로워진다. 믿음은 그 내용과 성격상 하나님과의 관계 정상화이다. 신앙은 전적인 자기 포기이고, 하나님이 그리스도 안에서 행하시고 주신 것, 곧 그리스도만으로 살겠다는 것이다. 아브라함의 신앙도 결국은 그리스도 신앙이다(행 3:25, 롬 4:11, 갈 3:8).

"믿음의 창시자"(히 12:2, 참조. 히 2:10)이신 예수님은 "네 믿음이 너를 구원하였다"고 하셨다(마 9:22, 막 5:34; 10:52, 눅 7:50; 8:48; 17:19). 예수님에 대한 사랑과 이로 인한 사죄가 이제는 믿음과 구원으로 새롭게 표현되었다. 예수님으로 말미암아 난 선물인 신앙(행 3:16)이 이제는 우리의 신앙이라 칭해진다. 성령님께서 신앙을 일으키신다. 신앙은 하나님의 주권적인 부름에 대한 우리의 수용적인 응답이다. 그러므로 이 은사는 이제 우리의 임무가 되어 우리는 믿음을 지켜야 하며(딤후 4:7) 믿음을 굳게 해야 한다. 또한 믿음은 성장해야 하고(고후 10:15) 진보해야 한다(빌 1:25). 믿음은 부족해지거나(살전 3:10) 믿음에서 파선할 수도 있다(딤전 5:12). 또 믿음을 배반하거나(딤전 5:8) 버릴 수도 있다(딤전 5:12). 남의 신앙을 무너뜨릴 수도 있다(딤후 2:18). 그러므로 우리는 온전한 믿음으로 하나님께 나아가야

우리는 무엇을 믿는가

한다(히 10:22). 또 믿음으로 깨어 견고해야 한다(고전 16:13). 우리는 "내가 믿나이다 나의 믿음 없는 것을 도와 주소서"(막 9:24)라고 항상 간구해야 한다.

회개

회개는 신앙에 포함된다. 전통적인 구원의 서정에서는 소위 "첫" 회개가 강조되고 동시에 중생도 강조되나 우리는 지속적인 회개를 말할 뿐이며, 구원역사의 과정에서 이 첫 회개는 믿음에 포함된다고 본다.

구약에서는 "옛 길"로 찾아 돌아감이 곧 회개다(렘 6:16). 이것은 말씀에 의한 회개 촉구에 의하여 일어난다(호 6:1; 7:10; 12:6; 14:1- 2). 여호와가 고하게 한 말씀을 감하지 않고 전할 때 악한 길에서 돌아서는 것이다(렘 26:2-3). 그리하여 옛 길, 곧 율법을 주신 여호와께로 돌아감이다(렘 4:1). 여호와께 돌아갈 때 악과 죄의 사함이 있다(렘 36:3).

예수님이 파송받은 목적도 죄인들을 회개로 부르시려는 데 있다(눅 5:32). 천국 입성의 유일한 요구가 회개이며 신앙도 일단은 회개에서 난다. 회개는 인간의 적극적 결단을 촉구한다. 종말론적 심판의 위협 앞에서 옛 본성을 떨쳐 버리라는 명령이다. 그러나 이 무조건적인 명령은 인간의 노력으로 성취되지는 않는다(마 18:3). 이것은 성령 하나님의 사역이다(행 2:38; 3:19; 5:32; 8:22). 이는 성령 하나님의 선물이며 동시에 인간의 임무다(행 2:38; 3:19; 17:30). 회개와 신앙은 불가분리의 관계다(행 20:21).

베드로는 "우리가 주 예수 그리스도를 믿을 때에 주신 것과 같은 선물"(행 11:17)이라 하여 회개와 함께 신앙을 소명에 대한 태도로 설명한다. 그러므로 우리는 소명에 대한 인간의 반응을 주로 신앙으로 보는 성경의 가르침을 보게 된다. 오순절 이후의 이방인들에게는 신앙이 유일한 첫 반응이라 해도 과언은 아니다. 이런 조심스런 명제로 우리는 회개를 첫 회개와 매일의 회개로 구분하는 입장을 신중하게 견제하려고 한다. 이는 회개와 신앙을 구분하여 어떤 도식을 만드는 기존의 경향에 대한 비판이다. 그러므로 이전에 이방인이었으나 이제는 신앙을 가진 성도들은 날마다 회개해야 한다. 이 말은 하나님을 향한 회개는 오직 예수 그리스도를 믿는 신앙을 통해서만 가능하다는 말이기도 하다(행 20:21, 히 6:1-6). 주 예수를 믿는 우리들은 날마다 회개해야 한다(주기도문).

칭의

로마서 1:17에 인용된 말씀에서 하박국은 의인이 믿음으로 말미암아 살 것이라고 말한다(합 2:4). 의가 무엇인지는 에스겔 18:5-9에 잘 나타난다. 즉 의는 여호와의 율례를 좇으며 규례를 신실하게 지켜 행함이다. 그리고 그러한 의인은 정녕 살 것이라고 한다. 즉 그가 행한 의로 인하여 살게 된다는 약속이다. 이처럼 의를 행하는 자에게 생명이 약속되어 있다. 죽음은 재난이지만 생명은 구원의 상태를 말한다. 생

우리는 무엇을 믿는가

명을 가진 자는 여호와의 선을 맛본다.

이제 로마서 4:3에 인용된 창세기 15:6을 살펴보자. 아브람이 여호와를 믿으니 이것이 그에게 의로 여겨졌다는 이 본문은 여호와가 아브람의 방패요 지극히 큰 상급이라는 15:1의 계시와 분리될 수 없다. 아들도 없는 아브라함에게 땅을 약속하시면서 여호와는 그를 안정시키신다. 그때 그는 믿음으로 "의"를 보였다. 즉 이 어려운 상황에서도 그가 여호와에 대하여 어떤 태도로 있느냐가 핵심이다. 아브라함은 도무지 불가능한 것을 약속하시는 하나님께 완전히 신뢰하는 자세로 자신을 의탁했다. 의로 인정을 받은 믿음은 믿음의 내용이 아니라 바로 믿음 자체다. 그는 여호와께 토대를 둠으로 견고히 섰다. 이것을 여호와가 의로 여기셨다. 여기서는 일한 만큼 주는 삯이 아니라 그것 이상을 인정하는 상급, 곧 "인정된 의"를 말한다. 의란 자기의 신앙을 지킨 자에게 주어진다. 율법이 오기 전에 아브라함은 믿음으로 의롭다 함을 인정받았기 때문이다.

신앙인이 의롭다는 것은 여호와와 올바른 관계에 있다는 뜻이다. 즉 언약 당사자 간의 관계가 안정되어 있다는 뜻이다. 이것은 공로 사상과는 거리가 멀다. 자신의 자리를 지킨다는 것은 공로가 아니라 지당할 뿐이다. 그것이 그에게는 생명이다.

의란 이와 같이 관계 개념으로 사람이 하나님과의 관계에서 기대되는 대로 행하는 것을 말한다. 이는 언약 안에서의 관계를 말한다. 하나님은 자기의 말씀대로 행하시기 때문에 언약을 지키시는 의로우신 분이시다. 그러나 여호와는 "각자가 행한 대로" 대하지 않고 의로 구원하신다(시 71:2, 사 11:4-5). 하나님은 스스로 의롭다고 선언하심에서 그치지 않고 불의한 자를 의롭다고 하신다. 이 점에서 불의한 자를 의롭다 선언함은 그리스도의 창조 행위라 하겠다. 그러고 나서 하나님은 사람에게 공의를 행할 것을 요구하신다(미 6:8). 그러므로 하나님 앞에서 의로운 자는 없다(시 143:2). 하나님의 의만이 불의한 인간을 구원할 수 있다(사 46:13). 즉 구원과 의는 병행한다(시 98:2).

오실 "의로운 가지"는 "여호와 우리의 공의"이다(렘 23:6). 이것이 그 백성에게는 구원과 평안이다. 그분은 공평과 정의로 자기 나라를 다스릴 것이다(사 9:7). 이 예언대로 하나님의 의는 예수 그리스도의 죽음과 부활에서 나타나서 구원을 이루었다. 그리스도는 "의의 총체"시며 하나님의 의의 증거다. 바로 이 의에 근거하여 하나님은 죄인들을 의롭다고 선언한다. 죄인은 그리스도 안에서 신실하신 하나님을 의로우신 분으로 인정할 때 의로워진다(롬 3:22). 따라서 그리스도 바깥에는 의도 칭의도 없다.

하나님의 의는 우리 위에 부어지는 성령의 은사다. 성령님은 종말론적 의를 맡으신 분이다(갈 5:5). 하나님의 의는 구원을 이루는 의이기도 하고 심판하는 의이기도 하다. 그리고 성경은 심판이 항상 행위를 따라 이루어질 것이라고 가르친다. 이것은 언약의 구조 속에 있다. 언약 안에서 우리로 생명 가운데 살게 하시는 이는 성령님이다. 우리는 우리 지체를 의에게 종으로 바쳐서 거룩함에 이를 것이다(롬 6:19). 우리는 순종의 종이 되어 의에 이른다(롬 6:16). 이와 같이 의는 새로운 삶의 능력이 된다. 바로 이 일을 성령님이 하신다.

우리는 무엇을 믿는가

이처럼 하나님은 그리스도 안에서 불의한 자들을 의롭다 하심으로 먼저 자기를 의롭다 하신다(롬 3:26). 의로워진 죄인들은 자신들을 의롭다 하시는 하나님을 의롭다고 찬양한다(눅 7:29). 하나님의 속성인 이 의는 성경에서 이처럼 송영적인 선언이다. 그러므로 신앙은 하나님의 의인 그리스도를 얻게 하는 도구다. 신앙은 결코 공로적 사역이 될 수 없으며, "신앙이라는 공로에 근거한 의"란 있을 수 없다.

칭의란 구약의 언약 관점에서 하나님을 향한 관계, 태도를 지칭한다. 칭의를 통해 하나님의 의로우심이 증거되는데, 그 의는 불의한 자들에 대한 심판을 폐지시키고 그들을 의인으로 만든다. 구약에서 의는 이처럼 언약의 관계에서 설명된다. 인간이 하나님이 정한 관계에 충족되면 그는 의롭다. 여호와의 의는 언약 상대인 이스라엘을 향한 구원 행위요 구속인고로 이스라엘의 의도 결국 의의 하나님이 주신 계명들을 신실히 지켰다고 인정해 주신 데서 비롯된 것이었다(신 6:25). 구약의 하나님은 그리스도 안에서 사람들을 다시 언약의 당사자로 만드셨다. 이로써 인간은 하나님에게는 다시 책임 있는 당사자가 된다. 이렇게 인간을 의롭게 세우는 하나님의 신실한 언약적 행위가 곧 칭의다(롬 3:5). 그리스도가 화목제물이 되어 얻은 의가 우리에게 전가되어 우리에게 의로 여겨진다.

칭의는 시작일 뿐 아니라 성도의 삶 전체를 인도한다. 은혜도 의로 말미암아 왕 노릇 하여 우리 주 예수 그리스도로 말미암아 우리를 영생에 이르게 한다(롬 5:21). 의의 은사로 시작된 삶의 목표는 영생이다. 계명은 받은 생명을 지키는 울타리다. 그러므로 계명을 지키는 것은 의요 생명이다(신 5:16; 6:24-25, 참조. 신 24:13). 생명이신 예수님도 생명에 들어가려면 계명을 지켜야 한다고 말씀하셨다(마 19:17, 눅 10:28, 참조. 잠 18:16). 이와 같이 칭의는 아주 포괄적으로 쓰이며 삶 전체를 포용한다.

칭의는 순간적인 선언인 동시에 지속적인 중생과 성화를 동시에 포함한다. 성경에서 "의"는 선언적 측면만을 강조하고, 내적 변화에 대해서는 갱신, 중생, 성화와 같은 다른 용어들이 쓰인다. 칭의는 이런 변화의 근거다. 그럼에도 칭의는 하나님의 구원 행위의 전부가 아니라 시작에 불과하다. 칭의 선언은 새로운 삶을 의로운 상태로 이끈다.

성화

성화는 삼위 하나님의 선물이다. 하나님은 우리를 불러 자기와 교제하기를 원하신다. 칭의로 우리를 자기 앞에 선 상대자로 삼으신 하나님은 우리를 자기에게 속한 소유(출 19:5, 신 7:6; 14:2; 26:18, 말 3:17)로서 이 세상에서 자기를 대리하게 하셨다. 하나님이 거룩하시니 그에게 속한 자들도 거룩한 자들이다.

하나님은 "이스라엘의 거룩한 자"이다(삼상 6:20, 사 5:16; 40:25; 49:7 등). "거룩"이 이름으로 쓰이는 것을 볼 때, 이 속성적 칭호는 오직 하나님께만 해당되며, 여호와의 하나님 되심을 말하고 있음을 알 수 있다. 거룩하신 하나님은 의로우시므로 거룩하다 함을 받으신다. 하나님은 언약의 백성 가운데서 스스로를 거룩하게 하신다(레 22:32,

우리는 무엇을 믿는가

사 5:16, 겔 28:22, 참조. 출 29:43). 하나님은 통회하고 마음이 겸손한 자와 함께 거하신다(사 57:17).

하나님은 곤경에 처한 자들을 돌아보시며(시 57:1, 10; 86:5), 긍휼을 베푸시고(출 33:19, 신 13:18, 롬 9:15), 죄를 용서하신다(창 33:5, 10). 그것은 값없는 은혜다. 평강의 하나님은 성도들을 거룩하게 하신다(살전 4:3). 거룩한 하나님은 "사랑"이신데(요일 4:8), 그분은 우리가 아직 죄인 되었을 때에 그리스도로 하여금 우리를 위하여 죽게 하심으로 자기의 사랑을 확증하셨다(롬 5:8). 교제란 상대방에게 자신을 주는 것이다. 이것이 바로 일방적 사랑, 곧 선택적 사랑이다(신 7:7 이하). 그러므로 이 사랑에는 제한이 없다(요일 4:9-11). 또한 하나님이 사랑으로 자기를 계시하셨으므로 그 사랑을 받은 자만이 사랑의 하나님과 그분의 사랑받는 자를 안다(요일 3:1).

하나님은 자기 스스로를 지키시면서 자기를 줄 수 있으시다. 우리도 우리 자신을 지키면서 하나님께 우리 자신을 드려야 한다. 우리는 하나님의 거룩과 사랑을 닮아야 한다(레 11:44; 19:2; 20:7, 벧전 1:16). 그렇지 않고 죄를 고집할 때 하나님은 자기의 사랑을 경시하는 것에 대한 반응으로 진노하신다. 하나님이 거룩하시니 그 백성도 거룩해야 한다(레 11:44 이하; 19:2; 20:26; 21:8, 벧전 1:16). 이로써 우리는 "거룩한 백성"이 된다(출 19:6, 벧전 2:9). 또 하나님을 사랑할 뿐 아니라 이웃을 사랑해야 한다(마 22:37-40).

예수 그리스도는 하나님의 거룩한 자다(막 1:24, 눅 4:34, 요 6:69, 요일 2:20). 그뿐만 아니라 그리스도는 우리의 거룩이시다(고전 6:11).

우리는 그리스도의 제물로 거룩하게 되었으니 그 안에서 영원히 온전하게 되었다(히 10:14). 그리스도 안에 있는 자들은 그리스도 안에서 거룩하여졌으니 성화를 추구해야 한다. 그리스도는 우리를 거룩하게 하시며(히 2:11), 말씀의 물로 씻어서 교회를 거룩하게 하신다(엡 5:26). 그래서 우리는 하나님의 거룩에 참여한다(히 12:10). 그리스도의 자기 헌신을 모범으로 삼아서 성도들은 자기를 드려야 한다. 우리의 주인은 우리가 아니다. 우리는 다 주의 것이다(롬 14:7-9).

이는 명시적으로 성령의 사역이기도 하다(고전 6:11, 살후 2:13, 벧전 1:2). 성부와 성자의 영은 언제나 "거룩한" 영이다. 성자와 성령의 임재에서 하나님의 거룩은 나타난다. 우리는 믿음으로 의롭게 하시는 성령의 도움으로 예수 그리스도 안에 있는 하나님의 은사인 성화를 오직 믿음으로 받아 체험하며 선행으로 나타낸다(겔 36:26 이하, 엡 2:10, 딛 2:14). 그러므로 믿음으로 의롭게 하시는 성령의 도움으로 그리스도를 따르고, 하나님의 이름을 거룩하게 함으로 하나님의 사랑에 참여한 자들은 "성도"이다.

우리는 삼위 하나님의 사역으로 거룩하게 되었으니 거룩한 삶을 살아야 한다(살전 4:3). 칭의의 은사도 믿음으로 이루어지며, 성화의 선행들도 믿음으로 이루어진다(고후 3:5). 믿음으로 의로워질 뿐 아니라 죄로부터 해방되고 하나님께 종이 되어 거룩의 열매를 맺으며 그 마지막은 영생이다(롬 6:22). 이처럼 거룩해짐은 하나님의 사역이며 동시에 우리의 사역이다(고전 1:30; 6:11, 히 2:11). 선택의 목표는 우리의 성화다(엡 1:4; 5:27; 골 1:22). 기독론의 특징은 '우리 대신'이지만,

우리는 무엇을 믿는가

성령론의 특징은 성령님이 우리와 함께 증거하고 기도하고 한숨짓는 데 있다. 여기에 "그리스도를 본받음"의 자리가 있다. 즉 그리스도의 모습이 우리 속에 나타남이요 다른 말로는 형상을 이룸이다. 그리스도의 형상으로 변함으로(고후 3:18; 4:4) 창조주의 형상을 따라 새롭게 된다(롬 8:30; 12:1-2, 골 3:10, 엡 4:24). 이로써 우리는 그분께 본질적으로 동참하게 된다. 세례로 신자들은 그리스도의 죽음과 부활에 동참한다. 현재의 고난은 그분의 고난에 동참함이요 그들의 장래 부활은 그리스도의 부활에 동참함이다. 그러므로 신앙과 소망 중의 신자의 삶은 근본적으로 그리스도에 동참함이다.

우리가 그리스도를 닮는다는 것은 예정을 따라서 그리스도가 하나님의 아들로서 많은 형제들의 장자가 되게 하는 목적을 가지고 있다(히 2:11). 그리스도는 아들로서의 영광으로 우리를 인도하시고, 하나님의 후사들이 되게 하신다. 우리는 선한 일을 위하여 후사로 지은 바 되었다(고후 9:8, 엡 2:10, 골 1:20, 딤전 5:10, 25; 6:12, 18, 딤후 2:3; 4:7, 딛 2:7). 우리의 선한 일로 말미암아 하늘 아버지께서 영광을 얻으신다(마 5:16).

여기에서 행위의 문제를 살펴보기로 하자. 구원이 은혜로 된 것이면 행위로는 말미암지 않는다(롬 11:6). 의롭게 되는 것도 율법의 행위가 아니라 믿음으로 말미암는다(갈 2:16). 그러나 은혜와 믿음이 사람을 무력하게 만들지는 않는다. 성경은 일하기 싫어하거든 먹지도 못하게 하라고 명령한다(살후 3:10). 행함이 없는 믿음은 죽은 믿음이다(약 2:17). 따라서 "오직 은혜만으로"가 행위를 무시한다는 식으로 해석해서는 안 된다. 믿음만이 의롭게 하지만, 이로 인하여 의로워진 믿음은 사랑을 수반한다(고전 13:2, 갈 5:6, 약 2:26). 율법의 완성이 사랑이므로(롬 13:10), 하나님의 사랑에 대한 성도들의 대답도 사랑이다(요일 4:8, 11, 19). 사랑을 받은 자는 사랑할 수밖에 없다. 죄에서 해방되어 하나님께 종이 된 자들은 거룩함에 이르는 열매를 얻는데, 그 마지막은 영생이다(마 3:8, 10; 7:16 이하; 12:33, 롬 6:22, 갈 5:22, 빌 1:11, 참조. 벧전 1:9). 믿음이 있는 곳에는 또한 사랑, 회개, 순종, 기도와 행위가 있으니 하나님께 믿음만으로 회개하려는 자는 자신을 불신자로 만든다. 인간은 마지막 심판 때에 행위를 따라 심판받을 것인데, 믿음을 보여주는 것은 행위다(마 25:31-46, 고후 5:10, 약 2:22).

이렇게 행위를 부각시키는 것은 결코 공로주의로의 복귀가 아니라 성경적으로 합당한 교훈이다. 사실 우리 속에 착한 일을 시작한 이는 하나님이시다(빌 1:6). 예수님의 양식은 그분을 보내신 하나님의 뜻과 일을 온전히 이루는 것인데(요 4:34), 그분은 이 일을 "다 이루었다"(요 19:30). 그럼에도 하나님의 뜻은 자기에게 속한 자 하나라도 잃어버리지 않고 마지막 날에 다시 살리는 것이다(요 6:39). 우리 속에 착한 일을 시작하신 하나님은 그리스도 예수의 날까지 계속하실 것이다. 성부가 시작한 이 일을 성자는 성령 안에서 지금도 계속하신다. 하나님은 그리스도의 날에 우리를 책망 받을 것이 없는 자들로 끝까지 견고하게 붙드실 것이다(고전 1:8). 이는 우리가 참는 것이 아니라 하나님이 우리를 참게 하신다는 말씀이다. 이처럼 삼위 하나님은 같은 사역을 통하여 한 하나님이심을 증거하고, 나아가 삼위일체 하나님의 사역에는 우리의 행위가 배제되어 있지 않고 포함되어 있다. 명령받은 일을 다 행한 후에 우리의 고백은 "우리는 무익한 종이라 우리가 하여야 할 일을 한 것뿐"(눅 17:10)이라는 말씀이다.

견인과 즐김

견인은 이전의 은덕들과 마찬가지로 먼저 삼위 하나님의 사역이요 은사다. 동시에 견인은 성도들의 사명이요 임무다. 견인은 성부의 사역이다. 구약에서 의인은 여호와를 바라는 자들이다(시 25:3; 37:9, 34). 불의한 자들과 내적 고민이 의인들을 괴롭히나 그들은 여호와의 보호를 받으면서 구원을 기다린다(미 7:7). 여호와는 도움과 공평의 약속을 실현하시는 언약의 하나님이시기 때문이다(습 3:8). 하나님은 약속의 변치 않음을 보증하시려고 스스로 맹세하신다(히 6:17). 우리로 영광에 들어가게 하신 하나님은 우리가 잠깐 고난을 당할 때 우리를 온전케 하시고, 굳게 하시고, 강하게 하시고, 견고케 하신다(벧전 5:10). 나아가 우리 속에 착한 일을 시작하신 이가 예수의 날까지 완성하시고 견고하게 하신다(벧전 5:10). 여호와가 하나님이신 것은 그 말씀이 참되고 그 말씀하신 바를 실행하시기 때문이다(민 23:19, 삼하 7:28). 그러므로 하나님은 이스라엘의 소망이요(렘 14:8; 17:13), 의인은 하나님의 인격적 도움을 간구한다(시 9:18; 39:7). 하나님의 종국적인 구원을 소망하는 자들은 구원을 얻을 것이다(단 12:12-13).

견인은 성자 예수님의 사역이다. 그분은 자신의 공로에 입각하여 우리를 위하여 기도하고 계시며 누구도 이것을 무력화시킬 수 없다 (눅 22:32, 롬 8:34). 이런 인내가 신약에서는 종말론적으로 하나님 나라의 성취를 향하여 지속된다. 이것은 소망과 연관되어 있다. 데살로니가후서 3:5에서 "그리스도의 인내"는 영광 중에 다시 오실 예수님을 향한 대망을 말한다. 요한은 자신을 "예수의 환난과 나라와 참음에 동참하는 자"로 소개했다(계 1:9). 이는 이미 예수님이 인내의 본을 보였기 때문이다(계 3:10). 예수님은 우리의 인내를 위하여 기도하신다(눅 22:32, 롬 8:34).

견인은 성령의 사역이기도 하다. 성령의 인침은 파손될 수 없다 (엡 1:13). 성령님은 우리의 시험과 고난 가운데서도 우리가 하나님의 자녀인 것을 증거하신다. 모든 위로의 아버지이신 하나님은 감당치 못할 시험을 허락지 않으신다. 하나님은 이 시험과 더불어 더 나은 결과를 허락하시고 성령님을 통하여 우리에게 견인을 확신시켜 주신다. 그리스도의 공로와 기도와 보호가 결코 무력화될 수 없듯이 성령님의 인치심도 허사가 되거나 폐기될 수 없다(엡 1:13). 성령님이 우리를 구속의 날까지 인쳤으므로 우리는 성령님을 근심시켜서는 안 된다(엡 4:30).

은사로서 견인은 성도의 사명이기도 하다. 성도로서 우리는 인내하도록 부름을 받았다. "나그네와 행인"(히 11:13, 벧전 2:11) 같은 우리는 믿음에 거하면서 많은 환난을 겪어야 하나님 나라에 들어갈 수 있다(행 14:22). 특히 화목의 직책(고후 5:18)을 맡은 자는 이 직책이 훼방을 받지 않도록 많이 견뎌야 한다(고후 6:4). 하나님의 "오래 참으심"(벧전 3:20, 벧후 3:15)에 상응하는 우리의 자세가 바로 견인이다. 이 인내의 힘은 기도를 들으시는 하나님이 우리에게 부어 주신다(골 1:11). 바울은 택한 백성을 위하여 인내하는 것은 그들로 그리스도 안에 있는 구원을 영원한 영광과 함께 얻게 하려는 데 있다고 했다.(딤후 2:10) 그 영광이 무엇인가? 그리스도와 함께하는 고난에 포함된, 그리스도와 더불어 왕 노릇 하는 영광이다(딤후 2:11-12). 그리스도를 위하여 고난받는 것은 사실 은혜다(행 9:16, 고전 12:10, 빌 1:29). 우리의 고난은 예수 그리스도의 능동적 순종처럼 당당한 삶의 자세다. 고난 중에서 우리는 이미 영광에 참여하고 있다.

이런 인내의 삶 가운데서 인생의 분복인 즐김이 있다. 먹고 마시고 일하며 누리는 낙은 하나님에게서 온 선물이요(전 2:24; 3:12-13, 22; 9:7) 분복이다(전 5:17). 하나님은 자기의 선물인 식료와 일의 기쁨을 우리가 즐길 것을 원하신다. 그러므로 우리는 여호와 앞에서 즐거워해야 한다(레 23:40, 신 12:12, 18; 14:26; 16:1; 27:7, 삼상 11:15, 느 8:10-12, 시 68:3-4). 여기에는 일차적으로 예배와 그것에 이어지는 공동 회식을 통하여 성도들이 하나님 앞에서 함께 더불어 즐기는 것이 나타난다. 즐김은 여호와의 구원에 대한 즉각적인 반응이기도 하다(시 30:11; 107:30). 이스라엘은 여호와의 구원을 기뻐하며 즐거워하고(사 25:9), 겸손한 자는 구원의 주로 인하여 기뻐한다(사 29:19). 구원의 때에는 영영한 희락이 있고, 또 기쁨과 즐거움이 있어서 슬픔과 탄식은 도망간다(사 35:10; 51:11).

우리는 구원을 인하여 인내해야 한다. 인내는 동시에 즐김이다(합

3:18). 즐김은 그것을 주시는 하나님을 즐거워하는 것이다. 인내의 종말론적 삶을 슬픔이 지배할 수는 없다. 희락은 성령님 안에서 하나님 나라를 이루는 요소이며(롬 14:17), 사랑과 평강과 더불어 성령의 중요한 열매다(갈 5:22, 참조. 롬 15:13). 희락은 신앙의 표현이기도 하다(빌 1:25). 그러므로 성도들은 항상 기뻐해야 한다(빌 4:4, 살전 5:16). 고난 중에 기뻐하고 즐거워할 이유는 그리스도가 영광 중에 나타나실 때 우리로 기뻐하고 즐거워할 수 있게 하시기 때문이다(벧전 4:13). 창조의 소산은 즐김과 기쁨을 위하여 사용할 수 있다. 그러나 의롭게 얻지 못한 재물과 도적질한 것을 즐길 수는 없다(욥 20:18). 음녀와는 사랑의 희락을 누려서는 안 된다(잠 7:18).

견인의 기간은 동시에 성도에게 주어진 자유의 시간이다. 성령님은 그리스도 안에서 우리를 자유롭게 하신다(요 8:32, 36, 고후 3:17). 성령님은 우리가 하나님의 자녀인 것을 친히 증거하심으로 우리가 아버지의 집에 담대하고 자유롭게 나아가게 하신다. 신자는 자유를 누리며 그를 자유롭게 하는 하나님의 해방 행위를 체험할 수 있다. 이 점에서 율법이 종이 아니라 종의 집에서 해방된 자유인에게 주어졌다는 것은 중요하다. 그러므로 자유인만이 하나님께 즐거운 마음으로 드릴 힘을 얻게 된다(대상 29:14, 고후 9:7). 이는 그리스도가 성령으로 우리 가운데 살기 때문에 가능하며, 이것이 곧 삼위 하나님과의 내밀한 교제다. 이럴 때 뜻이 하늘에서 이루어진 것같이 땅에서도 이루어질 것이다. 이렇게 우리의 뜻이 아니라 성부의 뜻대로 이루어지게 하려는 기도와 자유의 삶이 실현된다. 자유는 방종이 아니다. 우리는 우리의 자유로 약한 자들에게 거침돌이 되어서는 안 된다(고전 6:8-9; 10:23-24, 29, 벧전 2:12).

즐김과 기쁨은 성령의 열매이다. 성령님이 역사하는 곳에는 즐김과 기쁨이 넘친다. 성령님은 인간과 모든 피조물이 자기의 즐김과 기쁨에 참여하게 하신다. 이것이 곧 영화다.

영화

여기서 말하고자 하는 영화는 일차적으로 성도들이 심판 뒤에 누릴 영화가 아니라 그들이 이미 땅 위에서 성령의 새롭게 하심으로 참여하는 영화이다. 물론 영화는 부활로 완성될 것이다.

하나님은 자기를 스스로 영화롭게 하신다. 이는 특히 구약에서 나타나는데, 하나님은 자기에게 합당한 영광이 돌려지지 않을 때 능력으로써 자기의 임재를 과시하는 방식으로 자기를 영화롭게 하신다. 또한 성전 건축으로 하나님은 스스로 영광을 받으신다(왕상 8:10-11). 또 유다 땅을 크게 하심으로써 스스로 영광을 취하신다(사 26:15). 하나님의 영광은 하나님의 능력의 임재다.

영화는 구원 사역의 완성에서 나타나는데, 하나님과 피조물 상호 간에 나타난다. 하나님은 피조물을 자기의 영광에 동참하게 하심으로 피조물을 영화롭게 하신다. 이 피조물은 또 하나님을 생명의 수여자로 자신과 구별하면서 찬양과 영광을 돌리며 하나님께 영광을 드린다. 이 양면의 일은 성령의 사역이다. 성자는 고난과 십자가를 통하여 성부를 영화롭게 하셨다(요 17장). 그리스도는 곧 하나님의 영광이다. 그러면서 성부가 자신을 영화롭게 해주실 것을 기도했다. 그런데 신자들이 성부와 성자의 교제에 동참함으로 성자가 성부를 영화롭게 함이 절정에 이른다. 이 일은 성령의 중재 사역을 통하여 이루어진다. 성령은 성자가 성도들에게서 영광 받게 하신다. 성령은 이 사역을 통하여 성부와 성자의 영화에 동참한다. 따라서 하나님의 영은 영광의 영이다. 성도들의 성화란 성령을 통한 성부와 성자의 교제에 동참, 곧 하나님의 영광의 빛에로 변화됨에 있다.

이와 같이 삼위 하나님은 서로를 영화롭게 한다. 이것이 하나님 내의 아름다운 질서다. 성부는 "영광의 아버지"(엡 1:17)시요, 성자는 "영광의 광채"(히 1:3)시며, 성령님은 "영광의 영"(벧전 4:14)이시다. 그리고 우리의 구원을 통하여 우리로 하여금 삼위의 영광에 참여하게 하신다.

하나님은 우리를 그리스도 안에 있는 자기의 영광으로 부르셨다(살전 2:12, 살후 2:14, 벧전 5:10). 그분의 부활이 우리의 부활이며, 우리의 몸이 그분의 영광의 몸의 형체와 같이 변하게 될 것이다(빌 3:21). 이는 장래의 일을 말하나, 장래든 지금이든, 영광에의 참여는 그리스도에의 참여다. 예수님은 아들인 우리를 영광에 들어가게 하시려고 고난을 받으셨다(히 2:10). 이는 장래에 누릴 왕 노릇과 연관된다(마 19:28).

하나님을 영화롭게 함으로 우리는 영광에 참여한다. 아브라함은 하나님의 약속을 의심하지 않고 믿음으로 견고하여져서 하나님께 영

우리는 무엇을 믿는가

광을 돌렸다(롬 4:20). 우리는 우리를 영광에 들어가게 하신 하나님의 아름다운 덕을 선포해야 한다(벧전 2:9). 여호와는 자기를 영화롭게 하는 자를 영화롭게 하신다(삼상 2:30). 영광 돌림은 찬송, 여호와 경외, 예배와 같은 일로 통하여 이루어진다(시 22:23; 50:23; 86:9, 12, 엡 1:6, 12, 14, 빌 1:11, 계 11:13). 또 궁핍한 사람을 불쌍히 여기는 자는 여호와를 영화롭게 한다(잠 14:31). 하나님은 자기의 이름을 아는 자를 높이시고, 간구하는 자에게 응답하시며, 환난 때에 건지시고 그를 영화롭게 하신다(시 91:15, 참조. 시 50:15). 여호와를 두려워하는 자를 존대하는 자는 주의 성산에 거하게 된다(시 50:4).

이처럼 우리는 삼위 하나님의 영광에 참여하도록 지음받았다. 그 하나님의 영광이 곧 우리의 영광이요 우리는 이 하나님을 영화롭게 함으로써 영광을 성취한다. 이 영광은 그리스도의 재림으로 온전히 우리의 소유가 될 것인데, 달리 말하면 그리스도의 재림을 고대함은 우리를 영화롭게 해달라고 기도함과 같다.

교리의 진정한 목표는 하나님의 영광에 참여하는 사람 개혁이다. 삼위 하나님은 인간을 위하는 하나님의 사역에서 스스로를 계시하신다. 이처럼 성령의 구원 사역에서 삼위의 사역이 영글어 간다. 구원 사역은 교회와 종말의 완성을 향한 성령의 사역을 통하지 않고서는 완전하여질 수 없다. 이렇게 조화를 이루는 삼위 하나님의 사역인 구원으로부터 우리는 교회와 종말의 삼위 하나님께로 나아가려고 한다.

7

성령 하나님: 종말론

종말성과 종말론적 삶

종말이신 그리스도

일제의 학정虐政이 심화되면서 공적 예배와 신앙생활이 거의 불가능했던 시절, 한국 교회 안에는 예수 그리스도의 재림에 대한 대망이 강력하게 나타났다. 그러다가 한국이 정치적으로 안정되고 경제적으로 풍요를 누리게 되면서부터는 재림에 대한 열망이 식어가는 현상이 두드러지게 나타났다. 오늘날 한국 교회와 성도들은 상당히 현세적인 종말관을 갖고 있다. 시대나 형편에 좌우되는 종말관은 성경적이지 않다. 우리는 본 각론에서도 삼위 하나님의 사역을 주목하면서 송영의 자세로 종말을 성찰하려고 한다.

종말론은 미래에 관해 예측하는 미래학이 아니라, 마지막 사람들(사 41:4), 마지막 때(행 2:17, 딤후 3:1), 마지막 일들에 관한 교리다. 사도신경은 "육의 부활"과 "영생"을 믿는다고 고백한다. 앞에서 다룬 구원론이나 교회론과 마찬가지로 여기에서 "믿는다"는 표현은 그 일을 하는 성령 하나님에 대한 신앙고백이다(갈 6:8). 그러므로 정확하게 말하자면 '성령론 중의 종말론'이라 할 수 있다.

성령론의 다른 두 과목들인 구원론과 교회론이 그러하듯이, 이 종말론 역시 그 뿌리는 기독론에 두고 있다. 부활의 그리스도는 자기를 "마지막"이라 부르셨다(계 1:8, 17; 2:8; 22:13; 21:6, 사 44:6; 48:12; 43:10-13). 그리스도는 역사의 마지막에 오셨다(히 1:1-2; 9:26, 벧전 1:20). 그러므로 그리스도 이후에 사는 우리는 지금 마지막 때에 살고 있다(요 13:36, 딤전 4:1, 히 12:11, 요일 2:18). 그러나 이 마지막은 새로운 시작을 의미한다. 그것은 그리스도의 부활이다. 따라서 그리스도는 곧 종말이시다.

오순절에 성령님이 강림하셨을 때, 베드로는 요엘을 인용하면서 말세의 도래를 선언했다(행 2:17). 교회의 머리이신 예수님은 종말론적 은사인 성령의 능력으로 부활했다. 부활로 옛 시대의 마지막에 종지부를 찍은 성령님은 오순절에 오셔서 그리스도 안에서 새 시대를 출범시키셨고 완성을 향해 나아간다. 이와 같이 종말론은 "성령론"에 속한다.

종말론적 삶

우리는 구원받은 자들이기에 피동적이지 않고 능동적이다. 다시 말해 종말론은 막연히 미래에 대한 관심이 아니다. 도리어 현재에 대한 관심을 촉구한다. 현재의 노동과 일의 의미와 가치를 결코 무시하지 않을 뿐 아니라 오히려 격려한다.

우리는 무엇을 믿는가

종말론의 미래적 측면은 성도들의 소망을 자극하고 격려한다. 현재는 소망 중에서 미래의 궁극적 모습의 형성에 기여한다. 여기에 사명과 격려, 성화와 위로, 투쟁과 승리의 측면이 동시에 나타난다. 미래에 대한 대망이 우리를 일하게 만들며 동시에 경성하게 한다. 사실 일은 경성의 한 측면이다. 주께서 가까우시기 때문이다(빌 4:5). 부활의 소망이 있는 고로 우리는 일상적인 일을 태연하게 수행할 수 있다. 이 점에서 바울이 부활의 소망을 확고하게 한 뒤 우리의 수고가 헛되지 않음을 강조하는 것은 아주 시사적이다(고전 15:58, 살후 3:10).

주께서는 조만간 다시 오실 것이다. 다만 그 시기가 늦춰지는 것은 오히려 하나님의 오래 참으심 때문이다(출 34:6, 욘 4:2, 참조. 시 103:8). 하나님의 이 참으심으로 우리에게는 회개와 구원의 기회가 주어지고 노동과 기도를 위한 자유의 공간이 주어진다. 하나님의 오래 참음은 또한 하나님 나라의 역사를 위한 공간이다. 그러니 우리는 깨어 있어야 한다. 자지 말고 깨어 근신하여야 한다(살전 5:6). 그렇지 않으면 주의 날이 도적같이 임할 것이다(살전 5:2, 계 3:3; 16:15, 참조. 벧전 3:10=주의 날). 자는 자들은 그 행위의 노출을 꺼려서 더 자고 빛으로 오지 않으려 한다(속박된 자유의지). 깨어 있는 자들은 하나님 안에서 행한 것들을 나타내려고 빛으로 온다(요 3:20). 그렇기 때문에 그날의 나타남을 학수고대한다(딤후 4:8, 딛 2:13). 주님의 오심을 대망하며 기다리는 것은 오래 참음이라는 하나님의 속성에 의한 약속(히 6:15, 특히 벧후 3:4)으로 말미암는다(벧후 3:12, 14). 우리는 이 약속 때문에 주와 주의 날을 바라며 오래 참는다. 이 때문에 우리는 남에게도 오래 참을 수 있다(고전 13:4). 오래 참음은 종말론적 삶의 태도다(딤후 4:2; 스스로 목적을 설정한 자는 조급할 수밖에 없다). 그리스도께서 오래 참음의 본을 바울에게 보이셨으니 우리도 오래 참음의 본이 되어야 한다(딤전 1:16).

그리고 세상 역사는 하나님 나라를 유지하기 위한 하나님의 오래 참음 속에서 계속되는 것이므로 섭리의 의미가 있다. 지금이 은혜 받을 만한 때요 구원의 날이다(사 49:8; 55:6, 고후 6:2). 하나님은 죄를 용인하지 않으시지만 죄를 통해서도 자기의 뜻을 이루신다. 죄와 악 가운데서도 하나님은 승리하신다(창 50:20). 하나님이 악을 선으로 이기시는 표본적 사건은 십자가 사건이다. 그러나 우리의 죄악으로 하나님의 뜻이 땅 위에서는 이루어지지 못하는 것을 고려하면, 섭리에 대한 것은 하나님의 뜻이 이루어지이다 라는 기도로 가능하다.

악을 선으로 갚으시는 그 하나님을 믿을 때(롬 12:31) 모든 것이 합력하여 선을 이루게 된다(롬 8:28). 성령님은 우리의 연약함을 도우신다(롬 8:26). 성령님은 세상의 패역과 우리 마음의 완악을 아신다. 성령님은 우리와의 길에서 끝없이 인내하신다. 그것이 성령의 오래 참음이다. 성령님은 성도들 편에 서서 성도들을 성부 하나님께 변호하는 분이시다. 하늘에서는 부활하신 주님께서, 그리고 이 땅에서는 성령님이 이 대언자의 일을 한다. 그리고 성령님은 기쁨을 누리기 위하여 완성을 향하여 탄식하신다. 성령님은 신실하신 하나님의 영이시요, 끝까지 고난을 통하여 악을 선으로 갚으시고 사랑을 보이신 그리스도의 영이시다. 그 성령님은 천국의 마지막 잔치가 예정대로 배설

우리는 무엇을 믿는가

될 것을 보증하신다. 그분은 구원 역사와 창조를 완성에로 이끄시는 동력이요, 통치자시다.

우리는 부활하신 그리스도로부터 "양자의 영"을 받았다. 그리스도께서 우리에게 하나님을 보여주셨고(요 6:46; 14:9) 아버지의 뜻을 가르쳐 주셨으며(요 4:34; 6:38-40) 양자의 영을 주셨으니, 우리는 믿음과 생활의 성화로 그리스도와 순응할 수 있다. 이는 자기의 뜻인 계명을 지킴으로 이루어진다. 이미 우리의 성화 자체가 종말론적이다. 우리는 날마다 하나님의 형상을 닮게 될 것이다(롬 8:29). 신자들은 영광스러운 그분의 형상으로 변한다(고후 3:18). 이것은 구원론이 지닌 "종말론적" 차원이다. 즉 우리는 성화의 삶에서 영화를 이미 맛보며(히 2:10), 동시에 그 영화를 준비한다. 임박한 하나님 나라의 약속은 생활의 순결에서 진전되며 임박한 영광을 전망하게 되는데, 이는 바로 하나님의 형상이신 그리스도와의 연합에서 이루어진다. 이 또한 성령의 사역이며 성령의 시대에 가능한 것이다.

우리는 이처럼 성취된 종말론에서 임박한 종말을 기다린다. 아울러 피조물들의 고대는 그러한 "하나님의 아들들"의 출현을 기다리는 고통이다(롬 8:20-22). 피조물은 썩어짐의 종노릇 함에서 자유를 얻기를 갈망한다. 이는 인간의 타락에 땅이 가시와 엉겅퀴를 내는 저주를 받는 데서 나타난다. 하나님의 형상의 회복을 중심으로 하여 볼 때, 임박한 종말은 이 피조물까지도 회복되는 완성임을 알게 된다. 피조물의 동참이 없는 종말적 완성은 있을 수 없다.

하나님의 형상으로 피조된 인간의 종말

사후 존속

사후 존속은 전통적으로 죽음 또는 중간 상태라는 이름으로 취급되었다. 또 영혼 불멸성과 직결되어 있다. 이는 이미 인간론에서 부분적으로 다루었다.

죽음의 본질적 의미는 육체적 죽음 이전에 "하나님과의 교제의 단절"이다. 죽음의 이 일차적 의미는 육적 죽음에 선행한다. 성경은 이미 불신앙, 불순종을 죽음이라 한다.

이와 함께, 단순히 존재하는 것이 생명은 아니다. 여호와의 규례와 법도를 지키면 인생은 그로 인하여 산다(레 18:5, 신 30:20). 하나님의 말씀이 생명이다(신 8:3; 32:47). 잠언에는 악인들에게 죽음과 음부가 있고(잠 2:18; 5:5; 7:27; 9:18), 의인들에게는 생명이 있다고 한다. 즉 지혜, 의, 여호와 경외는 생명에 이르는 길이다(잠 8:35; 11:19; 12:28; 13:14=지혜 있는 자, 14:27=경외는 생명의 샘; 19:23). 여호와는 생명의 샘이시다(시 36:9; 133:3, 잠 10:11; 13:14; 14:27; 16:22). 하나님과 의 교제를 위하여 지은 바 된 인간이 이 교제를 거부하면 산 것처럼 보일지라도 실은 죽은 것이다.

이 파괴된 관계, 곧 죽음은 그리스도를 믿음으로 회복되며, 따라서 믿는 자들은 이미 죽음에서 살아났다. 그리스도는 자기를 "생명"이라 하셨다(요 14:6). 성육하신 그리스도는 영생의 말씀을 전하는 동시에 스스로 영생이시며(요일 5:20) 부활과 생명이시다(요 11:25). 하나님의 사랑은, 자기의 독생자를 세상에 보내어 그분으로 말미암아 우리를 살리려 하신 데서 나타났다(요일 4:9). 하나님은 그리스도와 함께 우리를 살리셨다(골 2:13). 또 그리스도와 함께 우리를 일으키셨고 하늘에 앉히셨다(엡 2:5). 이는 종말론적 소망이요 현재의 믿음이다. 우리는 그리스도 안에서, 하나님 앞에서 산 자들이다. 새 생명이란 자연적인 상태가 아니라 하나님이 예수님의 부활을 통하여 성령님 안에서 일으키신 인간의 새로운 현실이다(롬 8:1-4). 그리스도 안에서 산 자들은 순종에로 부름을 받았고 사랑으로 이것을 확증해야 한다(롬 6:4).

이와 같이 그리스도와 함께 있음이 생명이다(눅 23:43). 내가 아니라 그리스도가 "내 안에" 사신다는 것이다(갈 2:20). 그러므로 그리스도의 영광을 반영하는 것이 생명이다. 이처럼 생명은 인간의 본질에 있지 않고, 그리스도 안에서 성령으로 하나님이 계속 부어 주시는 은혜에 있다.

하나님은 그리스도를 사망에서 살리셨다(행 2:24, 3:15 등). 그리스도를 죽은 자 가운데서 살리신 이가 자기의 영으로 말미암아 우리의 죽을 몸도 살리실 것이다(롬 8:11). 이 말씀에서 우리는 탁월한 종말론적 삼위일체 신앙을 찾을 수 있다.

죽음은 인간 존재나 존속의 종결이 아니다. 죽음은 인간의 존재 방식의 전환이다. 죽음에서도 인간은 존속하나 죽음 이전이나 부활 뒤의 존재 방식과는 다른 변형 과정에 있다. 다만 장차 육체의 완전한 구속이 있을 것이다. 육체는 썩고 욕되고 약한 것에서 다시 살며(고전 15:42-43), 그리스도의 영광의 몸을 받을 것이다(롬 8:23, 빌 3:21, 요일 3:2). 영육이 통일되어 있다가 분리되었으나, 우리는 분리된 것의 완전한 연합을 소망한다.

아담은 무죄 상태로 낙원에 있었지만 무죄 상태는 영광의 상태가 아니다. 이 영광은 이제는 죽음을 통하여 온다. 하나님은 죽음이라는 방편을 통하여서도 자기의 작정을 실현하신다.

중간 상태

성경은 인간을 전인으로 보나, 죽음에 의한 영과 육의 일시적 분리도 말한다. 영이 전인을 대신하는 존재 상태는 잠정적이고 일시적이며 불완전하다.

이때의 관심의 대상은 바로 음부다. 대개 음부로 번역되는 이 말은 자주 무덤을 의미하기도 한다. 나아가 감옥의 의미도 나타난다(삼하 22:6, 시 18:5). 그러므로 구속이란 음부에서 해방되는 것이다(시

49:15, 호 13:14). 음부에 거하는 자들은 하나님을 경배하는 데서 멀어졌다. 음부에서는 여호와께 감사할 자가 없다(시 6:5). 사망에서 인간은 여호와께서 행하신 큰 일을 기억하지 않는다. 음부는 여호와를 찬양하는 자리가 아니다. 그곳은 하나님에게서 소외된 어두움의 자리다. 시편 기자는 여호와를 찬양하는 데서 삶의 의미와 내용을 찾고 음부에 침몰하지 않도록 간구한다.

불신자는 형벌 아래 있다(벧전 3:19, 벧후 2:9). 고통의 장소는 누가복음 16:19-31에서 나타난다. 음부는 나중에 죽은 자들을 내어 주어 심판을 받게 할 것이고, 그들은 사망과 함께 불못에 던져질 것이다(계 20:13-14). 그것이 곧 둘째 사망이다. 그러면 음부(마 10:28)는 지옥 또는 불못(계 20:14)으로 대체될 것이다.

그러나 신자에게는 중간 상태가 미완성의 상태, 기대와 잠정적 복의 상태다. 그것은 성경에서 영원한 처소(눅 16:9), 낙원(눅 23:43), 주님과 함께(고후 5:8), 그리스도와 함께(빌 1:23), 하늘 예루살렘(히 12:22), 하늘 보좌(계 7:9) 앞 등으로 표현된다. 이후에 하나님 나라가 궁극적으로 완성될 때 신자는 영원히 영광 중에 하나님과 함께 거하게 될 것이다.

그리스도의 재림

재림의 임박성

예수님은 자기가 다시 오실 것을 사전에 예고하셨다. 제자들을 위하여 처소를 예비하면 다시 와서 그들을 영접하며 함께 계실 것이라고 약속하셨다(요 14:3; 16:22). 이 약속은 양면성을 지니고 있다. 첫째, 예수님은 다시 오시기 전에 아버지께로 가서 처소를 예비하는 것이다(요 14:2-3). 아버지와 아들이 함께 우리의 거처를 정하신다는 것이다(요 14:23). 성령님 안에서 우리가 그분들과 더불어, 그분들이 우리와 더불어 교제함인데(요 14:16 이하), 이는 오순절 성령의 강림으로 성취되었다.

둘째, 예수님은 완전히 미래적 측면에서 다시 오겠다고 하셨다(마 16:27). 예수님이 오실 그날은 예수님의 영광을 종국적으로 시위할 것이다(살전 5:2, 살후 2:2). 왜냐하면 그리스도가 그날의 주인이기 때문이다. 그날은 심판을 의미할 수도 있다. 영광의 재림은 동시에 심판의 날이기도 하다는 말이다.

그날은 순수하게 미래요 종말론적 개념이다. 부활의 날이 마지막 날이다(요 6:39; 6:54; 11:24). 이 마지막 날은 현존하는 존재를 종식시킬 것이요 그야말로 마지막 날이 될 것이다. 이날은 재림 시 예수님의 영광의 계시와 함께 이루어진다.

날에 해당되는 말로서 "나타남"이 있다. 예수님은 인자가 아버지의 영광으로 거룩한 천사들과 함께 올 것을 이미 예고하셨다(막 8:38). 이는 마가복음 13장에서 완전하게 나타난다. 또 임박한 재림과 동시에 인내를 요구면서 성취되어야 할 재림을 동시에 말씀하신다. 아울러 자기의 재림의 날을 계산하지 말 것도 엄명하셨다.

시대의 표징들

우리는 마지막 때에 살고 있다. 이는 부활과 재림 사이에 살고 있다는 뜻이다. 또 오순절과 완성 사이에 산다는 의미이기도 하다(딤후 3:1). 그 기간이 얼마나 될지는 아무도 모른다. 예수님의 재림은 확실하지만 그때가 언제인지도 알 수 없다. 그것은 시대의 표적들로부터도 추론할 수 없다.

마태복음 24장에 의하면, 예수님의 재림이 있기 전에 시대의 표징들이 나타날 것이다. 먼저 미혹하는 영들과 거짓 선지자들의 출현이 있다. 난리와 난리의 소문, 기근과 지진이 있을 것이다(24:5-13). 그러나 동시에 천국 복음도 전파된다(24:14). 또한 전무후무한 환난이 있을 것이다. 그러나 그날들은 택자들을 위하여 감하여 질 것이다(24:22). 해와 달의 우주적 조짐이 따를 것이다(24:29-30). 그때 인자가 능력과 영광으로 오셔서 천사들로 하여금 택자들을 사방에서 모으게 하신다. 중요한 표적의 하나는 그리스도를 가장하는 거짓 선지자의 출현이다(24:23, 26). 거짓 그리스도와 선지자들이 일어나서 이적과 기사를 행하여 할 수만 있다면, 택하신 백성이라도 미혹할 것이다(막 13:22, 살후 2:9-10, 계 13:13 이하[계시록의 짐승들]). 예수님의 제자들은 그런 이적과 기사에 현혹되어서는 안 된다.

우리는 우발적 사건들을 너무 쉽게 시대의 표징으로 간주하는 우를 범해서는 안 된다. 이러한 표징들에 근거하여 재림 날짜를 계산하지도 말아야 한다. 다만 우리의 관심을 그리스도의 임박한 재림에 고정시키라는 경고에 마음을 써야 한다. 표적들은 우리로 하여금 마지막의 완성을 갈망하도록 만들며 현재의 긴장과 신앙의 각성을 촉구한다.

이런 표적들을 근거로 하여 교회 역사에서 여러 사람들이 등장하여 재림 연대를 계산했으나, 각각의 추측이 다를 뿐 아니라 그렇다고 믿을 만한 계산은 아직 없다. 예수님은 이미 이것을 아시고, 우리에게 현혹되지 말라고 경고하셨다. 맑은 정신으로 종말론적 삶을 살아가는 우리는 이런 거짓 교훈에 빠지지도 말아야 하겠지만, 예수님의 재림 자체를 의심하거나 부인하는 더 큰 실수도 범하지 말아야 한다.

우리는 무엇을 믿는가

적그리스도

적그리스도(요일 2:18, 22; 4:3, 요이 1:7), 또는 멸망의 아들(살후 2:3, 8)
은 거짓 그리스도 이상이다(마 24:24). 그는 그리스도인 척하는 거짓
그리스도(막 13:22)가 아니라, 그리스도를 대신하려는 자로서 그리스
도를 대적한다. 그리스도의 재림의 날이 임박하게 다가오면 적그리스
도의 정체도 더욱 분명해질 것이다.

불법으로서의 죄(요일 3:4)는 불법의 사람에게서 그 절정에 이른
다(살후 2:3). 그는 법을 어기는 정도에서 그치지 않고 법의 주인이신
하나님이 받으실 영광을 가로챈다(살후 2:4). 그는 사단과 밀접한 관
계에 있다(살후 2:9). 요한계시록 13장의 짐승도 사람들에게서 절대
권을 받으며, 사단(용)도 그에게 큰 권세를 준다(13:1-2). 열왕들이 능
력과 권세를 짐승에게 준다(17:13). 사단과 짐승이 경배를 받고 성도
들을 대항하여 싸움을 일으킨다(13:4-7). 이는 대단한 파괴력을 가진
정치권력자일 것이다. 이런 때에 성도들은 인내와 믿음에 굳건히 서
야 한다(13:10).

적그리스도는 성부와 성자를 부인하고(요일 2:22), 성자가 육신으
로 오신 것을 부인한다(요일 2:22, 요이 1:7). 그러므로 적그리스도의
영이 이미 왔다(요일 4:3). 예수님을 고백하지 않는 영마다 하나님에
게서 나오지 않는데, 그 영이 곧 적그리스도다. 이와 같이 복음의 본
질을 파괴하는 자가 곧 적그리스도다. 이는 일차적으로 그리스도를
들은 자, 복음을 들은 자들 중에 있는데, 결국 마지막 심판으로 그 정

체를 드러낼 것이다(계 20:11-15).

전통적으로는 적그리스도의 출현은 역사가 끝나는 마지막 때의 현상으로 본다. 그렇지만 이미 마지막 때가 도래했으니 적그리스도 역시 이미 활동하고 있다. 그러므로 우리는 재림 직전의 적그리스도보다는 그분의 영을 보아야 한다. 그리스도의 육신을 입고 온 것을 부인하는 모든 종교와 신학과 사상, 불법의 성행은 적그리스도적이며 그리스도가 직접 이것들을 근절하실 것이다. 이것은 하나님 나라와 악의 세력의 최대 전쟁이요 성도들은 그 와중에서도 인내한다(계 13:10).

천년설

예수님의 재림과 연관하여 일종의 표적의 역할을 하면서 그리스도의 통치와 성도들의 장래를 말하는 것에는 천년왕국에 관한 설이 있다. 즉 천년의 평화시기와 평화의 나라가 있을 것인데, 그 나라의 임함과 재림의 순서에 따라 전천년설, 무천년설 그리고 후천년설이 있다. 재림이 천년 앞에 오면 전천년설이요 뒤에 오면 후천년설이다. 무천년설은 "형식상" 후천년설에 속한다. 그리고 각 이론마다 다양한 변형들이 있다.

후천년설

이 이론에 따르면 재림 전에 하나님이 영적, 물질적 복을 풍성하게 베푸실 것이다. 교회가 왕성하고, 이스라엘이 회복하며, 물질적 발전도 진행된다. 후천년설을 주장하는 사람들은 영적 개화기의 만발로 사회, 문화, 정치, 경제의 활성화를 기대한다. 죄는 극소화될 것이라는 낙관적인 면도 있다. 마태복음 24장과 데살로니가후서 2장의 배도하는 일은 이미 과거의 지나간 일이라고 한다. 결국 그리스도는 사실상 기독교화된, 악이 제한적으로만 나타나는(계 20:7-10) 세계에 재림할 것이다(사 35:1-2, 마 6:33, 딤전 4:8). 또는 적그리스도 이후에 지속적인 복의 시기가 온다. 그때에는 하늘과 땅의 간격이 사라지고, 억압된 교회가 복권되며, 회복된 이스라엘이 세계의 중심이 될 것이다. 이러한 면 때문에 이 이론이 미국을 중심으로 발전하게 된 것은 결코 우연이 아니다.

이 후천년설은 한마디로 인간과 세상사에 대하여 지나치게 낙관적이다. 그렇지만 예수님은 자기가 다시 오실 때에 "세상에서 믿음을 보겠느냐"고 경고하셨다(눅 18:8). 그리고 대환난은 결코 과거사가 아니다.

전천년설

전천년설은 천년설의 대변자로, 다양한 형태로 나타난다. 공통적인 특징들은 다음과 같다. 먼저 재림과 더불어 천년이 시작되며, 이것이 성도의 첫 부활이다(계 20:5). 이 뒤에 올 불신자의 부활이 두 번째 부활이다. 아직 성취되지 않은 예언들이 이 천년기와 특히 이스라엘의 회복으로 가시화된다. 이 시기에 사단은 매여 있다가 다시 풀려서 백성들을 현혹하나 하늘에서 오는 불로써 소멸된다. 이 입장은 스가랴 14장에 나오는 이스라엘의 회개와 곡과 마곡의 전쟁을 중시한다.

가장 유행하는 현재의 전천년설이다. 그들은 역사를 일곱 세대로 나누면서 각 세대마다 사람들이 하나님을 순종하는지에 대하여 시험을 받는다고 주장한다. 일곱 세대의 마지막이 천년왕국 세대다. 그리고 이스라엘과 교회를 강하게 구분한다. 하나님 나라는 이스라엘의 불신앙으로 지연되고, 하나님이 이스라엘 대신에 교회라는 우회로를 택했다. 교회는 결국 중간 단계intermezzo이고 교회 세대는 곧 끝난다.

세대주의는 성경의 성취를 그야말로 여자적如字的으로 파악한다. 한국 교회에 영향을 끼치고 있는 천년설은 이 세대주의적 전천년설이며, 대표자로서는 조용기 목사를 들 수 있다. 그는 계시록 4장은 교회의 휴거를 예언하며, 6-10장까지는 전환난 3년 반을, 11-19장은 후환난 3년 반을 예언한다고 주장한다. 후환난시대의 마지막에 아마겟돈 전쟁이 일어나고, 그리스도는 지상에 강림하여 천 년간 사단을 무저갱에 가두고 천년왕국을 건설한다. 이 천년 후에 사단이 잠시 놓였다가 백보좌 심판이 있으며, 신천신지가 건설된다는 것이다. 이처럼 세대주의의 노선을 따라서 그는 계시록의 내용을 기록된 순서대로 문자적으로 이해하면서 말세에 될 일의 시나리오를 작성하고 있다. 그럼에도 그는 다행히도 재림의 시간을 못 박지는 않는다.

이 이론에 대해서 우리는 다음과 같이 비판할 수 있다.

- 그리스도의 천년 통치가 있으나 땅에서의 통치는 아니다.
- 그리스도의 이중 재림은 성경 어느 곳에서도 찾아볼 수 없다.

- 세대주의는 예언을 반드시 여자적 성취의 입장에서 보기 때문에 상징성은 무시된다. 게다가 세대주의의 관점은 너무 도식화되었다. 교회가 우회로라는 것도 말이 되지 않는다.
- 민족인 이스라엘이 중심이 된다.

역사적 전천년설

이는 일종의 반성으로, 지나친 세대주의적 천년설을 반대하면서 전천년설을 성경적으로 교정하려고 한다. 재림 전에 온 민족들의 복음화, 대환난, 대반역과 배도, 개인적인 적그리스도의 출현 등이 선행해야 하며, 교회는 대환란을 통과해야 한다. 재림은 단일 사건이다. 재림 시에 두 집단의 신자들(유대인과 이방인)은 하늘에 들어 올려져 주님을 공중에서 맞는다. 그들이 다시 땅으로 오고, 적그리스도가 죽임을 당하며, 그의 강포한 통치가 끝난다. 이 시기를 전후하여 대다수의 유대인들이 회개하고 그리스도를 메시아로 믿어 구원을 얻는다. 그러면 그리스도는 천년왕국을 세운다.

그리스도는 가시적으로 세상을 통치하시며, 우리는 그분과 함께 왕 노릇한다. 이 왕국은 최종 상태는 아니다. 죄와 죽음은 지속된다. 그러나 의로움은 전무후무하게 온 땅에 퍼지며, 사회적, 경제적 정의의 시대요 큰 평화와 번영의 때가 된다. 천년이 끝날 무렵 사단이 풀려서 나라들을 미혹한다. 곡과 마곡의 전쟁을 위하여 모인 뒤 성도들의 진을 공격한다. 그러나 그들은 다시 불못에 던져진다.

또 불신자들의 부활이 있게 된다. 백보좌 앞에서 신자와 불신자가 동시에 심판을 받는다. 그때서야 최종 상태가 온다. 구속된 자들은 모든 악들이 제거된 새 땅에서 영원히 살게 된다.

한국 교회에서는 박형룡이 이 입장을 대표하고 있다. 그에 의하면 역사의 마지막은 대환난, 그리스도의 재림, 성도들의 부활, 적그리스도의 멸망, 천년왕국, 곡과 마곡의 반란, 죽은 악인들의 부활, 그리고 마지막으로 신천신지 도래의 순서로 진행될 것이다.

우리는 다음과 같은 사실 때문에 이러한 주장에 동의할 수 없다.

- 계시록 20장은 그리스도 재림 후에 지상적 천년기 통치가 있을 것을 결정적으로 증거하지 못한다.
- 영화롭게 된 그리스도와 신자들이 아직 죄와 사망이 존재하는 땅으로 온다는 것은 그들의 영화가 결정적으로 완성되었다는 사실과 충돌하게 된다.
- 전천년주의자들이 주장하는 지상적 천년기 통치는 신약의 종말론과 일치하지 않는다. 이 지상적 천년기는 현세대도, 장차 올 세대도 아니기 때문이다.

우리의 입장

그렇다면 우리의 입장은 무엇인가? 요한계시록 20:1-6의 내용 중 "천년 동안 왕 노릇 하다"에 대한 독자적 주석에 근거하여 우리의 입장을 정리하려고 한다. 그 결과는 흔히 말하는 무천년설과 유사할 것인데, 우리는 공정한 태도를 끝까지 견지하려고 애쓸 것이다.

전천년설은 요한계시록 20:4에 근거하여, 죽은 자들의 육체적, 여자적 부활을 말하며, 재림 후 그리스도가 땅 위에서 천년 동안 왕 노릇한다고 본다. 그러나 이처럼 천년을 시기적으로는 재림 후요, 장소적으로는 땅 위로 제한할 수 있는 근거는 빈약하다. 요한계시록 20:4은 "내가 보좌들을 보니 거기에 앉은 자들이 있어 심판하는 권세를 받았더라"라 한다. 이는 그들이 그리스도와 함께 하늘에서 교제하며 생명을 즐기고 있다는 뜻이다. 이들은 지금 보좌에 앉아 그리스도의 왕권에 참여하며, 심판 활동에 동참한다. 우리에게는 여전히 미래지만, 그들에게는 "지금"이다. 따라서 천년기는 지금이며, 이 기간에 순교한 신자들과 함께 행하시는 그리스도의 왕권적 통치는 천상 통치이다. 죽은 성도들이 왕 노릇 하는 고로 지상에 살고 있는 모든 신자들도 이에 동참할 소망을 갖고 있다. 왜냐하면 죄와 죽음이 그들을 더 이상 지배하지 못하기 때문이다.

요한계시록 5:10에서는 "땅에서 왕 노릇 하리로다"라고 하여 예수님이 피로 사셔서 하나님 앞에서 나라와 제사장으로 삼으신 자들이 현재형으로 땅에서 왕 노릇 하고 있는 것을 말한다. 이러한 점에서도 천년의 통치는 현재 이루어지고 있다. 이 통치를 통해서 우리는 예수 그리스도와의 온전한 교제의 기쁨을 즐기고 있다.

전천년설은 성도들이 현재에 누리는 종말론적 복락을 크게 제한한다. 반대로 우리는 그리스도의 다시 나타나심을 고대하면서 그분과 더불어 누릴 복락을 이미 즐기고 있다. 그리고 전천년설에 의하면 예수님의 재림 뒤 천년 동안에도 죄와 죽음이 지속된다는 난국에 이르게 된다. 이것은 부당한 주장일 뿐 아니라, 현재의 고난은 장차 우리에게 나타날 영광과 족히 비교할 수 없다는 약속을 약화한다. 우리는 "지금", "여기에서" 종말론적 복락을 누린다. 아울러서 천년설의 "다가올" 왕국은 "현재의" 교회의 자리를 무시하도록 조장한다. 그러나 우리는 교회를 관문으로 삼아서 이미 하나님 나라에 들어왔고 또 들어갈 것이다. 여기에 비하면 소위 무천년설은 이 두 난점들을 극복할 수 있다.

그러나 성경의 명료성을 고백함에도 우리는 천년왕국설과 관련된 모든 문제들을 다 풀 수 있다고 주장하지 않는다. 특히 천년설의 해석 문제는 서로 포용하고 용납하려는 자세를 필요로 한다. 특정 해석을 견지하면서 다른 해석을 비방하는 자세는 결단코 피해야 할 것이다.

이스라엘의 회복

이스라엘의 회복은 전천년설에서는 장차 이루어질 일로서 아주 중요한 위치를 차지하고 있다. 게다가 세계 제 2차대전 시 나치의 유대인 학살과 이스라엘의 국가 재건 이후 이스라엘은 종교적으로나 정치적으로 그야말로 세계의 지대한 관심을 받고 있다.

성경에 기초하여 이스라엘을 "성지"로 보는 자들은 로마서 11:26을 중심 구절로 삼는다. 바울은 거기서 "그리하여 온 이스라엘이 구원을 받으리라"고 말한다. 이 본문에 근거하여 마지막 때에 이방인의 완전수가 차고 나면 이스라엘이 집단적으로 개종할 것이라는 해석이

우리는 무엇을 믿는가

있다. 그러나 여기서 "그리하여"는 "그러고 나서"가 아니다. 즉 "이 방인의 충만한 수가 들어오고 나서"라는 의미가 아니다. 사실 이 말의 여자적 의미는 "그와 같은 방식으로"이다. 즉 은혜의 물줄기가 먼저 불신앙의 이스라엘에게서 이방인들에게로 갔듯이, 이 물줄기가 이제는 신앙의 이방인들에게서 불신앙의 이스라엘로 되돌아간다는 뜻이다. 바울은 이스라엘이 종말에 단회적인 회개를 하리라고 가르치지 않는다. 또 "이제"라는 말이 3번 나오는데(11:30-31), 이는 마지막 때가 아니라 유대인과 이방인의 구별이 없이 모든 사람을 향한 하나님의 자비의 시대를 뜻한다. 이런 식으로 이스라엘을 "성지"로 보는 것에 우리는 동의하지 않는다.

바울은 그 당대의 유대인들을 염두에 두고 있다. 초림과 재림 간에 이스라엘이 자신의 불신앙에서 떠나면 아직도 소망이 있다. 하나님은 유독 이스라엘만을 기억하는 것이 아니라, 다른 족속들과 아울러 동일하게 이 백성도 신실하게 기억하신다. 로마서 11:26은 마지막 때에 나타날 이스라엘의 집단 회개를 말하지 않는다. 이스라엘의 회복이 아무리 중요하다 하여도 재림의 징조는 아니다. 땅에 관한 약속은 그리스도의 나라에서 성취된다.

그리스도의 재림

예수 그리스도는 다시 오실 것이다. 우리는 그 구주를 기다리며(빌 3:20) 그 구주의 구원을 갈망하고 있다(벧전 1:5). 그리스도는 우리를 구원에 이르게 하시려고 죄와 상관없이 자기를 바라는 우리에게 두 번째 나타나실 것이다(히 9:28).

그때의 구원은 영광과 직결된다(골 3:4). 먼저 예수님은 그날에 성도들로부터 영광을 받고(살후 1:10), 성도들은 다시 그분의 영광에 참여한다(롬 9:23, 고전 2:7, 고후 3:18, 빌 3:21, 살후 2:1, 벧전 4:13). 이미 현실인 구원과 나타날 구원이 있는데, 이는 각기 다른 구원이 아니라 같은 구원의 완성이다(요일 3:2). 예수님이 영광 중에 나타나시는 것은 이처럼 우리의 구원과 직결되어 있다.

예수님은 도적같이 오신다(마 24:43, 살전 5:2, 벧후 3:10). 이는 경계하라는 말이다. 그때는 노아와 롯의 시대다(눅 17:26, 30). 사람들은 모두 자기 일에 정신이 빠져서 하나님을 망각한 채 마지막 도래를 망각한다. 그때 주님은 갑자기 오신다. 그러나 깨어서 경성하고 성화의 삶을 사는 성도들에게는 이날이 결코 도적같이 임하지 않는다(마 25:10, 살전 5:4).

주님은 육체적이고 가시적으로 오신다(행 1:11). 온 인류가 그를 볼 것이다(마 24:46, 계 1:7). 구름을 타고 오시되 큰 권세와 영광으로 오신다(마 25:31, 눅 21:27). 구름은 하늘 영광을 묘사한다. 그날에는 해가 어두워지고, 달이 빛을 잃고, 별들이 떨어진다(마 24:29, 눅 21:25). 재림의 주님은 모든 원수를 정복하고 발아래 두시며 만주의 주시요 만왕의 왕이 되신다(딤전 6:15, 계 17:14; 19:16, 참조. 신 10:17). 그때 마지막 분리가 이루어진다(살후 1:5-10). 각인이 일한 대로 상으로 갚아주신다(계 22:12). 여기에서 영원한 생명과 영원한 형벌로 나누어진다. 그리고 죽은 자들의 부활도 있다(고전 15:21, 52). 중보자이신 그리스도는 나라와 권세를 아버지께 돌려 드린다(고전 15:23-28). 그리스도는 오셨고, 성령으로 지금도 계시고, 장차 또다시 오실 것이다.

완성

재림과 더불어 부활이 성취된다. 의인과 악인의 부활이 있다(행 24:15). 의인에게는 생명의 부활이 악인에게는 심판의 부활이 있을 것이다(단 12:2, 요 5:28-29, 계 20:12-15). 첫 열매이신 그리스도는(고전 15:20) 죽은 자들의 부활의 표요 시작이며 근거이시다. 이 부활은 우리의 생각을 초월하는 신비요 기적이다. 성경은 예수님의 부활을 "죽은 자 가운데서의 부활"로 고백하는데, 성도들의 부활에 대해서도 같은 표현을 쓰고 있다.

사두개인들은 부활을 믿지 않았다(행 23:8). 아덴과 고린도, 데살로니가에는 부활을 의심하고 비난하는 자들이 있었다(행 17:32, 고전 15:12, 살후 2:3). 그러나 그리스도는 스스로 부활이요 생명이라고 하셨다(요 11:25). 그분은 죽은 자들 가운데서 먼저 나신 자이시다(골 1:18, 계 1:5). 신자들의 부활은 구원의 완성이다. 성령님이 성령의 전인 우리들의 몸을 살리실 것이다(롬 8:11). 이처럼 부활은 삼위일체 하나님의 사역이다.

우리는 무엇을 믿는가

부활을 통해서 육의 몸으로 심고 영의 몸으로 거둔다(고전 15:44). 새 몸은 그리스도의 영광의 몸과 같아진다(빌 3:21). 우리는 존속되되 지금과 같은 몸은 아니다. 혈과 육은 하나님 나라를 유업으로 받을 수 없다(고전 15:50). 혈과 육이 제거됨은 성령의 완전한 지배를 말한다. 우리는 몸의 부활을 대망한다. 이로써 우리의 구속은 완성된다(롬 8:23). 죄와 죽음에서 해방된다. 첫 아담의 형상을 가진 자들이 마지막 아담의 형상, 천상의 형상을 지니게 된다. 이것은 하나님 형상의 완전한 회복이다. 성령의 사역으로 시작된 사역의 완성이다(칼빈, 고전 15:49).

최후 심판

그리스도는 산 자와 죽은 자를 심판하러 오신다(딤후 4:1, 벧전 4:5). 만민의 심판자이신 하나님(히 12:23)은 마지막 심판을 그리스도에게 위임하셨다(요 5:22, 27). 심판은 높아지신 그리스도의 사역이나(기독론), 예수님은 그리스도를 믿지 않는 자들은 이미 심판을 받았다고 하셨다(요 3:18, 36).

마지막 심판 때에 산 자와 죽은 자들이 모두 국문을 당할 것이다(고후 5:10). 이로 인해 대대적인 분리가 일어날 것이다(요 3:36, 고전 1:18 이하, 살후 1:5-10). 그리스도가 오시기 전, 그분이 어두움에 감취진 것을 드러내기 전에는 우리는 아무것도 판단할 수 없다(고전 4:5). 그러나 그리스도의 심판대 앞에서는 만물이 하나님 앞에서 벌거벗은 채 있다

(히 4:13). 신자들의 죄 역시 노출되나 그들은 이미 사죄받은 자들이다.

인간의 삶이 하나님의 의도와 합당한지를 결정하는 관건은 "그리스도 안에서의 하나님과의 관계"다(눅 12:8). 그때에 믿음과 행위의 상관관계도 명백해질 것이다. 신앙은 행위로 나타나야 한다(약 2:17, 22). 신앙이 뿌리라면 선행은 열매다(약 2:18, 22, 히 6:10; 웨스트민스터 신앙고백서 16. 2.). 상속받을 나라는 그들이 이런 행위를 하기도 전에 창세로부터 그들을 위하여 예비된 나라다(마 25:34).

상급은 하늘에 있다(마 5:12; 6:1, 눅 6:23, 딤전 6:19, 히 10:34-37). 이 상급은 예수님의 재림 시에 나타날 것이다(마 6:4, 6, 18; 24:47, 살후 1:7, 벧전 4:13). 상급은 하나님의 사랑의 선물이며, 하나님만이 주실 수 있는 선물이다. 성경은 이것을 "기업"으로 표현하기도 한다(마 25:34, 갈 4:30, 엡 1:18, 골 3:24). 그것은 하나님 나라이며, 이것은 그 누구도 공로로 획득할 수 없다. 상급과 벌은, 인간이 하나님을 향하여 가진 책임과 순종이 아직도 있음을 보여준다. 우리가 받는 핍박은 우리가 큰 상급 받을 자임을 증거한다(마 5:12). 하나님은 우리의 죄를 따지지 않고 우리를 용납하시고 의롭다 하셨다. 그리고 나서 우리의 행위도 용납하신다. 바로 이 무조건적 용납이 상급의 기초다.

우리가 공짜로 영생을 얻는다는 것을 인정한다면, 하나님이 우리의 선행도 상급으로 갚아 주실 것이라는 것은 상치되지 않는다. 선행을 행한 자는 하나님 나라에 들어가고 악인은 꺼지지 않는 불에 빠진다.

심판의 선포는 신앙과 회개로의 강한 초청이다(마 3:10, 행 10:42; 17:30). 이 심판이 그리스도의 직무에 속한다는 것이 우리에게는 위로이다. 심판자가 바로 우리의 구속주다(시 130:3-4). 하나님의 승리는 모든 불의 위에 승리로 나타날 것이다. 의는 구원의 한 측면이다(계 6:10). 더 나아가 여기에는 성화의 동기도 있다. 하나님을 경외하는 우리는 떨며 즐거워해야 한다(시 2:11). 방종이나 무법주의란 불가능하다.

영생

영생은 영원한 죽음과 대비되는(마 23:36, 롬 6:23) 영원한 영광이다(요 5:24; 6:47; 17:3). 이처럼 영생이란 지금이든 장래든 죽음에 위협받지 않는 하나님과의 교제다. 장래의 영생은 지금의 영생과 직결된다. 이는 그리스도 안에 있는 하나님과의 교제의 완성이다. "주와 항상 함께 있음"이요(살전 4:17), "그리스도와 함께 영광을 받음"(롬 8:17)이다. 또 "하늘에 간직된 기업을 받음"(벧전 1:4)이다. 하나님 백성에게 올 안식이요(히 4:9) 수고를 그침이다(계 14:13). 그들은 어린양의 혼인 잔치에 청함을 받으며(계 19:9), 그때 하나님이 저희와 함께 거하고, 하나님의 이름이 그들의 이마에 있을 것이다(계 21:3; 22:4). 눈물이나 애통, 곡과 사망이 다시 없고 아픈 것도, 밤도 없다(계 21:4, 25). 그들은 세세토록 왕 노릇 할 것이다(계 22:5).

하나님과의 교제가 완전해질 때 성도간의 교제도 완전해질 것이다. 성도들의 다양성은 지속되나 하나님을 경배하는 데 있어서는 완전히 일치된다(계 7:9).

새 하늘과 새 땅

새 하늘과 새 땅은 의가 거하는 곳(벧후 3:13)이다. 즉 "나는 그의 하나님이 되고 그는 내 아들이 되리라"(계 21:7)는 약속이 완전히 실현되는 곳이다. 우리가 영생을 완전하게 누리는 곳이 곧 새 하늘과 새 땅이다. 요한이 환상으로 본 이곳은 구약에서도 이미 예언되었다(사 65:17; 66:22). 태초에 만든 천지가 신천신지가 된다. 마지막이 처음과 직결되나 처음의 회복만은 아니다. 요한계시록 21:5의 "만물 갱신"은 처음과는 전혀 다르게 되는 현상을 가리킨다.

새 하늘과 새 땅은 세계의 폐기가 아니라 갱신을 말한다. 이것은 고대 교회로부터 현대까지 나타나는 명백한 의견이다. 그것은 하나님의 영속적인 신실하심을 근거로 한다. 그러므로 베드로후서 3:7-12를 "세상의 폐기"*annihilatio*로 설명하지 말아야 한다. 물론 창조와 완성 간의 불연속성도 있겠으나, 피조물의 해방(롬 8:21), 만물의 중생(마 19:28), 만유 회복(행 3:21), 새 생명에로의 변화(고전 15:51 이하), 만든 것들의 변동(히 12:27)에서 계속성도 나온다. 불과 화염으로 옛 세계가 정화될 것이다. 죽을 것이 변화하지 않고서는 죽지 않음에 동참할 수 없다.

하나님은 피조물을 포기하지 않으신다. 처음과 마지막인 하나님에 의하여 계속성이 보존된다. 그렇다 하여 회복을 복귀나 보수 정도로만 생각해서는 안 된다. 신천신지의 영광은 첫 천지를 능가할 것이다. 이 대망 때문에 우리는 이 세계를 크게 염려해야 하며, 오늘날의 환경 문제도 이런 관점에서 바라보아야 한다.

신천신지에서 우리는 하나님을 뵈올 것이다. 우리는 하나님을 영원토록 계시로만 안다. 모든 곳에 자기의 이름이 기록되어 있지만, 우리는 하나님을 "볼 수 없는 분"으로 안다(딤전 1:17). 영생이란 하나님을 알고, 섬기며, 영광 돌리고, 찬송하는 것이다. 신자의 삶 전부가 하나님을 섬기는 일에 사용되어야 한다. 하나님을 본다는 것이 하나님의 본질을 볼 수 있다는 말은 아니다. 하나님을 본다는 것은 역동적인 신앙의 삶을 말하며, 이것이 성화의 길이다. 하나님을 뵐 것이라는 이 약속은 우리의 최고의 수고와 활동을 요구하며, 지속적인 성화를 촉구한다.

하나님이 종국적으로 영광을 받으시는 것은 성령의 고유 사역이다. 그분은 우리로 성부와 성자의 교제에 동참시킴으로써 우리가 성부와 성자의 영광이 되게 하신다. 우리가 삼위일체 하나님의 영광에 완전하게 참여하게 될 때, 삼위일체 하나님은 함께 영광을 완전하게 누리실 것이다.

마지막은 처음과 직결되나 죄와 죽음에 의한 분리가 일어났었다. 그러나 분리는 그리스도의 구속 사역에 의하여 화목되었다(골 1:20). 하나님의 처소인 하늘이 내려오면 영광의 하나님은 "대 주인"으로서 지배하실 것이다. 이 거대한 미래에 해당되는 말이 "영광"이다. 어린양의 혼인 잔치는 전무후무하다. 그리스도가 어린양으로 그곳에 존속하신다. 그때 하나님은 만유의 주가 되신다. 이것이 만유의 마지막 목표다. 그때 우리는 "성부 하나님으로부터, 성자 하나님을 통하여, 성령 하나님 안에서"를 노래할 것이다!

맺는말: 송영

역사는 하나님의 사역이며 이처럼 계속되는 역사는 하나님의 자기 증거다theodicy. 하나님은 자기 말씀의 신실성을 종말에 확인시키신 다. 이것은 하나님이 만물의 주인 되심과 목적 되심을 의미한다. 성령님과 그분의 완성 사역을 통하여 삼위일체론이 꽃 피우게 된다(롬 11:36). 성령은 성자를 통하여 만유를 성부에게 돌려 드린다. 종말론에 이어 다시 삼위 하나님을 경배하면서 마치는 것이 우리가 이 책을 쓴 목적에도 부합된다. 하나님의 역사 가운데 살면서 하나님을 영화롭게 하고 찬양하는 것은 하나님께서 온전히 만유의 만유가 되실 하나님 나라를 향한 준비다.

송영은 오직 하나님을 찬양함이다. 송영을 받으시는 하나님께서 자주 2인칭으로 나온다. "하나님이여 주는 하늘 위에 높이 들리시며 주의 영광이 온 세계 위에 높아지기를 원하나이다"(시 57:5, 11; 108:5). 여기서 "주"는 2인칭 "당신"에 해당하지만, 우리말 번역은 일

우리는 무엇을 믿는가

관되게 어느 곳에서도 "당신"이 아니라 "주"로 번역한다. 누가 아버지나 어머니를 향하여 "당신"이라고 부르는가? 공기도에서 하나님을 "당신"으로 부르는 것은 합당하지 않다.

어쨌든 송영은 기도에서 나온다. 기도에서 우리는 대상을 취급하지 않고 대화하고 교제할 수 있는 분을 뵙는다. 기도에서 우리가 하나님에게 나아갈 수 있는 길이 열리며, 동시에 하나님도 우리의 기도를 방편으로 삼아 우리를 찾아오신다. 이 길은 중보자 예수 그리스도시며, 이 때문에 우리는 예수님의 이름으로 기도한다. 이 점에서 기도, 그리고 기도 안에서 이루어져야 하는 신학적 작업은 이미 성령론의 문제다 (엡 6:18). 기도 중에 그 어떤 대상도 삼위 하나님과 우리 사이에 개입하지 않고 우리가 삼위 하나님과 교제하여 온전해지는 것이 송영이다.

그렇지만 송영은 대개 3인칭으로 나온다. "지극히 높으신 하나님을 찬송할지로다"(창 14:20), "높은 곳에서는 하나님께 영광이요"(눅 2:14), "영광이 그에게 세세에 있으리로다"(시 72:19, 갈 1:5, 빌 4:20, 유 1:25). 이처럼 송영에서는 하나님이 "당신"에서 "그"로 바뀌면서, 하나님만이 전부가 되신다. 이 점에서 지극히 객관적인 표현은 대화와 교제가 불가능한 대상을 취급하는 객관화가 아니라, 송영으로 찬송하는 사람의 "자기 포기"다. 송영에서 "나"는 제물로 바쳐졌다. 송영은 찬미 제물이요 자기 포기다. "세상과 나는 간 곳 없고 구속한 주만 보이도다!"는 찬송도 이런 송영의 좋은 예시다.

송영은 하나님이 이미 가지신 영광을 찬송함이다. 특히 시편에는 이런 송영이 더욱 빈번하게 나온다(시 28:6; 31:23; 66:20; 72:19; 144:1

이하). 하나님의 구체적 구원 행위를 감사하는 데에서 한 걸음 더 나아가면, 그 하나님은 언제나 자비롭고 은혜로우신 하나님이시라는 송영이 터져 나온다(출 18:9 이하, 룻 4:14, 시 103:8, 슥 11:5). 송영은 하나님의 구원에서 출발하여 궁극적으로는 그 구원의 하나님에게로 나아간다. "이는 만물이 주에게서 나오고 주로 말미암고 주에게로 돌아감이라"(롬 11:36 상반절, 딤전 1:17, 계 7:12). 송영은 삼위의 구원 사역에서 구원의 삼위 하나님을 찬양함이다. 이와 같이 송영에서 우리는 구원 사역(경륜)을 통해 임하신 삼위 하나님을 뵙는다. 나아가 이런 본문들에서는 하나님께서 구원 행위 전이나 후에도 항상 동일한 분이시며, 거룩하시고 전능하시고 영광스러우시고 지혜로우신 분이심을 찬송한다(창 24:27, 삼하 18:28, 왕상 1:48; 5:7, 대상 29:10 이하, 에스라 7:27-28; 시 119:12 이하; 144:1 이하, 눅 1:68, 고후 1:3, 벧전 1:3). 구원의 하나님이 창조와 섭리의 사역에서도 자기의 위엄, 지혜, 선하심과 은총을 계시하신 동일한 분이심을 찬송한다(시 8:2; 104:2-3; 148편, 계 4:11).

그러므로 우리가 지은 바 된 순간부터 우리의 삶, 아니 창조 전부의 의의와 목적은 송영이다. "호흡이 있는 자마다 여호와를 찬양할지어다"(시 150:6). 송영은 창조로 시작된 하나님 나라에 속하며(마 6:13), 이 나라 백성의 임무는 찬송이다(시 47:7-8). 이처럼 창조와 구원 사역에 근거한 하나님의 본성과 속성이 송영에서 우리 앞에 드러나며, 송영 중에 우리는 이 하나님의 본성과 속성에 참여한다. 우리의 삶 전부가 송영 중에 하나님을 닮아야 하기 때문에, 신론이나 신학은 그 성격상 이런 송영적 성격을 떠나서는 추상적일 수밖에 없으며, 사변의 위험에 빠지고 만다. 예수님에 관한 이런 관점에서 송영도 나타난다(히 13:21, 벧전 4:11, 계 5:12-13).

　신학은 송영이요 찬미의 제사여야 한다(히 13:15). 성경의 계시는 이성으로만 도달할 수 없는 차원을 지니고 있다. 예배에는 신학적 성찰만으로는 도달할 수 없는 영적 차원이 있다. 기도와 송영의 법은 믿음의 법이다. 학學은 학이로되 학만이 아닌 지혜요, 또 이성을 배제하지는 않지만 이성만으로는 벌거숭이가 될 수밖에 없는 로고스, 이것이 신학의 길이다. 이성은 신비와 지혜의 영역 안에서 자기를 실현한다. 즉 이성이 자기를 신앙 안에서의 합리성으로 이해할 때 신학의 신학적 특징이 드러난다. 신학은 신비를 장악할 수 없다. 도리어 그 신비의 끝없는 깊이를 노래할 뿐이다. 신학은 곧 송영이다. "깊도다 하나님의 지혜와 지식의 풍성함이여, 그의 판단은 헤아리지 못할 것이며 그의 길은 찾지 못할 것이로다. 누가 주의 마음을 알았느냐. 누가 그의 모사가 되었느냐. 누가 주께 먼저 드려서 갚으심을 받겠느냐"(롬 11:33-35). 이는 지적知的 부정否定 신학이 아니라, 자기 포기의 송영이다.

　사람이 가진 최고의 의무는 예배와 일상에서 하나님을 영화롭게 하고 찬양하는 일이다(마 5:16, 롬 1:21, 고전 6:20; 10:31). 그런데 사람이 이 송영을 고백하고 실천할 수 있는가? 사람은 하나님을 알 수 없고 하나님의 영광을 말하거나 삶에서 그 영광을 드러낼 수 없다. 하나님의 사람만이 하나님을 알고 하나님을 영화롭게 하고 찬양할 수 있다. 우리는 지금까지 사람이 하나님의 사람으로 변하고 바뀌어 삶에서 하나님을 찬양할 수 있게 되는 과정을 살폈다. 이것은 동시에 하나님께서 삼위로 계시면서 사람을 자기 사람으로 만드는 사역이다.

영광은 하나님께 속하며 사람이 응답을 통해서만 이 영광을 인정할 수 있다. 영광은 하나님께로부터 빛나며, 그 영광을 본 사람에게 강한 인상을 남긴다. 모세는 여호와의 영광 보기를 원하였으나, 여호와는 자기 얼굴을 보고 살 자가 없다고 말씀하신다. 실제로 모세는 여호와의 등을 보고 얼굴을 보지 못하였다(출 33:18-23). 이로 보건대 영광은 하나님의 얼굴, 곧 하나님의 임재를 표현한다. 그럼에도 모세의 얼굴 피부에 광채가 났고 이스라엘 자손이 모세에게 가까이 하기를 두려워하였다(출 34:29-30).

하나님의 영광은 창조에서도 나타나고(시 19편, 마 6:29), 특히 구원 역사에서 분명하게 드러난다. 여호와는 애굽의 군대와 병거와 마병으로 말미암아 영광을 얻으심으로 자기가 여호와이심을 알게 하신다(출 14:4, 17-18). 홍해를 건넌 이스라엘 백성들은 구원의 하나님을 향하여 찬송하며, 오른손이 권능으로 나타내신 영광을 노래하였다(출 15장, 특히 6절과 11절). 하나님의 영광은 언약 백성에게 베푸시는 일용할 양식(만나)에서 늘 나타나서 자기가 여호와이신 줄을 알게 하신다(출 16:7, 10). 구원과 영광은 하나님께 있다(시 62:7). 마지막 날에 이스라엘에게 구원을 임하게 하여 하나님의 영광이 더 분명하게 나타날 것을 예언한다(사 60:1 이하; 겔 39:21 이하).

이 예언은 예수 그리스도 안에서 이루어졌다. 말씀이 육신이 되신 아버지의 독생자의 영광이 나타났고, 구원받은 자들은 그 영광을 보았다(요 1:14). 이 말씀에는 성육신뿐만 아니라 고난과 십자가 그리고 부활의 영광을 다 담고 있다(요 12:23-28). 변화산 사건에서 모세와 엘리야가 영광 중에 임하였고, 제자들은 예수님의 영광을 보았다(눅 9:31-32). 이들은 아버지의 보냄을 받아 고난 후의 영광을 증거하였다. 그리스도의 부활에서 아버지의 영광이 나타났다(롬 6:4). 이처럼 예수 그리스도의 구원 사역 전부가 온통 하나님의 영광을 드러낸다. 영광의 영은 고난 중에 임하신다(벧전 4:14, 롬 8:17 참조). 스데반은 성령 충만하여 하나님의 영광과 예수께서 하나님 우편에 서신 것을 보았다(행 7:55).

삼위일체론이란 하나님의 역사적 자기 계시와 자기 수여에 관한 해명이다. 그러므로 우리는 지금까지 경륜經綸(오이코노미아) 속에 나타나는 신학을 추구했다. 하나님을 말하고 삼위 하나님의 사역을 말하면서도 송영의 관점과 자세를 갖추지 못하면, 신학은 늘 사변적일 수밖에 없다. 우리는 지금까지 삼위 하나님의 살아 계심과 일하심을 감사하고 구원의 하나님을 찬송하면서 여러 주제들을 다루었다. 우리가 여기서 삼위일체론을 다시 거론하는 것은 성령의 사역을 통하여 더욱 풍성해진 삼위일체 하나님 체험을 인해 삼위일체 하나님을 찬양하기 위해서다. 신학은 송영이므로 우리는 삼위일체 하나님께 영광을 돌리고 찬양함이 없이 우리의 작업을 마칠 수가 없다.

영화는 완성에서 양면적이다. 한편으로는 사람이 하나님의 영광이다. 하나님은 자기 피조물인 인간을 자기의 영광에 동참하게 하심으로 영화롭게 하신다(시 8:5, 롬 8:18). 인간은 그냥 피조물이 아니었다. 이들은 죄로 말미암아 하나님의 영광에 이르지 못하다가(롬 3:23),

삼위 하나님의 사역으로 하나님의 영광에 이르게 되었다. 이렇게 하나님께서 처음부터 끝까지 빚으신 피조물인 사람은 철두철미하게 하나님의 영광이다. 하나님의 사람은 하나님이 지으신 다른 만물보다 하나님의 영광을 더 찬란하게 빛낸다. 다른 한편으로는 하나님이 사람의 영광이시다(사 60:19). 이는 인간이 생명의 수여자이신 하나님을 자신과 구별하면서 찬양하는 영광 돌림이기도 하다. 영광은 한 영광, 삼위 하나님의 영광밖에 없다. 사람을 자기 영광으로 휘감기게 하신 하나님이 그 사람의 영광이다. 이로써 사람은 삼위 하나님의 영광만을 공급받는다. 그들이 거하는 성에는 해나 달의 비침이 쓸데없고 하나님의 영광이 비치고 어린양이 등불이 되실 것이다(계 21:23). 이런 영화의 완성은 이미 기독론에서 원형적으로 성취되었다. 성자는 유대인들의 핍박 중에서도 자기 아버지를 공경하였고, 아버지께서 자기를 영화롭게 하신다고 응대하셨다(요 8:49, 54). 여기서 공경은 영화와 서로 통하는 표현이다. 성자는 성부의 이름을 영광스럽게 하셨고, 성부는 성자가 자기를 영광스럽게 하였고 다시 영광스럽게 할 것이라고 응답하셨다(요 12:28). 성부와 성자는 서로 영화롭게 하신다(요 13:31-32). 그리스도께서 나타내신 하나님의 영광이 종말론적 하나님의 영광으로서 하나님의 사람들에게 영원토록 존속할 것이다. 이러한 일은 영광의 영이신 성령님의 사역이기도 하다. 그리스도의 형상을 닮아 하나님의 형상이 된 하나님의 사람에게서 하나님의 영광이 온전하게 나타난다. 이 사람이 하나님만을 찬양하니 송영이요 찬양하는 그 사람이 바로 송영이다.

삼위 하나님은 사람이 자기 영광이 되도록 서로 영화롭게 하는 방식으로 사역하신다. 성자는 성부의 다스림을 말씀뿐 아니라 고난과 십자가를 통하여 전파하심으로써 성부를 영화롭게 하셨다. 성자가 추구한 것은 자신의 영광이 아니라 성부의 영광이었다(요 7:18; 8:50; 13:31-32). 그분은 자의로나 스스로 말하지 않고 성부께 들은 것을 말씀하신다(요 8:26; 12:49-50). 그러면서도 성자는 성부가 자신을 영화롭게 해주실 것을 기도하셨다(요 17:5). 성부는 성자에게 영광을 돌리신다(요 8:54). 십자가를 포함한 순종과 기도에 대한 응답으로 성부 하나님은 성자를 영화롭게 하신다. 아버지는 성자를 높여서 모든 입으로 그분을 주라 시인하게 하셨다(빌 2:6-11). 이 영광은 한편으로는 그리스도의 부활과 승천, 그리고 우편에 좌정하심으로 응답되었다.

그런데 이 응답으로서의 영광은 성자가 이미 창세 전에 성부의 사랑 가운데서 갖고 있던 영광이었다(요 17:24). 이미 성부와 함께 영광을 가지신 그분이 영광을 위하여 기도하심은 역설적이다. 그러나 고난과 부활을 통하여 인성도 성부의 영원한 영광으로 높아지는 것을 기도하셨다. 그리하여 그분의 몸은 이제는 "영광의 몸"이다(빌 3:21). 또 다른 편에서는 그리스도가 정사와 모든 권세와 능력을 멸하시고 나라를 성부 하나님께 돌릴 예언적인 사건이 아직 남아 있다(고전 15:24-28). 그때 하나님은 만유의 주로 영원히 계실 것이며 하나님의 영광은 완전하게 계시될 것이다. 바로 이 종말론적인 영광으로 만입이 그분을 주로 시인하고, 이를 통하여 모든 사람들이 성부와 성자의 영광을 보는 데 마지막 목적이 있다(시 145:11-13, 사 40:5, 합

2:14). 즉 신자들이 성부와 성자의 교제에 동참함으로 성자가 성부를 영화롭게 함이 절정에 이른다.

이 모든 일들은 성령의 중재 사역을 통하여 이루어진다. 성령님은 예수님의 말씀을 제자들에게 기억나게 하시며(요 14:26), 제자들 속에 거하셔서 예수님이 그들에게 오시는 방편이 되시며(요 14:17-18), 그들을 모든 진리 가운데로 인도하시고 장래 일을 알리신다(요 16:13). 이 모든 일들에서 성령은 한결같이 성자를 영화롭게 하신다(요 16:14). 그분은 자의로 이 일들을 행하지 않으신다. 성자를 영화롭게 하는 성령의 사역은 성부와 성자께 전적으로 의존하심으로 나타난다. 성령은 이렇게 하여 성부와 성자의 영화에 동참하신다. 성자가 성부를 영화롭게 하시는 일은 성령이 성자를 영화롭게 하심으로 완성된다. 이것은 역사에 나타난 삼위 하나님의 공동 사역이다. 성자가 성부의 모든 것에 동참하는 것은 성령이 성자의 모든 것에 동참하는 것과 비견될 수 있다. 이는 삼위 하나님의 내적 관계를 말한다. 영광에서 삼위 하나님이심이 가장 구체적으로 계시된다.

성도들의 영화란 성령을 통한 성부와 성자의 교제에 동참하는 것, 곧 하나님의 영광의 빛으로 변화되는 데 있다. 성자는 성부에게서 받은 영광을 제자들에게 주셨다(요 17:22). 성도들이 세례를 받으면, 그들은 그리스도의 몸에 접붙여져서 그리스도의 지체가 된다. 성령님은 이렇게 성도들을 그리스도의 영광에 참여하게 하사 그리스도를 영화롭게 하신다. 제자들이 과실을 맺게 하심으로 성부는 영광을 받으시고(요 15:8), 그들은 주의 영으로 말미암아 그리스도의 형상으

우리는 무엇을 믿는가

로 화化하여 영광으로 영광에 이르게 된다(고후 3:18). 이렇게 하여 성령은 성도들이 하나님의 영광에 참여하게 하심으로 그리스도 안에서 성부를 더욱더 영화롭게 하신다.

성도들이 이제부터 삼위 하나님의 영광을 입고 맛본 자로서 삼위 하나님을 송영으로 영광 돌려 드린다. 이런 송영은 일차적으로 예배 중에 올려졌다. 다윗은 성전 건축에 쓸 예물을 백성들과 함께 드린 후에 온 회중 앞에서 여호와를 송축하였다(대상 29:10-20). 이 송축은 구약에서 가장 돋보이는 송축에 속한다. 여호와께 위대하심과 권능과 영광과 승리와 위엄과 주권이 속하여 여호와는 만물의 머리시다(대상 29:11). 부와 귀(영광)가 주께로 말미암고 또 주는 만물의 주재시며 손에 권세와 능력을 가지시고 모든 사람을 크게 하시고 강하게 하신다. 그래서 다윗과 백성들은 주께 감사하오며 주의 영화로운 이름을 찬양한다(대상 29:12-13). 이 송영은 여호와께서 이스라엘 조상과 솔로몬에게까지 행하신 언약의 약속에 대한 성취와 구원을 찬양한다. 다윗과 백성은 이런 감사와 송영으로 성전 건축에 필요한 재정을 기쁜 마음으로 드리면서 만유가 주께로 말미암았으며 주의 손에서 받은 것으로 주께 드렸을 뿐이라고 하나님을 높여 드리는 신학적 송영을 부른다(대상 29:14). 자기 이름을 위하여 구원을 베푸시며 만인이 자기 능력을 알게 하시려는 하나님의 목표(시 106:8; 145:11-12)는 말하자면 자기의 위대하심과 권능과 영광과 승리와 위엄과 주권의 송영이다. 이런 송영에는 지혜와 권능, 계략과 명철 등 하나님의 다른 속성들도 나온다(욥 12:13, 잠 8:14). 이러한 다윗은 구원의 하나님을 찬송한다(시 28:6; 31:21; 68:19). 자기 백성에게 힘과 능력을 주시는 하나님을 찬송한다(시 68:35). 나아가 영원부터 영원까지 여호와를 송축한다(시 41:13; 89:53; 106:48, 롬 11:36 이하). 하나님을 아는 지식은 이처럼 송영 가운데 이루어진다.

구약에 이어 신약에서도 구원의 하나님을 찬송한다. 사가랴는 속량의 약속을 지키시는 이스라엘의 하나님을 찬송한다(눅 1:68). 바울 사도는 하나님의 영광을 피조물의 우상으로 바꾸고 피조물을 창조주보다 더 경배한다는 이방인의 죄를 책망하면서도 주님을 영원토록 찬송한다(롬 1:23-25). 예수 그리스도를 죽은 자 가운데서 부활하게 하시고 우리에게 산 소망이 있게 하신 하나님 아버지께서 찬송을 받으셔야 한다(벧전 1:3).

이런 찬송은 예수님께도 드린다. 이사야가 기묘자, 모사, 전능하신 하나님, 영존하시는 아버지, 평강의 왕으로 예언한(사 9:6) 예수께서 마지막으로 예루살렘에 입성하실 때에 무리들은 소리 높여 다윗을 자손을 외치면서 주의 이름으로 오신 그에게 송영을 돌려 드렸다(마 21:9). 특히 계시록에서는 성부 하나님께도 영광을 돌리지만(계 4:11; 7:12 등), 어린양에게도 자주 영광을 돌려 드린다(계 5:12-13). 이 어린양은 성도들을 위하여 고난을 받고 부활로 자기의 영광에 들어가셨다(눅 24:26). 성경에는 구체적으로 성령께 돌려 드리는 찬송이나 송영은 나오지 않지만, 성도들이 성령 안에서만 성부와 성자 하나님을 찬송할 수 있으니, 성령께서도 함께 영광 받으신다고 말할 수 있다.

이렇게 삼위 하나님의 영원한 영광을 송축하는 성도는 찬송 중에 하나님의 속성에 참여한다. 구속받은 시온과 그 백성은 하나님께서 그들의 빛과 영광이 되시기 때문에 하나님의 영광을 나타낼 것이다(사 60:19, 21). 그러면 이방 나라들이 시온의 영광을 보며, 하나님 손의 왕관이 될 것이다(사 62:2-3). 하나님은 자기의 보배로운 백성을 찬송과 명예와 영광을 삼으시고 자기 성민으로 만드신다(신 26:18-19, 렘 13:11; 33:9). 언약의 백성은 하나님의 영광을 받아 하나님을 찬송하도록 지음받았다(사 43:21; 48:11). 이런 약속은 예수님께서 아버지의 영광을 우리에게 주심으로 성취되었다(요 17:22, 골 1:27). 믿는 자는 하나님의 영광을 본다(요 11:40). 하나님께서 예수 그리스도의 얼굴에 있는 하나님의 영광을 아는 빛을 우리 마음에 비추신다(고후 4:6). 그러나 믿지 않는 자에게는 영광의 복음의 광채가 비치지 않는다(고후 4:4). 주의 영광을 보는 자는 주의 형상으로 변화하여 주의 영으로 말미암아 영광에서 영광에 이른다(고후 3:18). 이렇게 우리는 우리에게 생명을 주시고 자기의 영광과 덕으로 우리를 부르신 이의 신성한 성품에 참여하도록 부름을 받았다(벧후 1:3-4). 그러면 우리는 죽기까지 순종하신 예수님(빌 2:8, 히 5:8)을 닮아 믿음의 순종으로 그리스도로 말미암아 하나님께 영광을 세세 무궁하도록 돌리며(롬 1:5; 16:26-27), 예수 그리스도로 말미암아 의의 열매가 가득하여 하나님의 영광과 찬송이 된다(빌 1:11).

송영 중에 삼위 하나님의 영광에 젖은 자들은 서로서로 축복한다(시 118:26). 멜기세덱은 하나님을 송축하면서(창 15:20), 아브라함을 축복하였다(창 15:19, 히 7:6). 송축과 축복은 같은 단어다. 삼위 하나님께서 서로 영광을 돌리시듯, 하나님의 영광을 보고 하나님을 송축하는 자만이 하나님이 가지신 영광을 뵙고 송영을 찬송하기 때문에 사람을 저주하지 않고 복을 빈다(벧전 3:9). 그리스도께서 우리를 받아 하나님께 영광을 돌리심과 같이 우리도 서로 영접한다(롬 15:7). 이것이야말로 지극히 높은 곳에서는 하나님께 영광이요, 땅에서는 하나님께서 기뻐하시는 자들 중에 평화가 실현된 송영의 삶이다(눅 2:14). 이들은 그리스도의 몸인 영광스러운 교회로서 티나 주름 잡힌 것이나 이런 것들이 없이 거룩하고 흠이 없이 영원토록 하나님 아버지의 영광을 대대로 찬양할 것이다(엡 3:21; 5:27).

교회 안에 나타난 하나님의 영광은 자기 영광을 추구하는 세상 한 가운데서의 송영이다. 그리스도 사건과 교회는 자기 영광을 추구하는 이 세상을 넘어서서 새로운 시대를 지시한다. 그것은 곧 하나님의 영광을 얼굴로 볼 시대다(계 22:4). 그러면 그분의 영광은 온 세계에 널리 빛날 것이다. 하늘과 땅이 그 얼굴의 영광으로 가득 차며(계 10:1; 18:1), 그분의 영광은 새 피조물 위에 비칠 것이다(사 60:19, 계 21:23). 그리하여 모든 입이 예수 그리스도를 주님이라 시인하여 하나님께 영광 돌릴 것이다(빌 2:8-11). 새 예루살렘이 하나님의 영광 중에 빛나며, 모든 민족들이 그 빛 가운데 행할 것이다(사 60:1 이하, 계 21:10 이하; 21:24). 그야말로 여호와의 영광이 온 세계에 충만할 것이라는 약속이 완전하게 성취될 것이다(민 14:21).

우리는 이 약속의 완전한 성취를 소망하면서 이 땅에서 송영의 삶을 산다. 이 점에서 고대 교회의 예배에서 삼위 하나님께 돌려 드리는

우리는 무엇을 믿는가

송영을 주목할 필요가 있다. 주기도문에 첨가된 "나라와 권세와 영광이 아버지께 영원히 있사옵나이다"(참조. 시 145:10-13)처럼, 예배에서도 처음에는 성부와 성자에게 그리고 비로소 나중에는 성령께도 함께 송영을 돌려 드린다. 예배는 삼위 하나님께서 자기 백성과 나누는 교제다. 삼위 하나님의 영광의 존전에 설 때, 우리는 늘 "화로다 나여, 망하게 되었도다. 나는 입술이 부정한 백성 중에 거주하면서 만군의 여호와이신 왕을 뵈었음이로다"(사 6:5)는 이사야처럼 통회해야 한다. 그때 하나님께서 우리를 자기 아들의 이름으로 용납하여 주실 터이다.

성령께서 주시는 사죄의 기쁨(사도신경에 사죄는 성령님의 사역으로 고백한다)으로 삼위 하나님과 교제할 수 있다. 니케아 신경(325년)이 성령님이 성부와 성자와 함께 경배와 영광을 받으시는 분으로 고백한 것은 지당하다. 고대로부터 동서방교회는 예배와 고백에서 삼위 하나님께 송영을 돌려 드렸다. 이런 전통은 종교개혁에서 줄어들었고, 우리가 서론에서 살펴본 대로 한국에 전파된 기독교는 이런 좋은 전통을 아예 전수조차 하지 않았다. 하나님을 송영으로 경배하는 예배가 교리의 현장이다. 이처럼 예배와 교리는 밀접한 관계를 지닌다. 우리는 예배에서 자기를 계시하시는 교리의 삼위 하나님을 송영으로 뵙고 일상 속에서 삼위 하나님의 형상으로 삼위 하나님의 영광을 증거한다. 예배와 교리와 삶의 일치, 이것은 우리가 소망하는 새 하늘과 새 땅에서 우리가 누릴 영원한 복락이다.

하나님의 영광이야말로 예정의 목적이며, 여기에는 자기 백성의 영화도 포함한다(롬 8:30). 그들은 교리의 내용인 삼위 하나님으로 충만한 하나님의 형상이다. 그들은 영광의 몸, 영의 몸으로 살면서 하늘에 속한 이의 형상을 입고 그로 말미암아 사망과 죄에 대해 승리를 주신 하나님께 영원토록 감사와 찬송을 돌려 드릴 것이다(고전 15:44, 49-57). 그때 피조물도 썩어짐에서 해방되어 하나님 백성의 영광의 자유에 이르게 된다(롬 8:21). 영광스러운 삼위일체 하나님은 영광된 언약의 백성과 영원토록 영광 중에 교제하기를 원하시며, 여기에는 피조물도 동일한 영광에 참여하게 된다. 백성을 포함한 모든 피조물이 한 목소리로 하나님의 영광을 찬양하는 것이 영광의 목적이다(시 68:32-35). 모든 피조물이 하나님의 처소가 되며 새 시대는 영원한 안식을 누릴 것이다(히 4:9, 계 21:3). 백성은 완전한 왕 같은 제사장이 될 것이요, 경배의 연기가 끝없이 하늘로 치솟을 것이다(출 19:6, 사 61:6, 벧전 2:5, 9, 계 19:3; 20:6; 22:3). 이때 시편 기자의 노래가 완성될 것이다. "다 여호와의 이름을 찬양할지어다. 그의 이름이 홀로 높으시며 그의 영광이 하늘 위에 뛰어나심이로다"(시 148:13). 지금이나 영원토록 우리는 하나님 은혜의 영광을 찬송할 것이다(엡 1:6, 12, 14). 하나님 영광의 계시는 자기의 이름이 거룩하여짐(마 6:9)으로 성취될 것이다.

"지혜로우신 하나님께 예수 그리스도로 말미암아 영광이 세세무궁하도록 있을지어다. 아멘"(롬 16:27, 딤전 6:15-16, 히 13:21, 참조. 마 6:13 하반절)

우리는 무엇을 믿는가